iNHALT

AUFBRUCH: ZWEIFELHAFTE ENTSCHLOSSENHEIT

Zwei Tage noch, dann geht es los. Vom Sauerland bis nach Tel Aviv werde ich 16.000 Kilometer trampen. Ich werde es durchziehen. Nicht dass ich besonders gut in so etwas bin. Ich bin genauso gut im Zögern und Verzögern wie professionelle Projektmanager. Diesmal ist die Lage allerdings anders. Ich habe alle Jobangebote sausen lassen – oder so lange gezögert, bis man mich hat sausen lassen. Das Leben ist nun mal nicht so gnädig wie der Zeitplan des Berliner Flughafens. Ich bin erfolgreich arbeitslos geworden. Die Alternativen zu meinen Reiseplänen sind durch konsequentes Missmanagement erledigt. Bleibt Plan B.

Ungünstigerweise ist Plan B so durchdacht wie die Ideen des Betrunkenen, der um drei Uhr morgens mit einer leichten Überschätzung seiner motorischen Fähigkeiten die Party von einer Gruppe Rettungssanitäter beenden lässt.

Das Vorhaben gründet lediglich auf der Überlegung, vor meinem Einstieg in die Berufswelt eine längere Tramptour zu machen. Über die Jahre ist das Hobby etwas ausgeartet. Vom anfänglichen Taxi-Ersatz ins Nachbardorf zur denkbaren Alternative zum Interkontinentalflug liegen einige Zehntausend Kilometer, die ich per Daumen zurückgelegt habe. Als Student bin ich noch aus Geldmangel getrampt, später entwickelte sich daraus ein Erlebniskatalysator im Urlaub. Bis es zur Gewohnheit wurde.

Neben der Lust am Trampen war die Idee gereift, mal in den Iran zu fahren. Mein Mitbewohner hatte vor Jahren mit ziemlicher Begeisterung von seinem Trip durch das Land erzählt und es als eines der schönsten Reiseländer dargestellt. Das waren dann auch schon meine Überlegungen zu dem Thema.

Die Gründe für die Reise sind also nicht sehr überzeugend, der Plan ist nicht wirklich detailliert. Das ist aber nicht weiter tragisch, denn selbst zum Mond sind die USA laut Kennedy ja nur geflogen, weil es schwierig ist. Nicht etwa weil es notwendig war, sich jemand viel dabei gedacht oder irgendwer dort oben den Herd angelassen hatte.

Der Planet ist groß, und es gibt unzählige nette Länder zum Bereisen. Die Auswahl finde ich aber nicht hilfreich, ganz im Gegenteil. Es gibt nichts Schlimmeres, als sich zwischen schwer vergleichbaren Optionen entscheiden zu müssen.

Um zu verhindern, dass ich mir endlos den Kopf darüber zerbreche, wohin ich fahre, oder sogar den Sinn der Reise anzweifele, brauche ich nur eine Sache: Entschlossenheit.

Entschlossen zu sein, ist eigentlich nicht weiter schwer. Zum einen ist diese Charaktereigenschaft nur eine euphemistische Umschreibung für Sturheit, kombiniert mit Lernresistenz. Zum anderen ist sie, im Gegensatz zu den gehobeneren, an Selbstbeherrschung gekoppelten Fähigkeiten, recht leicht zu erwerben.

Es reicht schlicht, vor ein paar Menschen zu verkünden: »Ich bin entschlossen, XY zu tun.«

Da es ab diesem Punkt meist unangenehm ist, einen etwaigen Fehler einzugestehen oder einen Rückzieher zu machen, bleibt die Entschlossenheit als kleineres Übel.

Deshalb erzähle ich schon seit Monaten allen meinen Freunden von meinem Vorhaben. Seitdem zeigt der soziale Druck seine Wirkung. Bei jedem Gespräch rede ich mich tiefer in mein Grab, wiederhole es so häufig, dass ich mittlerweile sogar selbst von der Sinnhaftigkeit des Unternehmens überzeugt bin. Nebenbei habe ich so verstanden, wie Politik funktioniert.

Kurz vor der Abfahrt kommen wieder Zweifel in mir auf. Ich habe wenig Ahnung von der Region, in die es mich zieht. Sie ist nicht gerade für ihren gelebten Pazifismus bekannt. Will ich wirklich so viele vorderasiatische Länder, mit ihren zahlreichen Kulturen, deren Sprache ich nicht verstehe, durchqueren? Und das Ganze auch noch trampend?

Ein unerwarteter Beifahrer

Mein Rucksack ist fast gepackt, ich besitze eine aktuelle Karte aus dem Jahre 1977 und eine grobe Route – ein langer Textmarker-Strich, der sich mit vielen Kurven über einen ausgedruckten OpenStreetMap-Screenshot zieht. Ein Bekannter erwartet mich in Prag. Es kann also losgehen.

Wegen einer kleinen Unklarheit sitze ich allerdings noch vor meinem PC und warte auf einen Skype-Anruf. Ebenfalls ein Resultat des sozialen Druckes. Yuki, ein Freund aus Japan, hatte mir geschrieben, dass er unbedingt reden möchte. Verträumt scrolle ich durch meine Mails, hoffe, dass mir der eine oder andere Couchsurfer vor meiner Abfahrt bestätigt, dass ich bei ihm übernachten kann. Dann ploppt das Bild mit Yukis Namen auf, kurz darauf fängt der Anrufkopf an, wild zu vibrieren. Ich drücke ihn, um dem epileptischen Anfall des Buttons ein Ende zu bereiten. Yukis Gesicht vom anderen Ende des Planeten erscheint.

Yuki ist Japaner. Wir kennen uns aus Tokio und haben am Raumfahrtinstitut der Uni Tokio im gleichen Labor unseren Abschluss gemacht. Auch ihm erzählte ich damals entschlossen von meinem Vorhaben.

Zwischen den Gesprächen über Plasmaantriebe habe ich ihn ein wenig fürs Reisen begeistert und ihn zum Couchsurfing überredet.

Langsam beginnt er sein Geständnis: »Nach unserer Kursfahrt bin ich noch eine Woche länger geblieben und mit einem Freund durch Vietnam gereist. Das hat mir sehr gut gefallen.«

Ich muss grinsen, freue mich, dass nicht nur ich etwas aus Japan mitgenommen habe. Als Austauschstudent bekam ich eine Kiste innere Ruhe geschenkt und habe anscheinend im Gegenzug ein Paket Reiselust zurückgelassen.

»Ich würde gerne noch mal reisen gehen«, berichtet er weiter.

»Cool, wo soll's hingehen?«, antworte ich.

Yuki druckst. Ich habe schon eine Ahnung, aber wir halten uns an die japanische Etikette. Elefanten im Raum gehören ignoriert.

»Weiß ich noch nicht«, knarrt es durch meine Lautsprecher.

Nach einer Kunstpause fragt er weiter: »Was machst du eigentlich die nächsten Wochen?«

Wieder kann ich mir ein Grinsen nicht verkneifen.

»Das weißt du doch, ich trampe in den Nahen Osten«, schicke ich als Antwort über den Äther.

Yuki nickt und murmelt vor sich hin: »Mhm, klingt spannend. Naher Osten also.«

Stille. Trotz all meines Trainings kann ich mit dem Meister aus Japan in puncto Zurückhaltung nicht mithalten und spreche das Offensichtliche aus:

»Willst du mit?«, frage ich.

»Hai«, ein japanisches »Ja«, platzt mit einem Nicken kurz und prägnant aus ihm heraus.

Trampen muss nicht gelernt sein

Mit gemischten Gefühlen lege ich auf. Meistens trampe ich alleine. Wenn man zusammengefasst vom Trampen erzählt, klingt es immer spannend, allerdings geht der Erzähler auch die stundenlange Wartezeit im Zeitraffer durch. Die Kälte lässt er zu einer Fußnote verkommen, die unzähligen unfreundlichen Abweisungen und die mit ihnen verbundene Ungewissheit werden zur lustigen Anekdote. Den wirklichen Tramperalltag macht nicht jeder mit, manch einer wird dabei schnell ungeduldig, hinterfragt den Sinn, hat keinen Bock mehr, meutert und will Bus fahren.

Ist es wirklich so schwer? Eigentlich nicht. Im Prinzip ist Trampen eine herrlich angenehme, anspruchslose Reiseform für jeden, der kein Geld oder Können aufbringen will. Es ist Reisen für Prokrastinierer.

Lediglich Geduld und Zuversicht oder die Fähigkeit, gedankenverloren die Zeit zu vergessen, sind erforderlich. Beim Trampen existiert kein Leistungsanspruch. Falls es mal ein paar Stunden nicht klappt mit dem Mitgenommenwerden, besteht nicht einmal die Notwendigkeit zur Selbstkritik. Gerade weil der Trampende nicht viel können muss, ist es die beste Aktivität, um anderen die Schuld für die eigene Erfolglosigkeit in die Schuhe zu schieben. Schließlich tut der Tramper schon alles, was in seiner Macht steht: also nichts.

Eine Minimalverantwortung für sein Glück trägt der Tramper natürlich schon. Er muss aufpassen, wo er hinfährt und wo er aussteigt. Zudem muss beherzigt werden, dass das Gegenteil von gut nicht schlecht, sondern gut gemeint ist. Mehr dazu später.

Außerdem gilt es, den Mächten der Finsternis zu widerstehen, verführerischen Kräften in der Gestalt von öffentlichen Verkehrsmitteln. Sie wollen den Tramper schwach und träge werden lassen und für 2,50 Euro dreihundert Kilometer quer durch so manches Land fahren.

Von A nach B zu kommen ist allerdings nicht das Ziel. Ich trampe, weil mich interessiert, was dazwischen liegt, und quäle mich deshalb manchmal unbeschreiblich langsam zum Ziel – in 95 Prozent der Fälle völlig umsonst. Trampen bleibt häufig relativ ereignislos, bestehend aus Begegnungen, die sich nicht extrem von jenen in der Schlange an der Supermarktkasse unterscheiden. Für die restlichen fünf Prozent lohnt es sich aber dafür umso mehr.

Bei einer halbjährigen Reise sind aber selbst fünf Prozent zu viel für ein Buch. Der Rest ist mit authentischen Rechtschreibfehlern auf meinen Reiseblog verbannt und lauert dort auf seine Opfer. Und wem das immer noch nicht reicht, der sollte vielleicht selbst mal den Daumen raushalten. Etwa so:

Planung ersetzt Zufall durch Irrtum
Der Plan ist, nach Istanbul zu trampen und dort auf meine Freundin zu warten. Sie soll dort aus dem Himmel herabfahren, mit mir bis nach Georgien trampen und anschließend

von dort wieder aufsteigen. Da sie die Flugtickets schon gebucht hat, sind diese beiden Termine fix.

Die nächste Vorgabe ist, Anfang Mai im Iran anzukommen, da ich mein Visum voll ausnutzen will, das nur bis
Ende des Monats gilt. So manche Schönheitskönigin wird
einen detaillierteren Plan für den Weltfrieden haben als ich
für meine Reise. Aber Planung hat in meinem Leben ohnehin immer nur Zufall durch Irrtum ersetzt. Die drei fixen
Termine sollen verhindern, dass ich zu früh in der sozialen
Hängematte der Gastfreundschaft versacke. Die Ausarbei-
tung der Details wird der Zufall schon übernehmen.

Yuki hat nun den ersten Teil des Planes etwas über den
Haufen geworfen, noch bevor ich einen Fuß vor die Haustür
gesetzt habe.

OSTEUROPA: AUF ZU DEN NACHBARN!

ERFAHRUNG UND ÜBERREGULIERUNG

Es ist ein wenig trüb, leichter Nebel, unangenehme, feuchte Kälte. Also schönstes Frühlingswetter fürs Sauerland. Mein Vater biegt von der Autobahn ab und setzt mich neben einem Haufen Schutt an der Raststätte aus: ein Zeichen von Zuneigung – in meiner Familie werden die Kinder noch persönlich ausgesetzt. Der Abschied verläuft reibungslos, was keinesfalls selbstverständlich ist.

Bei einem der unzähligen vorangegangenen Aussetzversuche hatte ich bis zum Rasthof hinter dem Steuer gesessen, mit meinen Eltern als Beifahrer. Ich hatte mich verabschiedet, direkt eine Mitfahrgelegenheit gefunden und war davongedüst. Kurz darauf klingelte mein Handy. Am anderen Ende der Leitung war der Genpool, aus dem ich gemixt wurde. Er fragte mich empört, ob ich intellektueller Geisterfahrer den Autoschlüssel eingesteckt hätte.

Hatte ich. Das Glück ist mit den Dummen, die Physik allerdings nicht. So fand ich zwar sofort eine Abfahrt, um mich rausschmeißen zu lassen. Das änderte allerdings wenig an der Tatsache, dass ich eine halbe Stunde lang zu Fuß bewundern konnte, wie weit ein Pkw in ein paar Minuten auf der Autobahn fahren kann. Erfahrung kann auch als Zustand beschrieben werden, nicht nur alle möglichen Fehler zu kennen, sondern auch schon gemacht zu haben. Seit diesem Tag darf ich nicht mehr hinters Steuer. Das ist die Kehrseite von Erfahrung: Gleich darauf folgt häufig Überregulierung.

Mit EU-Mitteln nach Prag

Die Reise beginnt. Mit Warten. In Vertretermanier und mit vergleichbarer Würdigung durch die Angesprochenen beginne ich mein Handwerk. Ich spreche Leute beim Tanken an, ernte eine halbe Stunde Kopfschütteln und Schweigen. Schließlich werde ich fündig und bekomme 150 Kilometer und ein Sandwich geschenkt. An der nächsten Tankstelle folgt direkt ein Anschlusstreffer, und einen Rasthof später zeigt das Navi des dritten Autos bereits auf Prag. Auto und Sprit sind steuerzahlerfinanziert, denn es wird von zwei tschechischen Angestellten im EU-Parlament gefahren.

Im leidenden Tonfall erzählen sie die Fahrt über von den Vorurteilen gegen die EU, mit denen sie zu Hause zu kämpfen haben. Allgegenwärtig sei das Gejammer, dass die Tschechen nur einzahlen würden und nichts von der EU zurückbekämen. Eine vertraute Diskussion, komplexes Thema. Schwer verrechenbare Handelsvorteile und Subventionen und dann noch das Problem, das allgemein aus WGs bekannt ist. Irgendwie glaubt immer jeder, er sei der Einzige, der regelmäßig die Spülmaschine ausräumt.

Tramper sind entweder Opportunisten oder Menschen, die nass am Straßenrand stehen. Mit dem Diskutieren lasse ich es immer langsam angehen. Als Tramper sehe ich mich doch eher im Angestelltenverhältnis, und davon abgesehen will ich die Welt kennenlernen und nicht mein Gesülze wiederkäuen. So belasse ich es, wenn überhaupt, bei

Gegenargumenten, die in höfliche, naive Fragen verpackt sind. Das muss als Beitrag für eine bessere Welt ausreichen. Wenn ich dann mal groß bin und selbst ein Auto habe, kann ich noch früh genug Tramper mit meinen Lebensweisheiten in die Verzweiflung treiben.

»Ja, das kenne ich aus Deutschland«, sage ich. »Bei uns denken auch immer alle, wir würden nur zahlen.«

Gelächter. Immer noch leicht amüsiert, aber anerkennend antwortet mir die Frau: »Das stimmt ja auch, ihr zahlt nur. Ich benutze es in Tschechien deshalb auch immer als Argument. Schaut her, die Deutschen zahlen wirklich nur und meckern trotzdem nicht.«

Ich finde es ja prinzipiell schön, wenn leicht verkürzte Argumente aus Deutschland helfen, um im Ausland Sympathien für die EU zu sammeln. Aber uns Deutsche des Nichtmeckerns zu bezichtigen, empfinde ich dann doch als ein wenig pietätlos. Gerade als ich verbal zu einer rhetorischen Kampffrage ausholen will, um für meinen Nationalstolz einzutreten, verkünden meine Fahrer jedoch schon, dass wir Prag erreicht haben. Die beiden lassen mich an einer Bushaltestelle raus, verabschieden sich und schenken mir noch ein Ticket, um in die Stadt zu kommen. Vornehmlich, weil ich noch kein tschechisches Geld habe, vermutlich jedoch mit der Intention, den defizitären Länderfinanzausgleich in Ordnung zu bringen.

Der erste Trampabschnitt ist erfolgreich gemeistert. Zumindest fast. Wie gewohnt drohe ich auf den letzten Metern zu scheitern. Ich will bei einem Bekannten übernachten, den ich ebenfalls in Tokio kennengelernt habe. Mit dem Bus bin ich zurechtgekommen, das Stadtviertel und seine Straße habe ich ganz analog, ohne Smartphone, gefunden, nur sein Haus bleibt unaufspürbar und sein Handy nicht anwählbar.

Als Trostpreis finde ich aber immerhin eine Bar. Alkohol ist ja seit Anbeginn der Zeit ein bewährtes Mittel zur Problemlösung. Inmitten einer Gruppe tschechischer Studenten lösen sich meine Probleme dann auch ganz allmählich auf, bis mich mein Gastgeber findet, um mit mir weitere Probleme zu lösen. In Tschechien kann der gemeine Student und Alkoholiker sogar recht preiswert Probleme lösen, denn das Bier kostet selbst in Bars nur rund einen Euro.

Gedankenversunken falle ich ins erste fremde Bett und frage mich, wie die Tschechen bei den Bierpreisen überhaupt über irgendetwas klagen können. Eine Frage, die mir mein dröhnender Kopf am nächsten Morgen problemlos beantworten kann.

Lieber weniger besichtigen als viel zu schnell
Drei Tage nach unserem Skype-Gespräch landet Yuki in Prag. Von hier aus soll es gemächlich losgehen. Wir haben uns vorgenommen, in jeder Stadt mindestens drei Nächte zu verbringen, denn Hektik ist die größte aller Reisegeißeln. Ich will jedes Mal zu viel sehen, sprinte von Fleck zu Fleck und sehe am Ende nicht wesentlich mehr als meine Freunde zu Hause auf ihren Postkarten. Sich beim Reisen nicht zu viel vorzunehmen, lieber wenig richtig, als vieles gar nicht zu erkunden, fällt in die Kategorie von Lebensweisheiten wie »Wer früh genug für eine Prüfung lernt, erspart sich Stress«. Offensichtliches, aber wer hält sich daran?

Ich glaube nicht, dass es definierbar ist, ab wann man genau für eine Prüfung lernen muss. Oder ab wann man sich bei einer Reise zu viel vorgenommen hat. Vom Urlauber zum Kurzurlauber über den Langzeitreisenden bis hin zum Aussteiger endet die Diskussion irgendwann immer in der Behauptung, dass man in einer Stadt gewohnt haben muss, um sie richtig zu kennen. Das wäre dann aber kein Reisen mehr.

Die Zeitspanne von drei Nächten ist schließlich nur das schlichte Rechenergebnis aus Yukis Zeit geteilt durch die Anzahl der Städte, die wir besichtigen wollen. Die Anzahl der Städte hat sich ihrerseits aus der realistischerweise trampbaren Distanz ergeben. Mit ein wenig manipulativem Wohlwollen sind bei der Rechnung die drei Tage und alle Hauptstädte auf der Route herausgekommen. Oder mit anderen Worten: die Orte mit den meisten Sehenswürdigkeiten. Und Bratislava.

Der Startplatz:
Zwischen Warten und einen Hinterhalt legen
Erwähnenswert an Bratislava ist vor allem, dass es schwer ist, aus der Stadt rauszukommen. Auf die Autobahn zu gelangen ist verworren bis abenteuerlich, was insofern praktisch ist, als Abenteuer ohnehin genau das sind, was Tramper suchen. Tramper liebten schon immer die Begegnung mit dem Unbekannten, stürzten sich ins Ungewisse, scheuten keine Unwägbarkeit.

Und dann kam das Internet. Das digitale Zeitalter hat auch das Trampen nicht ungeschoren davonkommen lassen. Mal davon abgesehen, dass ich nach jedem Tramp einen Facebook-Freund mehr habe, streckt heutzutage kein

Tramper mehr seinen Daumen aus der Tür, bevor er nicht aus dem Netz weiß, wo er zum Starten hinmuss und wie er zu dem beschriebenen Platz gelangt. Dazu hat er heute mehr Aufklärungsmittel zur Verfügung als die Alliierten im Zweiten Weltkrieg.

Bei der Suche nach einem Startplatz in Bratislava finde ich jedoch nur eindeutig zweideutige Ergebnisse. Auf hitchwiki.org, der Wikipedia für Tramper, können sich die Autoren für Bratislava nicht so recht auf einen Ort einigen, und auch die Google-Earth-Analyse offenbart keine Schwachstelle, die eine Trampflucht aus der Stadt erlaubt. So bleibt uns nur eine vierzigminütige Tramfahrt zum falschen Ende der Stadt, um vom dortigen Rasthof über die Stadtautobahn zum eigentlich logischeren Rasthof zu trampen.

Kleine Enzyklopädie der Tramper-Mitnehmer
Trampen ist eine lehrreiche Erfahrung in Sachen Diskriminierung für Menschen, die sonst nichts haben, weswegen sie diskriminiert werden. Wenn Tramper nicht hübsch und nicht weiblich sind, drohen ihnen nicht selten misstrauische und verächtliche Blicke. Oder sie werden ganz ignoriert.

Menschen reagieren verängstigt, wenn ich sie anspreche, Kinder werden von mir weggezogen, manchmal folgen Beschimpfungen. Unangenehmer als die Beschimpfungen sind allerdings die Gedanken der ›freundlichen‹ Menschen. Sie sind ihnen förmlich von der Stirn abzulesen: »Ich weiß nicht ... man hört ja so viel. Du könntest sonst wer Gefährliches sein. Da bleibe ich lieber alleine im Auto sitzen.«

Als Tramper überspiele ich meine Enttäuschung mit einem Gefühl der Überlegenheit, im Glauben, es besser zu wissen als die vielen Angstgesteuerten. Doch wenn ich selbst unerwartet und liebevoll mit einem »Ey, das da hinten is' meine Karre. 250 PS. Willste mit?« angesprochen werde, fühle ich mich ertappt. Wenn es drauf ankommt, verhalte ich mich nicht anders und entscheide mich doch lieber einmal zu oft für die Oberflächlichkeit. Was vorher abschätzig als Vorurteile gehandelt wurde, wird dann wieder zum rationalen Selbstschutz, nicht weil alle Checker Anfang zwanzig mit selbst angeschraubten Heckspoilern und LED-Unterbodenbeleuchtung zu unsicher und riskant fahren. Sondern weil: »Hach, ich weiß halt nicht, besser nicht, man hört ja so viel ...«

Auch Tramper unterteilen fleißig die gesamte Menschheit in mutwillige und weniger mutwillige Mitnehmer. Allerdings ist die Einteilung etwas subjektiv, denn der Eindruck hängt sehr von der Aura des Trampers ab. Ich gehöre zu der Gattung Mitte zwanzig, Babyface, mit der Statur eines Zuckerwatteverkäufers, gehüllt in eine brave Schwiegersohn-Kollektion.

Die beste Klientel ist die Gattung der Außendienstmitarbeiter im Firmen-Audi oder besorgter Mütter, die, bevor sie mich mitnehmen, immer versichern, dass sie so etwas eigentlich nicht machen. Ein 35-jähriger, 2,10 Meter großer trampender Gothic-Punk teilt meine Beurteilung vermutlich nicht ganz.

Es gibt aber noch andere Gattungen, deren Exemplare einem auf jedem Rasthof aufs Neue begegnen. So auch in Bratislava. Uns begegnet dort ein sympathischer Zeitgenosse, der zu ›einer wissenschaftlich ausführlich beschriebenen trampophilen‹ Gattung gehört.

Diese Gattung sticht durch ein Dieter Bohlen nachempfundenes Äußeres hervor und ist insgesamt eine angenehme Erscheinung. Es ist eine Oberklassewagen fahrende Art, von der Laien vermuten würden, dass sie Tramper maximal ein paar Meter mitnähme. Das aber auch nur, wenn sich der Anhalter bei voller Fahrt auf die Motorhaube wirft.

Das gleiche Automodell wird in der Regel noch von zwei anderen Arten gefahren. Zum einen gibt es da eine wohlhabende Spezies, die äußerlich in keinem Golfklub der Welt auffallen würde und früher meist selbst trampend unterwegs war und daher heute eifrige Mitnehmer sind. Gesetzt den Fall, jemand traut sich, sie zu fragen. Diese Gattung darf wiederum nicht mit einer äußerlich täuschend ähnlichen verwechselt werden. Sie hat einen anderen Stoffwechsel und ernährt sich von schlechter Laune und Empörung. Diese ›trampophobe‹ Gattung ist anatomisch nicht in der Lage, den Kopf bei Fragen nach links oder rechts zu drehen. Stattdessen muss ihr kognitives Zentrum erschütterungsfrei schräg nach oben ausgerichtet bleiben. Als weiteres Klassifizierungsmerkmal gilt ihr unverwechselbarer Gesichtsausdruck, der irgendwo zwischen Unantastbarkeit und Entrüstung angesiedelt ist. Die Mimik ist frei von jeglicher Regung. Es ist, als würde eine römische Marmorstatue mit Jacke vor einem stehen. Werden solche Exemplare angesprochen, kommt es in ihrem Gesichtsausdruck zu einer minimalen, aber charakteristischen Veränderung. Sie ist vergleichbar mit dem leicht verstimmten Gemüt, das Julius Caesar auf diversen Gemälden zeigt, als er im Senat mit 47 Messern zum Rücktritt motiviert wurde.

Neben dieser Gattung gibt es natürlich noch den freundlichen Durchschnittsbürger. Der ist allerdings auch nur durchschnittlich alle dreißig Minuten hilfreich. So passiert es nicht selten, dass man zwanzig locker-sympathisch aussehende Leute anspricht, die dann genauso locker und sympathisch antworten, dass sie in die andere Richtung oder nach Hogwarts führen, dass ihr Auto leider voll sei, weil eine Jacke und ein Schokoriegel auf der Rückbank lägen, oder dass sie einfach keine Zeit hätten – außer um in Ruhe zu rauchen, Kaffee zu trinken, Scheiben zu putzen. Dinge, die gemacht werden müssen, wenn man total spät dran ist.

So auch dieses Mal. Nachdem wir das Ausredenpflichtprogramm durchlaufen haben, macht unser Dieter, was die souveränen Dieters häufig machen. Zunächst folgt irritiert die Antwort, dass er natürlich in die Richtung fahre, wohin solle er von hier auch sonst fahren. Dann folgt die Verwunderung über die zweite Frage und die Antwort: »Natürlich, warum sollte ich euch denn nicht mitnehmen?«

Von vielen sympathischen Mitbürgern kenne ich Antworten auf seine Gegenfrage, allerdings gilt auch hier: Niemand mag Besserwisser. So geht es dann freundlich und zügig im gut klimatisierten BMW zum nächsten Rasthof.

Nettigkeit oder Dienstleistung?

Unsere nächsten Retter halten. Sie haben ein Auto mit polnischem Kennzeichen, weshalb ich zunächst eigentlich gar nicht fragen will. Nicht dass ich etwas gegen Polen habe, nur beim Trampen meide ich Autos von dort, da es in Polen normal ist, ein wenig Spritgeld zu verlangen, was für dreihundert Kilometer auch schon mal mehr sein kann.

Ich habe Prinzipien, aber während des Wartens habe ich meist genügend Zeit, sie loszuwerden. Also fragen wir die beiden, ernten ein »Ja!« und glückliche 15 Minuten. Die beiden erzählen, dass sie Ukrainer sind. Der eine Wahlhelfer Klitschkos, wobei er hauptsächlich die Botschaft verkündet, dass Klitschko nur zwei Dinge kann, nämlich ehrlich und unbestechlich sein. Das spreche für ihn, denn diese beiden Fähigkeiten brächten die anderen Politiker in der Ukraine nicht mit.

Kurz darauf legen wir stimmungstechnisch einen abrupten Wechsel ein, der nur mit einem Frontalcrash in die Leitplanke zu überbieten gewesen wäre.

»Würdet ihr 15 Euro zum Sprit dazugeben?«

»Mist«, schießt es mir durch den Kopf.

Beim Trampen bezahle ich allerdings nicht, schon gar nicht, wenn ich den halben Tag mit Warten verbracht habe und mir vom gleichen Geld ein Eis und ein Zugticket hätte kaufen können. Wenn ich vorher nach Geld gefragt werde, fahre ich einfach nicht mit. Im Nachhinein zu fragen finde ich noch schlimmer, da sich nach der Klärung mindestens eine Partei reingelegt fühlt, weil Erwartungen nicht erfüllt werden.

Im Anschluss ist die freundschaftliche Stimmung im Auto nur schwer wiederherstellbar. Für mich wird damit aus einer erstaunlich netten Geste, die einen an das Gute in der Welt glauben lässt, ein rein geschäftlicher Vorgang, der einem genau das Gegenteil zeigen will. Das Gefühl ist in etwa so erbaulich wie die Frage nach einem Unkostenbeitrag nach einem One-Night-Stand. Nach einer solchen Situation käme auch niemand auf die Idee zu sagen: »Hab dich nicht so, 15 Euro für Sex ist jetzt echt nicht so viel.« Ist es auch nicht, aber umsonst ist es nun mal etwas anderes. Das Abenteuer und das Gefühl, vom anderen geschätzt zu werden, verkommen zur Dienstleistung.

Natürlich sind auch mit Dienstleistern nette Gespräche möglich. Dass dies, von Ausnahmefällen abgesehen, eher selten vorkommt, ist oft bei der Mitfahrgelegenheit erlebbar. Nach fünf Minuten schlafe ich dort in der Regel entweder ein oder bin in mein Buch versunken, gesetzt den Fall, eines von beiden ist möglich. Manchmal bleibt mir eingequetscht zwischen vier Personen und 19 Ellenbogen außer einer Runde Twister nicht viel, was ich machen kann. Das ist beim Trampen nicht der Fall und bedeutet häufig etwas eingeschränkten Fahrkomfort. Ich fahre mit irgendwem grob in die richtige Richtung. Wechsle ein paarmal das Fahrzeug und weiß dabei nicht mal, wie lange es dauert. Es können Minuten sein, wenn es dumm läuft, sogar Stunden. Manchmal strande ich und komme bis zum nächsten Morgen gar nicht mehr vom Fleck. Mit Glück wird der exakte Zielort vom Fahrer angefahren. In ungünstigen Fällen muss der Reisende sich sogar noch abholen lassen oder ewig mit dem Bus die letzten Meter in der Stadt überwinden. Das klingt nicht nach etwas, wofür man bezahlen müsste. Außer man ist Bahnfahrer. Aber selbst Bahnfahrer verlangen schließlich ab einer gewissen Wartezeit ihr Geld zurück.

Ich versuche, den beiden durch meine unglaublich spannenden Erlebnisse und tief greifenden philosophischen Erkenntnisse zu beweisen, was für eine Bereicherung es sein kann, einen Tramper mitzunehmen.

Vermutlich nehmen sie nie wieder einen Tramper mit. Immerhin bedanken sie sich herzlich und meinen, Couchsurfing ausprobieren zu wollen. Das Thema habe ich nicht ganz ohne Hintergedanken erwähnt. Der Wink, dass auch ich ständig Leute bei mir kostenlos übernachten lasse, sollte den Schmarotzer-Geruch, der an mir haftet, etwas reduzieren. Überzeugter, missionierender Couchsurfer bin ich jedoch auf jeden Fall. Sowohl als Gastgeber als auch als Reisender gibt es keine bessere Art, Menschen kennenzulernen. Zumindest in der Theorie. In der Praxis versuchen wir vergeblich, unseren mexikanischen Couchsurfer aus Budapest zu erreichen. Aber was erwarten wir auch? Wir haben ihm schließlich nichts gezahlt.

BUDAPEST: DREI MENSCHEN, DREI VERSIONEN

Via Couchsurfing hat mich ein ›Opse‹ eingeladen. Also eines jener mystischen Fabelwesen, denen jeder Tramper hin und wieder begegnet. Der Ursprung des Wortes ›Opse‹ entstammt den Beobachtungen einer Freundin, die einem älteren, ständig betrunken gegen Regale laufenden Campingplatzbesitzer eine positive Note verpassen wollte. Opses und ihre weiblichen Pendants, die Omses, sind weder böse noch gefährlich. Allerdings sind sie eine unheilvolle Versuchung, die Backpacker entweder zur Verzweiflung bringt oder – je nach persönlicher Belastbarkeit – einfach unglaublich erheitert. Opses sind meist etwas verwirrte und unverständlich vor sich hin nuschelnde Kauze. Sie sind immer auf der Suche nach unschuldigen Fremden, offen für alles und grinsen fast permanent vor sich hin. Manchmal aus Freundlichkeit, meist aber da sie glauben, etwas Witziges gesagt zu haben. Also kurz: Menschen wie ich, nur betagter. Das Alter macht sie aber irgendwie putzig.

Mystische Wesen: Opse und Omse

Für Reisende ist das Essen einer Omse, das meist irgendwo zwischen verkocht und traditionell angesiedelt ist, immer ein kulinarisches Erlebnis. Ebenso schön ist es, die anschließende Nacht in einem museumsartigen Eigenheim zu verbringen und dabei viele Geschichten aus vergangenen Zeiten zu hören; gesetzt den Fall, eine Kommunikation ist möglich. Omse und Opse zeigen gerne alte private Bilder, erzählen vom Krieg, von Wackelpudding und den schönsten Orten des Landes, die seit dreißig Jahren nicht mehr existieren. Mit etwas Glück versteht man ihre Lebensgeschichte und fragt sich inmitten der vor sechzig Jahren mal fesch und hightech gewesenen Gegenstände, ob man im greisen Alter den Mut aufbringen wird, Wildfremde in sein Heim einzuladen. Um den Besuch bei Omses und Opses genießen zu können, braucht der Reisende aber etwas Wichtiges: Zeit. Denn während viel davon vergeht, passiert bei Omses und Opses wenig. Bei einem Kurzbesuch einer der schönsten Städte Europas fällt es mir deshalb etwas schwer, Euphorie für die Entdeckung der Langsamkeit zu empfinden. Insbesondere mit meinem Freund vom anderen Ende der Welt.

Damit stecke ich in der Bredouille. Einerseits habe ich schon zugesagt und empfinde es als unhöflich, einem Couchsurfer abzusagen, weil er plötzlich meinem Zeitbudget und meinen gehobenen Ansprüchen nicht mehr genügt. Andererseits will ich Yuki nicht drei Tage purer Langeweile aussetzen.

Opses sind selten für ihre zentral gelegenen Appartements und ihre Feierwütigkeit bekannt. Genauso wenig stechen sie durch actiongeladene Alltagsaktivitäten hervor.

Also mache ich, was ich immer in so einer Situation mache: Ich entscheide mich für die Variante, die keinen wirklich zufriedenstellt. Ich schreibe Opse, dass wir leider nur zwei Tage bei ihm übernachten können. Das ist weniger, als er erwartet, und mehr, als ich möchte. Aber immerhin können wir so die erste Nacht in einer studentischen Couchsurfer-Wohnung verbringen. Ein Abend Zeit, auf eine WG-Party zu gelangen und an einem Ort zu wohnen, wo mehr Autos als Trecker fahren.

Das Resultat dieses Vorhabens ist der Mexikaner, der uns seine Version von Budapest zeigt, indem er vergisst, uns seine Adresse zu verraten, und sich dann nicht mehr meldet.

Couchsurfing: Trampen, nur mit Häusern statt Autos
In diesem Zusammenhang lohnt es sich, kurz zu erwähnen, was Couchsurfing ist. Es ist ein soziales Netzwerk. Im Unterschied zu allen anderen ist es das einzige, welches das Label ›sozial‹ verdient, da es nicht vornehmlich ein Ort ist, um Bilder von sich selbst zu posten und den Rest der Welt mit aggressiven Kommentaren zu überziehen. Couchsurfing ist schlicht dazu da, kostenlos bei Fremden zu schlafen. Dazu muss der Benutzer nur die gewünschte Stadt eingeben und sich aus einer Liste von lokalen Profilen ein paar Menschen raussuchen, die er interessant findet. Per Textnachricht gilt es dann, eine kreative, witzige oder verzweifelte Anfrage mit dem Wann und Warum an die Anbieter zu schreiben. Wenn der Angeschriebene Zeit hat und dem Text oder den Profilbildern des Suchenden etwas abgewinnen kann, lädt er zu sich nach Hause ein. Normalerweise wird dieser Vorgang im Anschluss auch so in der Realität ausgeführt.

Unser mexikanischer Gastgeber ist leider noch nicht so lange dabei, weshalb er den letzten Teil des Vorgangs irgendwie vergessen zu haben scheint. Da aber die Couchsurfing-Community zu einem nicht zu vernachlässigbaren Teil aus absoluten Verpeilern besteht und Reisepläne häufig nur eine recht idealisierte Prognose der Zukunft darstellen, gibt es Notfall-Anfrage-Gruppen. Falls ein Couchsurfer gestrandet ist, kann er in diesen Gruppen darauf hoffen, einen spontanen Gastgeber für sofort zu bekommen.

Neben der Möglichkeit der Unkostenersparnis gibt Couchsurfing Reisenden die Möglichkeit, Städte auf viel persönlichere Art kennenzulernen. Er muss nicht in künstlichen Hotel-Biotopen hausen, sondern erlebt, wie die Einheimischen wohnen. Man kocht zusammen, geht feiern oder auch zur Arbeit des Gastgebers. Es ist eine Möglichkeit, den Alltag fremder Menschen zu erleben und so Kultur und Mentalität des besuchten Landes aus erster Hand kennenzulernen.

Gut, Übernachtungen bei Mexikanern in Budapest sind an kultureller Authentizität ausbaufähig, aber irgendwas ist ja immer ... Unsere Notfallanfrage beschert uns hingegen ein paar authentische Brasilianer. Wir werden herzlich begrüßt, mit Bohnen und Reis bemuttert, brechen südamerikanischen Traditionen folgend viel zu spät zu Verabredungen auf und landen auf einer WG-Party. Blöderweise ist uns nur eine Nacht mit ihnen vergönnt, denn für den nächsten Abend sind wir mit Opse verabredet.

Wir verabschieden uns geknickt, als trennten wir uns gerade von unseren Schulfreunden, bevor wir ins Internat geschickt werden. Aber zugesagt ist zugesagt. Es bleibt der tröstende Gedanke, dass der Aufenthalt bei Opse ja trotzdem lustig werden könnte. Und wenn schon nicht das, dann wenigstens erholsam.

Ein bisschen freuen wir uns sogar auf einen ruhigen Abend, denn wir haben unsere Muskelkater, Affen und die ganzen anderen Tiere vom vergangenen Abend immer noch nicht vollständig abgeschüttelt. Der Traum vom entspannten Abend platzt jedoch schnell. Opse trifft sich mit uns am Bahnhof, und nachdem er uns klargemacht hat, dass wir keine Sprache oder nonverbale Art der Verständigung teilen, führt er uns schnurstracks zurück ins Zentrum der Stadt. Dabei erfahren wir nicht wirklich viel. Lediglich, dass Opse von jedem Punkt der Stadt aus Richtung Parlament zeigen kann. Zudem weiß er, dass Budapest aus den beiden Städten Buda und Pest besteht, die irgendwann zusammengewachsen sind. Genau wie im Falle des Parlaments kann er auch diese Fakten geografisch zuordnen und macht uns im Fünfminutentakt darauf aufmerksam, in welchem Stadtteil wir uns gerade befinden.

Zunächst sind wir etwas genervt, doch als ich unser Spiegelbild in einem Schaufenster erblicke, dämmert es mir. In unserem verkaterten Zustand haben wir die intellektuelle Aura von fünfzig Zentimeter Toastbrot. Vermutlich ist all das ›Buda‹ und ›Pest‹ einfach nur ein didaktischer Kniff. Er möchte schlicht einfachste Informationen so vermitteln, dass auch Gestalten sie verstehen, bei denen Wissen scheinbar so sauber abperlt wie Wasser an einem Lotusblatt.

Doch plötzlich ist es vorbei mit der Ruhe. Panik macht sich breit, Opse wedelt wild mit den Händen. Wir rennen gemeinsam in die nächste Metrostation. Opse fängt hektisch an, Geld in einen Automaten zu werfen. Damit endet der Vorgang dann aber auch. Der Automat ist anscheinend zufrieden, Opse nicht, denn er fängt an, andere Dinge als ›Buda‹ und ›Pest‹ zu sagen. Erfahren im Umgang mit osteuropäischen öffentlichen Nahverkehrsmitteln, haben wir bereits eine Tageskarte erworben und können dem Vorgang distanziert mit anthropologischem Interesse folgen. Der Automat distanziert sich allerdings ebenfalls recht schnell und zeigt nichts mehr an. Das Schauspiel des schweigsamen Automaten und nicht so schweigsamen Opses ruft einen Metromitarbeiter auf den Plan. Dieser demonstriert sofort die berühmte ungarische Hilfsbereitschaft. Dass nur die wenigsten von ihr wissen, liegt daran, dass sie nur schwer und indirekt bemerkbar ist. Der Mitarbeiter unterbricht Opses Dialog mit dem Automaten, indem er einen Außer-Betrieb-Aufkleber anbringt. Aus reiner Nettigkeit, versteht sich. Um präventiv weitere Probleme zu verhindern, bringt er an dem nebenstehenden funktionstüchtigen Automaten gleich ein weiteres Defekt-Schild an. Dann entschwindet er; auf zu neuen Servicetaten. Zum Glück gibt es jedoch einen Automaten, den der freundliche Mitarbeiter in seinem Eifer übersehen haben muss. Ein Ticket später stehen wir am Hauptbahnhof.

Als wir der Fahrtzeit nach zu urteilen in St. Petersburg ankommen, steht ein längerer Fußmarsch an, denn schließlich gilt es, nach Ungarn zurückzulaufen.

Zivildienstverweigerer

Erschrocken von der Distanz versuchen wir, bei Hausmannskost zu vermitteln, dass wir die nächste Nacht wieder in

Budapest verbringen müssen. Natürlich nur, um am nächsten Tag rechtzeitig lostrampen zu können. Die Begründung ist vorgeschoben, aber nichtsdestotrotz realistisch. Es ist zeitlich fast unmöglich, bis nach Belgrad zu trampen, wenn wir vorher erneut nach St. Petersburg zurücklaufen und wieder eine Stunde mit dem Zug nach Budapest fahren müssen. Allen Ausreden zum Trotz will uns Opse am nächsten Morgen in die Stadt begleiten.

Zurück in der Stadt konzentriert sich Opse wieder auf seine Buda-, Pest- und Parlamentsausführungen. Wir sind uns zwar des Risikos bewusst, vielleicht wichtige Infos über die Stadt zu verpassen, trotzdem hören wir nicht richtig zu, denn uns bewegt eine ethische Frage weitaus mehr. Da wir völlig entnervt sind, fragen wir uns, wie fair es ist, Opse einfach abzuschütteln. Er hat immerhin Spaß, und wir sind selbst schuld.

Hinzu kommt, dass wir uns schon die ganze Zeit durch die Welt schmarotzen und es deshalb durchaus vertretbar ist, wenn wir einen Sonntag Zivildienst leisten und einen alten Herren beglücken.

Unsere Diskussion wird jedoch abrupt beendet, als wir einen Schrei von Opse hören. Er fängt an zu humpeln. Sein Gesichtsausdruck wechselt im Sekundentakt von freudestrahlend beim ›Buda‹- und ›Pest‹-Sagen zu schmerzverzerrt wimmernd beim nächsten Schritt nach vorn. Er humpelt gequält, Treppensteigen ist selbst mit ›Buda‹-Lauten nicht mehr möglich. Da der Ausflug von nun an für beide Parteien zur Bürde geworden ist, entschließen wir uns zum Rückzug. Wir bringen ihn noch zur Bushaltestelle und deuten an, dass wir gegenüber in die Markthalle wollen und uns nun trennen sollten. Schließlich führen dort nur Treppen hinauf, während er von hier bequem den Bus nach Hause nehmen könne. Unsere Pantomime scheint ihn nicht zu überzeugen. Trotz unzähliger ›Bus‹-Sagens, luftiger Lenkradbewegungen und pantomimisch dargestellten Treppenhochlaufens reagiert er weiter mit Kopfschütteln. Doch wir bleiben ebenfalls hart, verabschieden uns und stürmen in Richtung Freiheit davon.

Immer noch in Sichtweite erreichen wir die Markthalle und finden den vermeintlichen Grund seines Widerstandes. Sonntags geschlossen. Schmerz und Qual sind noch frisch, weshalb ein Umkehren ausgeschlossen ist und wir lieber im Schutz der Eingangssäulen verschwinden. Geschafft. Allerdings hält die Freude nur 15 Sekunden.

»Mein Beutel«, fährt es mir durch den Kopf. Er hatte ihn kommentarlos in seinen Rucksack gestopft. Als ich zurück zur Bushaltestelle renne, ist Opse schon verschwunden. Zusammen mit dem Beutel besitzt er nun auch mein ausgeschaltetes Handy. Ich realisiere, dass ich nun zu hundert Prozent auf die ungarische Hilfsbereitschaft angewiesen bin. Also am Arsch. In einem Restaurant WLAN schmarotzen, um mit Yukis Handy Opses Nummer herauszubekommen, ist noch möglich, indem wir eine Cola erwerben. Anrufen lassen will uns jedoch niemand, trotz eines weiteren Bestechungsgetränkes. Yukis japanisches Handy verweigert dazu im Ausland seinen Dienst. Also suchen wir nach einem antiken Gerät, mit welchem wir angeblich für Münzen durch eine Art Schlauch mit weit entfernten Menschen reden können. Nachdem wir eine Telefonzelle gefunden haben, schaffen wir es, Opse zu erreichen. Ich versuche, ihn dazu zu bewegen zurückzukommen, was ohne Pantomime einer Kontaktaufnahme mit Außerirdischen gleichkommt. Als mein Vorrat an Münzen beschließt, ich hätte genug erklärt, gehe ich hoffend zurück zu dem Platz, an dem wir vor wenigen Minuten unsere Freiheit gewonnen haben. Yuki versteckt sich allerdings lieber in der nächsten dunklen Gasse. Seine Angst, erneut eine Stadtführung zu bekommen, ist derart groß, dass alle Appelle an seine Verantwortung für das Ansehen Japans in der Welt einfach verhallen. Statt sich aufrichtig zu stellen, zieht er es vor, wie ein Ninja gut versteckt im Schatten zu verharren. Doch die Vorsicht ist übertrieben.

Das Treffen verläuft reibungslos und ohne weitere City-Tour. Warten, Übergabe, Dank, Trennung. Beschämt, aber erleichtert.

BALKANAUFTAKT

Gerade als ich einen in seinem Kombi kramenden Fahrer fragen will, ob er uns mitnehmen möchte, stutze ich.

Sein Auto ist völlig überladen. Der Angesprochene schüttelt sich frei und schaut mich irritiert an.

»Was gibt's?«, antwortet er auf meinen abgebrochenen Halbsatz.

»Ach, ich wollte fragen, ob ihr uns beide Richtung Belgrad mitnehmen könnt. Dann hab ich gemerkt, dass euer Auto voll ist«, antworte ich und bin überzeugt, das Offensichtliche auszusprechen.

»Ach ja? Das wollen wir doch mal sehen!«, entgegnet der Fahrer energisch, als hätte ihn jemand herausgefordert.

Erdrückende Hilfe

Der Kombi-Fahrer stellt sich als Freiburg-Serbe heraus und bedient mit durchschlagendem Erfolg die Ökoklischees seiner deutschen Heimatstadt. Sein Auto ist bis zum Dach vollgestopft mit Bio-Basilikum, Olivenöl und sonstigen nachhaltigen Produkten, die er als Freiburger zum Überleben braucht und in Serbien nicht kaufen kann.

Der Freiburger packt um und uns schließlich ein. Wir beschließen, auf unsere Eigenschaft als inkompressible Körper zu verzichten, und passen schließlich ins Auto. Ein Blick in den Rückspiegel lässt erahnen, dass wir mehr wie ein abstraktes Kunstwerk als ein artgerechter Transport lebender Güter erscheinen. »Geht es euch gut dahinten?«, fragt der Fahrer leicht besorgt. Im Gegensatz zu mir zeigt Yuki sich sichtlich irritiert von der Frage. Er streckt zwischen mehreren Basilikum-Pflanzen seine Hand heraus und demonstriert seine volle Bewegungsfreiheit, indem er sowohl Finger als auch Handgelenk kraftvoll wie ein junger Gott in kleinen Kreisen dreht.

»Das ist mehr, als ich es aus der U-Bahn in Tokio gewohnt bin«, kommentiert er begeistert seine neue Freiheit.

Inspiriert von einem Bio-Artikel, der sich mir gentechnikfrei, dafür aber umso schmerzhafter ins Bein bohrt, gerate ich ins Philosophieren und stelle Sichergeglaubtes infrage.

Vor allem kommt mir eine Weisheit in den Sinn: ›Besser schlecht gefahren als gut gelaufen.‹

Nach einer Stunde Fahrzeit meine ich, alle Argumente abgewogen zu haben. Der Fahrkomfort ist bescheiden. Die Federung hat unter dem Gewicht des überladenen Autos schon nach einer halben Stunde einen Burn-out erlitten. Ihr Verlust ist bitter, denn die serbische Autobahn hat wenig Ähnlichkeit mit einer Straße, dafür aber umso mehr Gemeinsamkeiten mit einer Lochkarte für Drehorgeln, in die jemand einen besonders schnellen Balkan-Beat eingestochen hat. Dem Takt folgend sticht etwas sehr Nachhaltiges immer wieder auf die gleiche Stelle meines Beines ein und verpasst mir einen blauen Fleck von der Größe des Baikalsees.

Ja, definitiv: Die Weisheit ist widerlegt. Diese Fahrt hätte nicht schlechter laufen können.

Unsere Gastgeberin in Belgrad ist eine in Kroatien aufgewachsene bosnische Serbin. Ihre ungriffige Identitätsangabe ist typisch für das zerbröckelnde ehemalige Jugoslawien.

Ihre Stadt ist genauso im Wandel und bietet ihren Bewohnern viel Freiraum für Experimente. Dadurch hat Belgrad durchaus seinen Charme und ist das Gegenteil von dem auf Hochglanz restaurierten Budapest. Die ungarische Hauptstadt wirkt nicht zeitlos, sondern so, als wäre sie die Zeit los. In Belgrad sind die Spuren der Geschichte hingegen sichtbar. Lachfalten an den Fassaden wurden nicht mit Botox geliftet. Allerdings auch nicht die jüngsten Narben, wie etwa die Krater der NATO-Bomben im alten Verteidigungsministerium. Doch die Ruinen regen uns mehr zum Nachdenken an als alle restaurierten Fassaden Budapests zusammen.

Diebesgut – Diebe gut?

Nach Belgrad bleibt unsere Trampersprache vorerst Deutsch, denn nach kurzer Wartezeit lädt uns eine Gruppe Thüringer

Anarcho-Punks in ihren überfüllten Kleinwagen – mit den Allmachtsfantasien eines Fünftonners – ein.

Der blaue Fleck von der Fahrt mit dem Freiburger erstrahlt mittlerweile in einem farbenfrohen, aber warnenden lila-gelben Batik-Look. Aufgrund dieses Mahnmals beschließen wir, uns nicht länger als nötig in einem beengten Auto foltern zu lassen, weshalb wir am erstbesten Rasthof hinter Belgrad aussteigen.

Die Sonne verschwindet. Noch 150 Kilometer bis Sofia. Normalerweise kein Grund, nervös zu werden, ich habe schließlich für solche Fälle ein Zelt. Es ist allerdings kalt in dieser Gegend, Yuki hat nicht mal einen Schlafsack, und für einen *Brokeback-Mountain*-Moment fehlen uns noch mindestens zwei Dates.

Schließlich treffen wir auf die ersten Bulgaren. Sie legen großen Wert darauf, unsere bisherigen Mitnehmer zu Hobby-Tetris-Spielern zu degradieren, und demonstrieren uns, wie richtig vollgepackte Autos auszusehen haben. Sie sind mit zwei Autos unterwegs, jedes ohne erkennbaren Beifahrersitz und mit mehr Zuladung als das schwarze Loch im Zentrum unserer Galaxis. Selbst wenn ich mich gedanklich von allen Gliedmaßen trenne, sehe ich keine Möglichkeit, wie wir in dieses Auto passen könnten. Nach 15 Minuten Umpacken, Komprimieren, Fluchen und dem Verteilen meines Rucksackinhalts in kleine Hohlräume des ansonsten hochverdichteten Autos passt es aber. Mit geöffnetem Fenster ist es sogar möglich, die Dinge auf meinem Schoß so zu platzieren, dass keine weiteren Tramperknutschflecke neben dem Regenbogen auf meinem Bein entstehen.

Unsere beiden Fahrer kommen gerade aus Dänemark. Dem Inhalt der beiden Ford-Kas und ihrem Aussehen nach zu urteilen würde man in jedem halbwegs realistischen Film erwarten, dass wir von den beiden erst eins auf die Glocke bekommen, um im nächsten Moment unsere Rucksäcke mit dem restlichen Diebesgut davonfahren zu sehen. Die beiden bemerken jedoch meinen irritierten Blick und beteuern, dass ihr Bruder umzieht. Um ihre Glaubwürdigkeit weiter zu untermauern, verprügeln sie uns dann nicht einmal. Es läuft. Zumindest temporär.

An der Grenze führen sie uns in osteuropäisches Brauchtum ein. Ein aus altem Holz geschnitzter Zöllner verlangt die lokal typischen zwei Stangen Zigaretten, um uns ohne das Entladen unseres Ikea-Jahressortiments passieren zu lassen.

Wenig später stoppt plötzlich Yukis Auto. Mein Fahrer fährt zunächst noch ein Stück weiter, bis auch er, von seinem Handy alarmiert, anhält. Ein kurzes Gespräch, viel Nicken, ernste Miene. Er legt das Handy auf die Seite und fängt an, wild gestikulierend auf mich einzureden.

TRAMPERTiPP

Wenn jemand wild gestikulierend auf dich einschreit, bedeutet das nicht zwangsläufig etwas Negatives, sondern eventuell nur, dass du in einem anderen Land bist, in dem das so gemacht wird.

Meistens jedenfalls. Mein Fahrer zeigt mir allerdings sehr deutlich, was er will, indem er zum Abschluss seiner Rede kräftig mit der Faust in die Hand boxt. In Bulgarien, im Nirgendwo, in einem Auto voller Diebesgut, nebst einem kräftigen Fahrer.

Ich, unter so viel Kram begraben, dass selbst ein fünfjähriger Computer-Nerd mit Arthrose mich verprügeln könnte.

Ich bleibe jedoch bei meiner Strategie und lächle unbekümmert weiter.

TRAMPERTiPP

Sich dumm zu stellen kann Probleme lösen.

Wird man bedroht oder jemand verlangt unbegründet Geld, einfach unbeirrt weiter freundlich lächeln und mit den Schultern zucken. Denn auch bedroht zu werden setzt manchmal aktives Mitwirken voraus.

Mein Fahrer ist von der Reaktion sichtlich irritiert. Offenbar hat er sich eine andere Wirkung von seiner Rede versprochen. Doch nach kurzer Überlegung wendet er sich mir erneut zu, holt wieder zur Hand-in-die-Faust-Geste aus und verkündet: »Bruder, ka..., Bugs Bunny, ...boom!«

Da liegt er also. Nicht speziell irgendwo, mehr überall. Ein Hase, der einen Abgang hingelegt hat wie das ehemalige Jugoslawien in territorialer Hinsicht. Zerfetzt in tausend Stücke – von seinem Kräftemessen mit der Stoßstange. Wir versuchen, den Heldenmut unseres felligen Begleiters über fünfzig Meter Bremsweg gebührend zu würdigen und trotzdem weiterzumachen. Es gibt schließlich kein Abenteuer ohne schmerzvolle Verluste. Ein Schmerz, den wir nur überwinden können mit dem beruhigenden Gedanken, dass wir das Thema mit den Verlusten dann schon mal abgehakt haben.

Schließlich gelangen wir ohne weiteren Zwischenfall ins Zentrum von Sofia. Dort verfrachten uns die Brüder in ein Taxi und bezahlen sogar für uns, und zwar viel schneller, als wir ›Stereotypen beeinflussen oft zu Unrecht die Bewertung unserer Mitmenschen und unser Verhalten ihnen gegenüber‹ sagen können. Mit einem Handschlag, einer herzlichen Umarmung und der Weigerung, das Taxigeld von uns zurückzunehmen, trennen sie sich von uns.

Gegen Mitternacht kommen wir endlich bei der verständnisvollsten Couchsurferin der Welt an, die uns auch nach fünf Stunden Verspätung trotzig mit Pasta und Bier begrüßt.

TÜRKEI: LAND MIT RISSEN

ISTANBUL: DEMOKRATIE IN DER MIDLIFE-CRISIS

Jetzt stehe ich alleine vor der türkischen Grenze und lasse den letzten Reiseabschnitt Revue passieren: Sofia als Stadt war nicht so spannend. Dafür gab es 75 Quadratmeter mit Balkon zu bewundern. Eine Wohnung gefüllt mit spannenden Menschen. Dazu Dosenbier auf dem Sofa. Yuki fand das nicht ganz so exotisch wie ich, weshalb er vorgefahren ist, um noch zwei Tage mehr in Istanbul zu verbringen.

Da es hier an der bulgarisch-türkischen Grenze weit und breit keine Stadt gibt, ist der Übergang nicht gerade als Fußgängerzone ausgelegt. Bis hierher hat mich ein Lkw mitgenommen und dann in die Freiheit entlassen, da Trucker aufgrund der Zollabfertigung mitunter Tage für eine Überquerung brauchen.

Grenzerlaufung

Deplatziert wie ein Fußgänger im Drive-in eines Fast-Food-Restaurants reihe ich mich hinter den Autos in der Schlange ein. Selbst mit Rucksack scheine ich jedoch gut von einem Auto unterscheidbar zu sein. Ich werde sofort von den Grenzern bemerkt, die ihre Belustigung nicht gerade mit der steinernen Ernsthaftigkeit einer britischen Palastwache zu unterdrücken suchen. Sichtlich amüsiert winken sie mich an den anderen Autos vorbei. Ohne meinen Pass großartig zu würdigen, stempeln sie meine Unterlagen und geben ihn mir grinsend mit einem kleinen süßen Willkommenstörtchen zurück.

Mein nächster Fahrer straft mich mit ungerechtfertigter Bewunderung. Durch mein Dasein als deutscher Ingenieur verwechselt er mich anscheinend mit einem gottgleichen Wesen, das seinen geliebten, nagelneuen Mercedes erschaffen hat. Das Ganze ist so gerechtfertigt wie die Anbetung der Konquistadoren durch die Azteken, weil sie glänzende Helme trugen. Nur dass mein Reisepass die Funktion der Rüstung übernimmt. Während mein kaukasischer Fahrer von seinem Auto schwärmt, frage ich mich, wie viele Monatsgehälter ihn dieses Auto gekostet hat und wie viel von seiner Lebenszeit somit in diesem Gefährt steckt. Ich für meinen Teil arbeite lieber einen Wochentag weniger, als für die Finanzierung eines Autos einen unnötigen Sommertag am Büroschreibtisch zu verbringen. Trotzdem sind seine Ausführungen irgendwie schön, denn sie klingen vertraut. Es sind dieselben wie jene eines Auto anbetenden Freundes von zu Hause. So haben zwei Fremde aus völlig verschiedenen Kulturkreisen einen identischen Lebensinhalt, der mir allerdings so unverständlich bleibt wie die Opferriten der Azteken.

Kurz vor Istanbul werde ich wieder mit der komplexesten Herausforderung konfrontiert, die ich beim Trampen zu meistern habe: dem Aussteigen. Zum einen kann ich nicht überall laufen, wo ein Auto fahren kann. Zum anderen stehen die zurücklegbaren Distanzen zu Fuß und im Auto in keiner Relation. Es entsteht ein Spannungsfeld zwischen den Tramperprinzipien ›Umwege für den Fahrer vermeiden‹ und ›nicht am Ende der Welt landen‹. Das erste Ideal wiegt eigentlich immer schwerer als das zweite, aber nach fünfhundert Kilometern Trampen stehe ich der Idee, für die letzten zehn Kilometer noch mal zwei Stunden zu brauchen, etwas abgeneigt gegenüber, vor allem kurz vor Mitternacht.

Ich weiß weder, ob um diese Uhrzeit Busse fahren, noch wo ich genau bin. Auf einer selbst gemalten Skizze der Autobahn habe ich mehrere mögliche Ausstiegspunkte markiert, ein paar andere mit Bleistift dargestellte Punkte und Linien sind von mir im Internet als markante Orientierungspunkte beurteilt worden und sollen mich jetzt zu meinem nächsten Gastgeber führen. Wohl dem, der ein Smartphone besitzt.

Von der Autobahn aus gesehen haben die Striche mehr Ähnlichkeit mit dem Cover eines Mikadospiels als mit dem sich real vor mir verzweigenden Gewirr aus Brücken und Asphalt. Das Erste, was ich eindeutig ausmachen kann, ist ein Schild, das mich darauf hinweist, dass ich schon zu weit getrampt bin. Also bitte ich meinen Fahrer darum, mich bei der nächstbesten Gelegenheit auszusetzen. Gesagt, getan. Ich stehe irgendwo, mein Gönner fährt von dannen und verschwindet in die unendlichen Wirren der Menschheitsgeschichte.

Gollums und edle Retter

Schneller als erwartet füllt sich die Straße mit feierwilligem Volk, das sich auch hier den internationalen Bekleidungsstandards beugt. Ich laufe ein wenig mit suchendem Blick durch die Gasse, als mich ein nicht ganz ins Schema passender Mann anspricht.

»Hey, kann ich dir helfen?«, überrumpelt er mich mit einer Hilfsbereitschaft, die in mir sämtliche Alarmglocken läuten lässt.

»Ich suche nur einen Geldautomaten und eine Bushaltestelle, um Richtung Şişli zu kommen«, entgegne ich
etwas reserviert.

»Ah, Deutscher, ich liebe Deutschland. Es freut mich, dir
helfen zu können«, jubelt er euphorisch, wie es nur ein Ver-
treter vermag, der seinem Kunden von neu entdeckten, tod-
bringenden Supervulkanen und der zufällig dazu passenden
Versicherungspolice vorschwärmt.

»Hier hast du schon mal eine Karte von der Stadt, und
eine Bank ist dort drüben. Die Bushaltestelle ist direkt da
vorne«, rattert er mit breitem Grinsen herunter.

Während ich den Automaten melke, weicht er nicht von
meiner Seite. Zurück auf dem Weg begutachte ich die Karte,
um seine Angaben zu prüfen. Das schadet nie. Zum einen, um
Missverständnisse auszumerzen, zum anderen aber auch, um
präventiv kein Bild von Unselbstständigkeit zu vermitteln,
die als Hilferuf nach einem Führer missverstanden werden
könnte. Zwar kann ich mir kaum vorstellen, dass jemand für
eine Karte aus dem Touristenbüro und das Zeigen auf einen
Bankautomaten Geld verlangt, aber man weiß ja nie.

Wieder werde ich abrupt aus meinen paranoiden Gedanken gerissen.

»Hey, kann man dir weiterhelfen?« Ein studentisch aus-
sehendes Pärchen blickt mich freundlich lächelnd an. Das
Stakkato an offerierter Hilfe muss ich als im schwäbischen
Bildungsexil sozialisierter Mensch erst einmal verarbeiten.
In Stuttgart wäre ich eher angeblafft worden, warum ich den
halben Bordstein blockiert hätte. Ein ›Kann man dir irgendwie
weiterhelfen?‹ kennt mein süddeutsches Ich fast ausschließlich
als sarkastische Variante von ›Du Penner stehst mir im Weg!‹

»Şişli«, antworte ich erneut.

»Ah, dann kannst du direkt mit uns mitkommen. Wir wollen auch in die Richtung.«

Unser kurzes Gespräch ruft meinen alten Freier auf den Plan. Sichtlich unerfreut startet er ein schnelles türkisches Wortgefecht mit den Studenten. Wieder für mich verständlich beenden sie das Gespräch mit einer an mich gerichteten Aufforderung:

»Komm, lass uns gehen, der will eh nur Geld.«

Der Dubiose gerät noch mehr in Rage. Ich schließe mich den Studenten an, der Enttäuschte hingegen folgt uns mürrisch, aber in dezentem Abstand, wie Gollum in der *Herr-der-Ringe*-Verfilmung den Hobbits. Als ich schließlich in den Bus gehen will, weiten sich seine Augen, als würde er Zeuge, wie der Ring ins Feuer geworfen wird.

»Hey, wie wär's mit ein bisschen Geld für die Karte und meine Hilfe?« Ich schaue ein wenig irritiert, während mich die Studenten kommentarlos in den Bus schubsen.

»Dem gibst du gar nix.«

Ich bin mal wieder etwas geknickt wie die Hunderte Mal davor, wo ich Freundlichkeit mit Geschäftssinn verwechselt habe. Man kann mich als trottelig bezeichnen, weil ich trotzdem immer wieder zaghaft versuche, fest an Hilfsbereitschaft aus Nettigkeit zu glauben. Oder einfach nur als hartnäckig. Ein kurzes Piepen zeugt von einer anderen Welt.

»Welches Ticket muss ich kaufen?«

»Gar keins, wir haben schon für dich gestempelt«, klären sie mich auf. Als ich mein Portemonnaie zücke, fügen sie ein »Lass stecken« hinzu.

Vor, zurück oder im Kreis

Ich irre ein wenig durch immer verzweigtere Gassen. Zunächst folgen mir noch Dönerbuden, Supermärkte und Kleiderboutiquen. Wenig später sehe ich nur noch Geschäfte, die keine Laufkundschaft brauchen: Autowerkstätten, Läden für riesige Gaskartuschen. Neben mir fällt der Weg so steil ab, dass der Bürgersteig in eine Treppe übergeht, bis er hinter einer Kurve im engen Spalier verschwindet, welche die Häuser übrig gelassen haben. Katzen wühlen im Müll, während das Summen der Straßenlampen der Dunkelheit eine abstoßende Unruhe verleiht. Für mich gibt es nichts Unangenehmeres, als nachts in einer Großstadt mit der Ungewissheit der nächsten Schlafmöglichkeit konfrontiert zu sein. Der letzte Kontakt mit meinem Gastgeber liegt ein paar Stunden zurück. Leider hatte sich mein Handyakku mal wieder vorzeitig in den Feierabend verabschiedet und mir jeden weiteren Kontakt verboten. Mein Gastgeber wusste nicht genau, wann er da sein würde, ich wusste nicht genau, wann ich ankomme. Perfekte Kombination.

Endlich finde ich das richtige Haus. Auf das Klingeln folgt geduldiges Warten.

»Ah, da bist du ja«, knarrt es aus der Gegensprechanlage. Das erlösende Summen erklingt, die eben noch verriegelte Tür ändert auf das elektrische Signal hin kurzzeitig ihre Meinung und lässt mich passieren.

Ich laufe ein paar Stockwerke hoch, bis ich vor der richtigen Tür stehe. Ein Ungetüm, das ich so noch nicht gesehen habe. Von außen nicht ersichtlich, trennen mehrere Zentimeter Stahl den Flur von der Wohnung, unzählige Schließmechanismen stehen bereit einzurasten. Ich bin mir nicht sicher, ob ich ein Atomraketensilo oder den Tresor mit den türkischen Goldreserven betrete.

Mein Gastgeber steht mit offenen Armen vor mir, Umarmung, Küsschen. Es folgen in dichter Abfolge Signale der Begeisterung und Zeitknappheit. Mein Gastgeber heißt Mehmet und ist ein Freund von einer türkischen Freundin, die mal bei uns zum Couchsurfen war. Sie hat mich Mehmet untergejubelt, weil sie selbst nicht mehr in Istanbul wohnt. Mehmet selbst ist Innenarchitekt, weshalb der Atomraketensiloverdacht nach Überqueren der Türschwelle schnell entkräftet werden kann. Zumindest wenn meine Vorstellung von Atomraketensilos richtig ist.

Ich will etwas mehr als eine Woche bei ihm verbringen, bis Mareike in Istanbul landet und wir unsere Tramptour auf indirektestem Weg Richtung Georgien starten. Mehmet und ich verbringen nicht viel Zeit miteinander, da er mit Arbeit und der ein oder anderen politischen Aktion ausgelastet ist. Ab und an erzählt er von den vorangegangenen Demonstrationen, der Flucht vor der Polizei, dem glücklichen Los, das jene Demonstranten ziehen, wenn sie von Anwohnern ins Haus gelassen werden, während die in der Straße Eingekesselten verhaftet werden und auf unbestimmte Zeit verschwinden. Die großen Demos auf dem Taksim-Platz sind schon ein Jahr her, kleinere Demos finden jedoch immer wieder aus diesen oder jenen Gründen statt. Onlineplattformen und Webadressen werden ab und an gesperrt. Manche Dienste wie Twitter verschwinden länger von der Bildfläche, genau wie einige Aktivisten und Journalisten.

In der Türkei merkt man, wie fließend der Übergang zwischen einer Demokratie und einer Diktatur ist. Manchmal ist der Unterschied so gering, dass die Einordnung zur Auslegungssache wird. Wie frei ist eine Wahl mit Zehnprozenthürde und fast gleichgeschalteten Medien? Welche Gesetze machen es möglich, dass ein Rechtsstaat gleichzeitig ein Unrechtsstaat sein kann? Einer, der keine Willkür nötig hat, weil es gesetzlich gedeckt ist, alles und jeden festzunehmen, weil Alltägliches unter Strafe gestellt ist. Wie nennt man es, wenn im Prinzip jeder Bürger ein Krimineller ist, sobald er genauer unter die Lupe genommen wird und nach rechtsstaatlichen Prinzipien verhaftet und verurteilt werden kann?

Nach einem japanischen Abschiedskochen mit Yuki bleiben mir ein paar Tage, um die ständig im Umbruch befindliche Stadt alleine zu erkunden. Symbolisch für den Wandel der Stadt steht das markanteste Gebäude, die Hagia Sophia.

Sie war im Mittelalter die größte Kirche der Christenheit, galt als achtes Weltwunder. Die monströsen Stützen an den Seiten und der massive Bogen an der Front, die nach mehreren Erdbeben als Verstärkung angefügt wurden, lassen sie ein wenig grimmig dreinschauen. Der massige Bau lässt mich an ein Mutterschiff einer Alien-Invasionsflotte denken. Die Kirche hat eine bewegte Geschichte hinter sich. Sie wurde ein paarmal religiös umgewidmet, war zunächst orthodox, dann katholisch und im 15. Jahrhundert eine Moschee, bis Atatürk sie in den 1930er-Jahren schließlich in aufklärerischer Manier zu einem Museum umwandeln ließ.

Teile der verdeckten oder zerstörten christlichen Insignien wurden wiederhergestellt, Teile der islamischen Aufbauten ließ Atatürk erhalten, um den Umbruch und Wandel des Baues sichtbar zu machen. Heute ist die Ex-Moschee und Ex-Kirche wieder Gegenstand von Diskussionen. Islamische Fundamentalisten wollen die vom westlich orientierten Staatsvater der Türkei eingeleitete Transformation rückgängig machen und aus der Hagia Sophia wieder eine Moschee machen. So bleibt der stolze Bau auch 1.500 Jahre nach seiner Errichtung ein Spiegel der Zeit.

24-STUNDEN-TRAMP

Ab Istanbul sollte es entspannt weitergehen. So weit der Plan. Er hätte funktionieren können, wäre da nicht die Konkurrenz mit der Realität gewesen, die sich in Form von zwei Freunden aus Deutschland manifestiert. Die beiden wollen mit uns zwei Tage auf dem lykischen Weg wandern, bevor sie aus Prüfungszwängen den Heimweg antreten müssen. Der lykische Weg befindet sich wiederum räumlich achthundert Kilometer von uns entfernt, was umgerechnet in schlechte türkische Straßen etwa 13 Autostunden entspricht. Um dem Sollwert von zwei Wandertagen gerecht zu werden, wäre es nötig, am Morgen nach Mareikes Ankunft in Istanbul die Strecke an einem Tag zu überwinden. Da im Nordwesten der Türkei Trampen nicht wirklich etwas mit Fortbewegung zu tun hat, können wir mit mehr als einem Tag rechnen. Aus der Not heraus beschließen wir das einzig Unlogische und versuchen, direkt um ein Uhr nachts vom Flughafen loszutrampen. Bei achthundert Kilometern wollten wir uns nicht zu sehr von Details aufhalten lassen. Doch schon beim Start beziehungsweise bei Mareikes Landung kommt der erste Tiefschlag.

Fehlstart

Mareike hat ungünstigerweise einen Flug zum westlichen Flughafen gebucht. Als Resultat steht uns nicht nur eine Durchquerung der Türkei von Nord nach Süd bevor, sondern auch eine Fahrt durch ganz Istanbul. Selbstredend nach Betriebsschluss der S-Bahn.

Zwei Stunden lang versuche ich, am Flughafen jemanden zu finden, der uns mit gen Osten nehmen kann. Mit minimierten Ansprüchen und dem Konzept, einen schlechten Plan sowie Erfolglosigkeit durch unbelehrbare Hartnäckigkeit zu ersetzen, gelingt es mir, jemanden zu finden. Das Ergebnis ist ein netter, älterer Türke, der uns die ersten Kilometer mitnehmen will. Er ist nicht nur verständnisvoll, sondern scheint immer fröhlicher zu werden, je mehr Details ich ihm von meinem Plan offenbare. Zu Recht. Nach noch mehr Gelächter und einer kurzen Fahrt lässt er uns an einer Tankstelle raus, glücklicherweise mit Metrobusanschluss, der zu meiner Überraschung doch fährt.

Zunächst versuchen wir, unseren ursprünglichen Plan umzusetzen und zu trampen. Unsere bloße Anwesenheit offenbart jedoch mehr Massenkarambolagen-Potenzial als ein sexuell frustrierter Stier, der dem Hauptfeld der Tour de France entgegengejagt wird. Im Sekundentakt halten Taxis, die sich spontan vermehren wie ein Fliegenschwarm auf einem Hundehaufen. Mit einem Handwedeln fliegen sie aufgeschreckt davon, bis zwei Sekunden später wieder alles voll ist. Neben den Herzinfarkten, die wir bei jeder perfekt inszenierten Haltechoreografie bekommen, schirmen uns die Taxis als Bonus auch noch vom normalen Autoverkehr ab.

Trampen unmöglich, wir sehen ein, dass wir uns dem Joch des öffentlichen Nahverkehrs ergeben müssen, und durchqueren die Stadt per Bus.

Da unsere Kommunikation mit dem Busfahrer lückenhaft bleibt, können wir nicht seriös abschätzen, wo wir am besten aussteigen sollten. Selbstsicher beschließen wir deshalb, unserer Intuition zu folgen. Ein Ausdruck, der für mich lediglich ein Synonym für Selbstüberschätzung bei absoluter Planlosigkeit ist. Wir verlassen den Bus und erblicken sofort einen Rasthof-Verschnitt und Autobahnschilder in die richtige Richtung. Der perfekte Ort zum Trampen! Meine Intuition ist Hammer!

Nach dreißig Minuten akzeptieren wir das erste und einzige Angebot, das wir bekommen. Es ist ein jüngerer Typ, der es gut meint – das Schlimmste, was einem Tramper passieren kann. Er entführt uns von der Autobahn und lässt uns freudig strahlend am Meer heraus. Unter dem depressiven Flackern einer Straßenlaterne versuchen wir, den Strand auszumachen, und stellen schnell fest, dass man den Sand selbst hätte mitbringen müssen. Es gibt lediglich einen nicht enden wollenden, parkartigen Grünstreifen, der sich, idyllisch in Beton gehüllt, zwischen dem Meer und einer Schnellstraße erstreckt. Der Grünstreifen ist von der Straße komplett einsehbar und besser ausgeleuchtet als die Berliner Mauer zu ihren höchstfrequentierten Zeiten. Nicht mal Schweißerbrillen würden reichen, um das Licht im erträglichen Maße zu dimmen. Auf der Suche nach einem Campingplatz, der dunkler ist als das Solarium am Strand, ziehen wir weiter und versuchen unser Glück in geschützten Ecken nahe der Häuser. Nachdem wir allerdings zum wiederholten Male beim

Aufbauen unseres Zeltes von fremdenfeindlichen Hunden vertrieben werden, geben wir unser dekadentes Streben nach Schlaf auf. Nicht zuletzt deshalb, weil die Schlafhauptsaison mittlerweile vorbei ist. Es ist drei Uhr morgens.

Wir haben erfolgreich die Nacht durchgemacht, sind kaum vom Fleck gekommen und als kleinen Bonus obendrauf befinden wir uns noch irgendwo im Niemandsland, von wo die Autobahn genauso gut erreichbar ist wie die Internationale Raumstation. Wie gesagt, vor allem beim Trampen gilt: Das Gegenteil von gut ist gut gemeint.

Früher Vogel steht im Dunkeln an der Straße

Der neue Tag startet besser, zumindest wenn wir definieren, dass er nach der Flucht vor den Hunden beginnt. Die Stimmung innerhalb der Reisegruppe lässt Raum für Verbesserungen, genau wie unsere Reisegeschwindigkeit. Durch extrem geschickte selektive Wahrnehmungen keimt Zuversicht anstelle von Trennungsgedanken auf. Immerhin sind wir extrem früh aufgestanden und direkt ohne Frühstück und Dusche losmarschiert. Damit sind wir die diszipliniertesten Tramper der Welt. Lediglich der Teil mit dem Mitgenommenwerden fehlt uns.

Pampa Richtung Süden. Immerhin vier Autostunden von Istanbul entfernt. Hätten wir gemütlich im Bett übernachtet, statt am nicht vorhandenen Strand vor Hunden davonzulaufen, wären wir zur gleichen Zeit noch dreimal Snooze drücken vom Aufstehen entfernt gewesen. Ein Gemisch aus Stolz und Mundgeruch füllt unsere Brust. Nichts kann uns mehr aufhalten. Anhalten will aber auch niemand mehr.

Schließlich winkt uns ein älterer Herr in sein Auto. Ehe ich mich richtig niederlassen kann, unternimmt er den Versuch, mich zurück ins Land der wohlriechenden Menschen zu befördern. Dabei benutzt er sein eigenes Parfümfläschchen – leider mehr wie einen Feuerlöscher. Anstelle einer dezenten Note umhüllt mich nach der Behandlung der betörende Duft eines brennenden Chemiewerks.

Unser Gönner ist Automechaniker, vermutlich ein guter, denn er muss so ausgelastet sein, dass er offensichtlich keine Zeit hat, sein eigenes apokalyptisches Endzeitgefährt zu reparieren. Nach und nach präsentiert er stolz sein Interieur, wobei es sich bei allem, vom Minigoldbarren bis hin zum Schraubenzieher, um getarnte Feuerzeuge handelt.

In seiner Stadt angekommen will er uns nicht direkt gehen lassen. Obwohl wir durch ihn fünfzig Kilometer weitergekommen sind, die schönsten Feuerzeuge der Welt kennengelernt haben, noch leben und bis ans Ende aller Tage nach seinem Parfüm riechen werden, sieht er sich noch verpflichtet, uns zum Essen einzuladen.

Wenn ich mich als Tramper Bussen verweigere und mich stattdessen umsonst von Autos durch die Gegend fahren lasse, die weniger wert sind als die Hose, die ich trage, komme ich schon mal ins Grübeln. Ist es verhältnismäßig und moralisch vertretbar, dass sich ein relativ wohlhabender Mensch auch noch im Urlaub kostenlos von anderen, die wesentlich weniger haben als er, durch die Gegend kutschieren lässt?

Als ob das nicht schon genug wäre, wird das moralische Dilemma oft noch auf die Spitze getrieben, indem im Anschluss eine Essenseinladung folgt.

Falls der Tramper durch mehrtägiges Überlegen auf die völlig absurde Idee kommen sollte, den Fahrer einzuladen, sollte er schon anständig bewaffnet und zahlenmäßig überlegen sein. Denn ein Großteil der Menschen, die mich mitgenommen haben, sind als kleines Kind in den Topf mit dem Zauber-Gastfreundschaftstrank gefallen und lassen es freiwillig nicht zu, dass ein Besucher sie einlädt. Einladen ist also nicht möglich, und der Satz »Danke fürs Essen, ich schenke dir meine Hose!« hat in meinen Ohren einen arroganten Unterton. Also suche ich beim Trampen immer nach alternativen Zahlungsmitteln, um wenigstens etwas für die Gastfreundschaft zurückgeben zu können. Den Fahrer nach Hause einzuladen ist bestenfalls pro forma, schlechtestenfalls zynisch, da es für viele Menschen schwierig ist, sich einen Trip in die EU finanziell leisten zu können, geschweige denn ein Visum zu bekommen.

International anerkannt als Tramperwährung sind dagegen Social-Media-Kontakte. Im Allgemeinen zahlt der Tramper, egal ob in Japan oder im Irak, jede Fahrt mit mindestens einer neuen Freundschaftsanfrage.

Falls er nicht übermäßig von sich selbst überzeugt ist, kann er seinen Fahrern auch noch mehr zukommen lassen als die großartige Ehre, einen mittelmäßigen Stümper aus Deutschland durch die Gegend fahren zu dürfen und sein Facebook-Freund zu werden.

So ist es meist ganz nett, ein paar Bilder und ein Phrasenbuch mitzunehmen. Viele nehmen Fremde nämlich nicht ausschließlich mit, weil sie ansonsten an dem überschüssigen Altruismus zugrunde gehen würden. Sie sind auch neugierig auf den Fremden.

Deshalb freut sich eigentlich jeder Fahrer, ein paar Bilder von dem Exoten zu sehen, die alltägliche Dinge wie das Heimatdorf, die eigene Wohnung oder den Frühstückstisch des Gastes zeigen. Also Dinge, die der Tramper als Reisender von Einheimischen ebenfalls am liebsten zu Gesicht bekommt.

Das ist nicht viel, aber immerhin gibt er damit seinem Gastgeber, der womöglich noch nie sein Land verlassen hat, ein bisschen das Gefühl, auch selbst auf Reisen zu sein.

Zweckheirat

Um besser voranzukommen, beschließen wir zu heiraten. Das klingt jetzt zunächst aus dem Kontext gerissen, aber in der Türkei hat das durchaus seinen Sinn. Aufgrund ausbleibender Erfolge wollen wir versuchen, mit Lkws zu trampen. Dafür ist es als Pärchen besser, verheiratet zu sein. Nicht nur wegen der katholischen Kirche, sondern auch wegen der Lkw-Fahrer.

Nicht dass diese hier grundsätzlich böse sind, aber die Standards sind dann doch irgendwie anders. Westler sind schließlich die, die auf MTV halb nackt rumtanzen.

Wenn sie dann noch unverheiratet durch fremde Länder reisen, müssen sie ja quasi ein lockeres Verhältnis zur Sexualität haben. Das heißt jetzt nicht, dass es extrem gefährlich ist, in der Türkei mit Truckern durch die Gegend zu tuckern, allerdings sollte man die Problematik auch nicht einfach ignorieren, sondern sein Verhalten ein wenig anpassen.

Von der moralischen Aufwertung unserer Partnerschaft abgesehen ist unsere Sitzordnung darauf optimiert, Missverständnisse zu vermeiden. Ich quetsche mich immer in die

Mitte der Führerkanzel und versuche, die Position zwischen Schaltknüppel und Sitzbank zu finden, bei der die bleibenden Haltungsschäden am ehesten von der Krankenkasse abgedeckt werden.

Dann setzt sich Mareike auf den bequemen Beifahrersessel rechts außen. Es folgt der erste Kontakt. Erst aus dem Buch abgelesen und später, nach der 93. Wiederholung, in fließendem Türkisch:

»Wir sind verheiratet.«

»Wirklich?«

»Ja, wirklich! Hier, unsere Ringe.«

»Oh, schön«, sagt der Trucker.

»Hast du Kinder?«, fragen wir ihn.

»Ja ... und ihr?«

»... Nee, wir noch nicht. Aber bald. Inschallah, so Gott will. Hier haben wir ein paar Bilder.«

Offenheit mit Vorurteilen

Warum das Ganze? Als Anhalter muss man berücksichtigen, dass vielleicht nicht jeder Dorfbewohner jenseits des Taurusgebirges mitbekommen hat, dass Frauen sich luftig kleiden können, ohne dabei eine Aussage über ihre Bereitschaft zum Beischlaf zu machen. Daher ist es ratsam, die eigenen Standards zu Hause zu lassen, um zu vermeiden, dass man bei den Fahrern falsche Erwartungen erzeugt.

Denn wenn Erwartungen enttäuscht werden, neigen Menschen dazu, traurig, unzufrieden oder sauer zu werden – oder alles auf einmal.

Außerdem hat das Verheiratetsein in anderen Ländern auch noch eine religiöse Note, was auch zu unseren Gunsten ausfällt. Das beste Gesprächsthema ist nach wie vor Familie beziehungsweise Familienplanung, untermalt mit Bildern.

Wenn wir unsere Familienfotos zeigen, sagen wir damit: Sieh mal, diese Menschen machen sich Sorgen um mich, sei also bitte nett zu mir. Außerdem erzeugt es schnell Nähe und befreit uns von der Gesichtslosigkeit, wenn wir uns gegenseitig Kinder und Familie vorstellen.

Hin und wieder beiläufig »So Gott will« zu sagen, ist ganz praktisch, da die meisten Religionen etwas gegen Vergewaltigung von Fremden einzuwenden haben. Es macht sich auch noch gut, das Land des Fahrers zu loben. »Alle so gastfreundlich hier. Alle nett und hilfsbereit.« Die subtile Botschaft ist: Ich nehme mal an, du willst nicht derjenige sein, der den Ruf deiner Nation komplett versaut.

Insgesamt will ich schlicht empathiefördernde Nähe und Vertrauen schaffen, um die Hemmschwellen für gewalttätiges oder anderes suboptimales Verhalten zu heben.

Davon abgesehen liefere ich mit Bildern und Gesprächen noch den Grund frei Haus, warum mein Fahrer mich gerade eigentlich umsonst mitgenommen hat. Er hat zwar kein Geld bekommen, dafür aber interessante Bilder, Geschichten und das Gefühl, ein würdiger Botschafter des eigenen Landes gewesen zu sein.

Das ist eine durchaus mit Vorurteilen behaftete Herangehensweise, da ich in Gedanken natürlich unzähligen Fahrern unrecht tue. Schließlich nehmen wir zunächst den schlimmsten Fall an. Doch dieses strategische Handeln führt zu dem erfreulichen (oder paradoxen) Resultat, dass uns in der Regel nie etwas passiert.

Solange die Vorurteile als Leitfaden für die erste Begegnung genommen werden und nicht, um Menschen pauschal zu verurteilen, helfen sie in dieser Situation, Missverständnisse zu vermeiden. Als würde man erst mal vorsichtig ins Wasser gehen und die Tiefe austesten, langsam vertrauter werden und schließlich unbekümmert schwimmen oder reinspringen, während am Rand jemand sitzt und nörgelt, dass er in kein Gewässer mehr springt, weil er dabei schon mal bei einem Kopfsprung auf einen Stein geknallt ist. Abgesehen von dem ein oder anderen Mal des entnervten Wiederholens unseres Beziehungsstatus, gibt es bei unseren Lkw-Fahrten nur eine Sache zu beanstanden, die weder mit Eheringen noch mit selbstbewusstem Auftreten oder Fotos zu lösen ist. Weder verwundert auf die Tachonadel zu zeigen noch nervös auf die Uhr zu schauen schafft der Tatsache Abhilfe, dass wir an so manchen Bergen von humpelnden Igelfamilien überholt werden.

Letztes Aufbäumen

Endspurt, neunzehn Uhr abends, noch dreihundert Kilometer. Was uns fehlt: Tageslicht, ein Ferrari und vor allem der Sinn für Realismus. Nichts davon ist uns gegönnt. Das Schicksal füttert uns gerade mit so viel Hoffnung, dass wir uns nicht dazu durchringen können, unsere Freunde über unsere ausbleibende Anwesenheit zu informieren. Nach einem Telefonat offenbart sich allerdings, dass die Kooperationsfähigkeit der Göttinger ebenfalls verbesserungswürdig ist.

Anstatt brav in Fethiye zu hocken, sich zu Tode zu langweilen und auf dem Bordstein zu schlafen, sind sie am Nachmittag schon mal losgezogen, um an einer idyllischen Steilküste auf einer Lichtung ihr Lager aufzuschlagen. Zwar ist Fethiye für uns vorher schon unerreichbar gewesen, mit dem Umzug haben die beiden uns allerdings noch ein Bonuslevel untergejubelt, das ohne schwarze Magie unmöglich zu schaffen ist. Aber Unwissenheit ist ja bekanntlich der beste Motivator. Hätten wir gewusst, in welche entlegene Ecke wir es noch schaffen müssten, wir lägen schon längst im erstbesten Graben und würden schlafen.

Damit wir eine Chance haben, sie zu finden, beschließen die beiden, ein Feuer zu entfachen, das auch noch von der nächstgelegenen Straße aus sichtbar ist. Die Aufgabe ist alles andere als trivial, denn dafür ist viel Leuchtkraft vonnöten. Da die anfänglichen Versuche, ein stabiles Kernfusionsplasma zu entfachen, scheitern, verbrennen sie schließlich eine solche Menge an Holz, dass die ersten Greenpeace-Aktivisten beschließen, sich an die nahe liegenden Bäume zu ketten.

Als Rechtfertigung sei gesagt: Es gibt auch schnelle Lkws! Volle Betonmischer aus den 1970er-Jahren gehören allerdings nicht dazu.

Vor allem wenn sie einen tausend Meter hohen Pass überqueren.

Aber was sollen wir machen, wenn ein alter Lkw hält? Behaupten, in die andere Richtung zu wollen? Oder unseren Unmut zum Ausdruck bringen, indem wir verkünden: »Besorg dir erst mal ein anständiges Gefährt. Hier ist meine Hose.«?

Beim Aufstieg liegt unsere Geschwindigkeit im nicht mehr messbaren Bereich. Die einzig erkennbare Bewegung auf der Geschwindigkeitsanzeige ist ein willenloses Zucken der Tachonadel, verursacht durch das erdbebengleiche Rütteln des Motors. Ich frage mich, ob wir den Aufstieg noch vor dem ersten Schneefall bewältigen können. Allerdings bin ich nicht panisch. Schließlich haben wir genügend Zement dabei, um zwei Doppelhaushälften für uns zum Überwintern zu bauen.

Als wir gefühlt im nächsten Frühling unten ankommen, ist es später Abend.

Nach zehn vorbeirauschenden Autos geben wir schließlich auf und gestehen unseren pyromanischen Freunden unsere Niederlage. Die Natur freut es, das Leuchtfeuer an der Küste wird besänftigt, die Initiative ›Türkei waldfrei‹ wird eingestellt. Nachdem wir 23 Stunden getrampt sind, fallen wir irgendwo im Nirgendwo erschossen in unser Zelt.

LYKIEN: WANDERN ODER WELLNESS?

Am nächsten Morgen bringt uns das erste Auto direkt bis nach Fethiye. Dort brechen wir leider sofort eine der wichtigsten Tramperregeln:

TRAMPERTIPP

Kauf ein, wenn du die Möglichkeit hast. Du weißt nie, wann sich die nächste Gelegenheit bietet.

Einkaufen in der Idylle

Dies ist die Regel, die von mir am zweithäufigsten missachtet wird – gleich nach ›Niemals bei Fremden einsteigen‹. Irgendwie glaube ich immer, eine Ausnahme von der Einkaufsregel gefunden zu haben. So auch diesmal. Die Göttinger befinden sich nach eigener Aussage schließlich in einem großen Ferienort, sind dort gestern essen gegangen und haben sogar Bier gekauft. Wo immer sie gerade sind, es muss dort zweifelsfrei einen Supermarkt geben.

Gibt es nicht. Für Leute, die keinen Supermarkt suchen, ist Kalkan Idylle pur. Eine abgelegene Steilküste mit Hippiehütten und Wald bis hinunter zum Strand. Es fahren kaum Autos, und der Fußweg zurück zur Stadt beträgt grob geschätzt drei Stunden. In der Folge muss ich am nächsten Morgen eineinhalb Stunden laufen, bis mich ein Minitrecker mitnimmt, der nur noch einen Platz in seiner Schaufel frei hat. Diese wiederum schwingt während der Fahrt so hochfrequent, dass sie mich locker über die Mauern Trojas hätte schleudern können. Joggen wäre vermutlich weniger anstrengend gewesen, denn ich muss die ganze Fahrt über angestrengt in der Hocke bleiben, anspannen und gegenhalten, um die Schläge so weit zu reduzieren, dass ich den Supermarkt nicht auf einer ballistischen Flugbahn ansteuere. Von dem Schaufelrodeo abgesehen, vergeht der Tag dankenswerterweise ereignisarm. Anstatt zu wandern, bleiben wir einen Tag und machen für Tramper verrückte Dinge, wie am Strand entspannen und duschen. Einzig meine Socken weisen bleibende Impressionen auf. Der antiautoritär erzogene Wachhund Gypsi klaut sie in der Nacht aus meinen Schuhen.

Im Prozess seiner Selbstfindung beschert er meinen guten Merinosocken einen Satz selbst gebissener Luftlöcher. Damit bestätigt sich mal wieder, dass das Kaufen von teuren Outdoorklamotten häufig mehr Leid als Freude erzeugt.

Aber immerhin stärken die Kleidungsstücke den Charakter, indem sie einen lehren, mit Verlusten umzugehen, und den Träger mit moralischen Fragen konfrontieren. Was bedeutet es, zerbissene, vollgesabberte Merinosocken weiterzutragen?

Emanzipiere ich mich von der Konsumgesellschaft oder ist das der erste Schritt Richtung Verwahrlosung? Aufgrund der Tatsache, dass ich nur im Besitz von drei Paar Socken bin, beschließe ich, meine geliebten, jetzt atmungsaktiven Strümpfe weiterzutragen. Auch wenn meine neuen Netzstrümpfe die für Merinowolle typische Geruchsneutralität missen: Das große Wandern kann beginnen.

Tramper sind auch nur Spießer

Es folgt der Einstieg in einen der schönsten Wanderpfade der Welt: der lykische Weg. Er hält Strandabschnitte, Waldpfade und Höhentouren bereit, inklusive traumhafter Plätze zum Campen.

Neben der Natur gibt es am Wegesrand Geschichte zu bestaunen, denn der Pfad verläuft quer durch griechische und römische Ruinen, folgt Aquädukten und mündet in Dörfer, von denen manche erst vor ein paar Jahrzehnten, manche vor mehr als tausend Jahren verlassen wurden. Dem Verfall preisgegeben, einsam und verlassen ist hier die Vergänglichkeit mächtiger Reiche allgegenwärtig.

Außer ein paar Einheimischen in abgelegenen Häusern sehen wir keine Menschenseele. Nach zwei Tagen verabschieden sich unsere Begleiter, dafür begegnen wir einem Iren. Er hat sich dieselbe Übernachtungsstelle wie wir ausgesucht: eine Kuppe vor einer Steilküste, grasbewachsen, mit Büschen vor Wind geschützt, mit perfektem Blick auf den Sonnenuntergang.

Der Ire ist mit dem Fahrrad von Skandinavien bis ans Mittelmeer gefahren und scheint nicht nur unzählige Grenzen verschiedener Länder, sondern auch jene zwischen Obdachlosigkeit und Reisen überwunden zu haben: braun gebrannt, langer Bart, wuschelige Haare. Zum Schlafen besitzt er nur einen Fetzen Karton. Ursprünglich wollte er nach Tunesien, aber aus unerfindlichen Gründen haben ihm die Grenzer dort die Einreise verweigert.

Konfrontiert mit seinen Habseligkeiten fühlen wir uns auf einmal nicht mehr ganz so sehr wie bescheidene Reisende, die neben Abenteuerlust nur das Nötigste dabeihaben.

Unser Zelt mit den aufblasbaren Isomatten wirkt im direkten Vergleich mit ihm eher wie ein Zehn-Meter-Campingmobil mit Satellitenschüssel. Aber nur weil es ein paar Leute beim Reisen romantisch finden, sich den Rücken langfristig zu schädigen, muss ich mich nicht dieser Selbstkasteiung anschließen.

Genau die gleiche Antwort hätte wohl auch Karl Lagerfeld gegeben, wenn man ihm vom Trampen erzählt hätte. Aber wir wollen nicht übertreiben. Schließlich schlafen wir im Zelt und nicht in einer Suite mit Marmorboden.

Die Versuchung

Nach einigen Wandertagen wird der Wald langsam von Gewächshäusern verdrängt. Wir beginnen, mehr zu trampen als zu laufen, weshalb wir die Wanderung schließlich für beendet erklären und uns Richtung Olympos und seines Traumstrands begeben. Es ist bereits dunkel, als uns ein älterer Herr einsammelt und ohne große Umschweife zu einem Resort verfrachtet. Wir beteuern, nur einen Platz zum Zelten zu suchen, aber um die Standfestigkeit unserer Gesinnung zu testen, lädt uns die Besitzerin dort ein, gratis in einem der Bungalows zu übernachten. Eine Versuchung, auf die ich als echter Tramper natürlich nur auf eine Weise reagieren kann.

Während ich unter der warmen Dusche stehe und verträumt auf die glänzenden Marmorfliesen starre, flattert ein kleines geflügeltes Wesen an meiner Nase vorbei. Eine wenig überraschende Erscheinung. Leise zwitschert mir der verkrampfte, in Pappe gehüllte Geist von Karl Lagerfeld »Spießer« zu.

Ja, Zelten wird überbewertet. Im Grunde genommen ist das Zelt eigentlich nur ein riesiger Bluff. Natürlich schlafe ich lieber in einem Bett mit Seidendecke als irgendwo in der Pampa auf einer buckeligen Wiese. Ausgenommen ich bin am Wandern und in Lagerfeuerstimmung.

Wobei das selbst für diese Situation nur eingeschränkt gilt. Wenn ich beim Wandern ein abgeschiedenes Häuschen in Tasmanien am Strand fände, würde ich den Teufel tun und mich in meinem viel romantischeren Zelt einigeln. Da das aber selten passiert und die meisten Strandhäuser nicht in meinen Rucksack passen und nebenbei noch wesentlich mehr wiegen als mein Zwei-Kilo-Zelt, verzichte ich der Mobilität halber gerne auf die Dusche.

Ansonsten gibt es nur zwei Gründe für das allabendliche Herumstreunern. Erstens: kein Geld. Zweitens: Abenteuerlust.

Letzteres hat aber nichts mit Zelten zu tun. Im Grunde hoffe ich nur jedes Mal, dass doch noch etwas Lustiges passiert, ich mit irgendwem nach Hause gehen kann, um ein oder zwei spannende Tage mit Einheimischen zu verbringen, anstatt in einer Hotellobby die *FAZ* zu lesen.

Als Tramper hoffe ich allabendlich, dass jemand auf mein »Na ja, ich werde einfach irgendwo zelten« mit »Ach, das geht hier doch nicht, komm doch mit zu uns« reagiert.

Wenn ich schließlich unter der Dusche stehe, wird auch Karl Lagerfeld im Feenkostüm nichts daran ändern, dass ich mich mit warmem Wasser und einem Dach über dem Kopf wohler fühle als irgendwo am Straßenrand.

Also falls ihr mal abends einen Langzeittramper mitnehmt, der von seiner Freiheit, überall schlafen zu können, erzählt, dann bietet ihm eine Dusche an. Der Tramper wird schneller seine Pantoffeln aus dem Rucksack holen, als man Bausparvertrag sagen kann. Tramper sind schließlich auch nur Spießer.

NACHTTRAMPEN

Mareikes Flug geht bereits in drei Wochen von Tiflis. Da noch Tausende Kilometer durch zerklüftetes Land zwischen uns und dem Flughafen liegen, versuchen wir, einen neuen Trend zu setzen: Nachttrampen. Die vorangegangenen Tage haben uns ohnehin nur Lkws mitgenommen, weshalb wir jetzt versuchen wollen, lieber langsam, aber dafür im Schlaf vom Fleck zu kommen, anstatt den ganzen Tag damit zu verschwenden, in die Einöde zu starren. Nachts kann einer von uns beiden ganz normal im Lkw schlafen, während wir uns im Schichtdienst die Öffentlichkeitsarbeit teilen.

Truckerunterwelt

Ein Lkw hält donnernd vor unseren Füßen. Das Zischen der Bremsen mit dem lauten Pochen des Motors gibt uns eine greifbare Vorstellung von der beim Bremsvorgang verpufften Energie. Als würde uns der Fahrer das in die Atmosphäre geblasene CO_2 als gepresste Briketts in die Hand drücken. Die Stunden gehen ins Land. Immer wieder fallen mir die Augen zu. Meine Hände liegen gefaltet auf der vollgekritzelten Plane, die mir seit Deutschland multifunktional als Tramperschild und Kommunikationsbrett dient. Bären, Katzen, abstrakte Gegenstände, Pfeile und Kringel zeugen von unzähligen Versuchen, Dinge in zwei Sprachen visuell hin und her zu transferieren.

Zum zweiten Mal taucht ein verdächtiges Schild auf. Die Distanzen zu den Städten sind kleiner, als sie sein dürften. Unser Ziel taucht dagegen immer noch nicht auf den Wegweisern auf. Als wir schließlich durch eine große Stadt fahren, die selbst meine Karte aus den 1970ern kennt, wird endgültig klar, dass wir einen riesigen Haken geschlagen haben. Doch selbst mit einem eigenen Auto hätte es sich nicht mehr gelohnt umzudrehen. Uns bleibt also nichts anderes übrig, als unser Schicksal zu akzeptieren.

Der Lkw rattert wieder lauter. Es ist nach wie vor stockdunkel, mein Nacken schmerzt, ich muss kurz eingeschlafen sein.

Wir halten auf einem Parkplatz voller Lkws, einem Rasthof für Trucker. Autobahn-Unterwelt. Unser Fahrer deutet an, dass er etwas essen will und wir ihm folgen mögen.

Mareike hatte versucht zu schlafen, aber bis auf kurze Nickerchen hat ihr Körper ihr keine Ruhephase gegönnt. Wir sind
dermaßen mit teinhaltigem Chai vollgepumpt, dass unsere
Schlafhormone immer noch muntere Poolpartys mit dem
Schwarztee feiern. Höchstens nackenmalträtierender Sekun-
denschlaf war möglich, bis wir wieder von feiernden Tein-
Molekülen geweckt wurden.

Da an Schlafen ohnehin nicht zu denken ist, folgen
wir unserem Fahrer in das Restaurant. Von innen eröffnet
sich eine Design- und Funktionsmetamorphose zwischen
einem Antik-Trödelmarkt und einer Schlachterei. Theken
und weiße Fliesen vermitteln diesen Eindruck dezent, während in alten Vitrinen am Stück gehäutete Ziegen hängen
und den offensiven Part übernehmen. Die Uhrzeit und
die Intensität des Geruches lassen meinen reisebedingt
im Koma liegenden inneren Vegetarier stärker als sonst
rumoren. Zu unserem Glück hat unser Fahrer ohnehin
schon alles für uns geplant. Er zeigt auf einen Tisch, an dem
wir Platz nehmen sollen. Wir folgen der Anweisung, fühlen
uns aber schon auf dem Weg dorthin wie die Queen während
einer Cabriofahrt durch London. Die Menge lächelt uns aus
allen Richtungen zu, grüßt, winkt und erfreut sich grölend
an unserer Reaktion. Währenddessen schüttelt unser Fahrer
freudig Hände, zeigt immer wieder auf uns und deutet mit
kreisenden Bewegungen unsere Zusammengehörigkeit an.
Seine Trophäe aus dem Ausland scheint in der heutigen
Nacht den Preis für die außergewöhnlichste Fracht gewonnen zu haben.

Er kehrt mit dem obligatorischen Chai und einem seltsamen Mitternachtssnack zurück. Immerhin werden die

Ziegen in der Vitrine durch uns nicht in ihrer Totenruhe gestört. Dafür platzen aber wegen unseres Mahles die Eigenheimträume eines ganzen Bienenvolkes. Neben einem Haufen Ziegenkäse bekommen wir jeder ein riesiges Stück Wabe mit Honig serviert. Süß und gleichzeitig herzhaft, lecker und klebrig. Das Ganze gemischt mit der Unschlüssigkeit, ob wir dieses Mahl gerade sachgerecht zu uns nehmen. Immer mehr Bienenwachs pappt an unseren Zähnen fest. Trotz fortschreitender oraler Verklumpung geben wir uns dem vom Ziegenkäse vermittelten Gefühl gesunder Ernährung hin. Zwischendurch rotieren die Chaigläser in der langsam perfektionierten Choreografie zwischen Mareike und mir hin und her.

Das Spiel geht wie folgt: Der, der als Nächstes schläft, bekommt von der wachhabenden Schicht das fast leere Glas zugeschoben, während Ersterer ihm sein volles zuschiebt. So verbleibt ein Rest Hoffnung, doch noch schlafen zu können.

Das Prozedere ist allerdings nicht ganz frei von Tücken. Ein zu leeres Glas wird meist von der Bedienung als Aufforderung verstanden, die hart erkämpfte Leere durch neuen Chai zu ersetzen. Im Umkehrschluss führt allzu zögerliches Nippen zu besorgten Blicken derer, die einen gerne rundum wohlversorgt sehen möchten. Verloren hat der Schlafwillige beim betreuten Chaitrinken so oder so, aber er kann den Grad der Niederlage bestimmen.

Wer weiß, was wahr war?
Wir werden langsamer. »Schlafen« meine ich aus seinen Worten heraus zu deuten. Kurz darauf fahren wir von der

Straße ab und parken im staubigen Nirgendwo. Mareike liegt auf der Matratze hinter den Sitzen und kann sich durchaus einer Position rühmen, die einen erholsamen Schlaf möglich machen würde. Unser Fahrer zieht die Gardinen zu und schaut uns auffordernd an. Wir sind unschlüssig, ob es nett und weise ist zu bleiben. Zum einen ist es für den Fahrer alles andere als gemütlich, ein paar Stunden im Sitz zu schlafen – und wir würden ihm lieber sein ganzes Bett gönnen –, andererseits wollen wir nicht unnötig hin und her diskutieren und ihm das Bett anbieten. Wir haben schlicht Angst, dass die paar Wortfetzen, welche die Sprachbarriere überwinden, als ein ganz anderes Angebot ankommen. Ganz abgesehen von dem noch vorhandenen Unwohlsein, dass der Fahrer von allein beschließen könnte, die Situation zu seinem Vorteil umzudeuten.

Also verkünden wir unseren Rückzug ins Zelt, wollen ihm sein Reich gänzlich überlassen. Er wehrt sich jedoch.

Nickt und grinst Mareike zu, klopft aufs Bett. Wir wehren so manche Geste ab, ohne zu wissen, ob sie abgewehrt werden muss. Ähnliche Geschichten anderer Tramper gehen uns durch den Kopf, die unangenehm ausgegangen sind. Doch zu guter Letzt sinkt er in seinen Stuhl, und wir verlassen uns auf unsere magischen Zwei-Euro-Eheringe, die wir auf einem Rasthof als Symbol unserer züchtigen Moral gekauft haben. Ich bleibe in meinem Sitz. Unbequem und zerknüllt wie ein dreckiger, über den Stuhl geworfener Overall. Mareike bleibt in ihrem Bett. Ich bekomme kaum ein Auge zu. Zum einen, weil der Sitz nicht gerade Businessclass-Standards entspricht, zum anderen macht mich meine Wahrnehmung der Realität etwas unsicher.

Da ich die Situation nicht wirklich einschätzen kann, bleibt ein mulmiges Gefühl. Mein Körper bleibt aufmerksam, reagiert auf jedes Geräusch und weckt mich. Es ist das Gegenteil von Geborgenheit, die ein Zuhause mit Bett spendet, ein Gefühl, das man im Alltag nicht zu würdigen weiß und nach solchen Situationen als unvergleichbar paradiesischen Zustand wieder schätzen lernt.

Der misstrauische Halbschlaf ist umsonst gewesen. Nach einer viel zu kurzen Zeit, mit noch weniger Schlaf, erweckt der Trucker sein Gefährt wieder zum Leben, bugsiert es auf das schwarze Fahrwasser und donnert in den Morgen. Nach etwa einer halben Stunde hält er an einer Kreuzung, deutet mit der Hand gen Osten. Leichtes Grün auf beiden Seiten, scheinbar endlos geradeaus, ohne Spuren menschlicher Behausungen oder Zivilisation. Nur die Straße hat ihre hässliche Teerzunge als Späher in die Natur vorausgeschickt. »Diyarbakir«, verkündet er.

Kein Wunder, dass er unbedingt wollte, dass wir im Lkw schlafen. Er hatte womöglich nur gehalten, damit wir ein wenig schlafen können, bevor er uns ein paar Meter weiter absetzt. Glaube ich zumindest. Ich bin zwar dabei gewesen, aber weiß mal wieder nicht, was genau jetzt ›wahr‹ ist an der Geschichte. Die Beweggründe und Absichten bleiben wie so oft im Dunklen, die Wahrheit ist mehr Interpretation. Mit zu viel Angst im Gepäck wären wir auf jeden Fall schon nachts geflohen und hätten uns bestätigt sehen können im Vorurteil vom aufdringlichen türkischen Lkw-Fahrer. Dabei gewesen zu sein bedeutet nicht immer zu wissen, was passiert ist.

DİYARBAKIR: STADT DER SUPERLATIVE

Unser Couch-Host will uns in seinem Lieblingscafé treffen. Unserem Treffpunkt sehen wir sofort an, dass sich hier jemand seinen Traum verwirklicht hat. Der Besitzer erinnert an eine Mischung aus Gandalf und einem indischen Yogin mit John-Lennon-Brille. Er hat graue lange Haare, die in ihrer Krausheit seine ewige Andersartigkeit auch bis ins hohe Alter untermalen. Sein Gesicht ist eingerahmt von einem langen grauen Bart und gutmütig lächelnden Augen. Das Café ist schlicht, aber stilvoll, irgendwo zwischen Retro und Hipster. Putz, Inneneinrichtung und Fenster hätten problemlos aus einer alten Burg stammen können. Auch der Hinterhof ist zeitlos. Es ist mehr eine schmale Gasse, die uns im Ungewissen lässt, ob wir uns gerade im Osmanischen Reich des 18. Jahrhunderts oder in der Türkei des 21. Jahrhunderts befinden.

Ein wenig später kommt auch Kasim, unser Gastgeber, ins Café. Im Schlepptau hat er einen französischen Couchsurfer und genügend Probleme für einen ganzen Bürgerkrieg. Kasim ist ein großer, schlaksiger Kerl. In den letzten Jahren hat er mehr Couchsurfer gehabt als so manches Hotel Gäste. Trotz Massenabfertigung lässt er es jedoch nicht an Euphorie mangeln und ist seiner Rolle als Stadt- und Kulturführer immer noch nicht überdrüssig. Neben den obligatorischen touristischen Sehenswürdigkeiten steht bei seinen Ausführungen die Vermittlung der Hintergründe des kurdisch-türkischen Konflikts im Zentrum. Jener Konflikt, den wir als längst begraben wahrnehmen.

Bürgerkrieg und Kaffeetrinken

Nach einer Tasse Kaffee geht es los zur Stadtführung mit den meisten Superlativen, welche die Welt je gesehen hat. Diyarbakir sei eine der ältesten Städte, habe eine der längsten intakten und ältesten Stadtmauern. In einer Gasse, die ich ausnahmsweise mal für unbedeutend halte, stoppen wir abrupt. Wir sind schon alleine hier gewesen, aber alleine war uns die Bedeutung entgangen. Auf vier Säulen aufgebockt, als wollte ein Automechaniker einen rostigen Auspuff wechseln, steht ein schwarz-weiß gestreifter Turm. Das kleinste und älteste Minarett der Welt. Zumindest ein solches, das aus Basalt und weißem Stein gemauert ist und auf Säulen steht.

So geht es weiter, von der Karawanserei, Moscheen, Brücken bis zu der Stadtmauer. Lauter Älteste, Größte und Erste begegnen uns.

In einem kleinen Innenhof legen wir eine folkloristische Pause ein, um einer traditionellen Beschäftigung zu folgen.

Wir sitzen in Stuhlreihen wie bei der Theateraufführung einer Schulklasse. Ich wundere mich mal wieder über ein paar von Kasims Ausführungen. Der Mensch neigt zur Übertreibung.

Ein paar alte Männer tragen Gedichte vor, die Veranstaltung ist eine Mischung aus Poetry-Slam und Battle-Rap. Mareike findet es sehr schön, ich überlege, wie ich es finde und beschreiben soll. Normal? Okay? Nichts hört sich abwertender an als ›normal‹.

Erlebtes wiederzugeben ist manchmal schwer. Richtig schlimm wird es aber erst, wenn es dazu Zahlen braucht, von denen man keine Vorstellung hat.

Auch Kasim hat Schwierigkeiten einzuschätzen, wie viel ›viel‹ ist und wie groß ›groß‹ ist. Geleitet von der Erinnerung, beeindruckt gewesen zu sein, will er den Eindruck auch so weitergeben und schießt dabei häufig übers Ziel hinaus. Ich will nicht übertreiben, aber er ist vermutlich der größte Übertreiber der Welt. »Du musst alle seine Zahlenwerte durch tausend teilen, dann kommst du in etwa auf einen realistischen Wert«, erzählt uns einer seiner Freunde am Abend. Vielleicht hatte er aber auch hundert gesagt. Oder zehn.

Wir, du, sie und die anderen

Kasim ist kein Lügner, nicht unsympathisch und schon gar kein schlechter Mensch. Klischeereich kurdisch, gastfreundlich und emotional, mit leichten Kanalisierungsschwierigkeiten. Er holt zu unzähligen Tiraden gegen die türkische Regierung aus. Leicht verständlich. Wenn ich mir überlege, wie ich schon auf die deutsche Regierung schimpfen kann, möchte ich gar nicht wissen, wie ich mich als kurdischer Aktivist über Erdogan auslassen würde.

Wir stehen in der armenischen Kirche von Diyarbakir. Selbstredend in der ältesten der Welt. Zumindest in der Region.

»Ich entschuldige mich für das, was unsere Vorfahren getan haben. Ich würde gerne nach Armenien fahren und mich dort entschuldigen. Aber unsere Regierung bekommt nicht mal das hin. Wir dürfen nicht nach Armenien reisen, weil wir den Völkermord leugnen.«

Zum Zeitpunkt, als ich in Diyarbakir stehe, treibt Erdogan den Friedensprozess mit den Kurden massiv voran. Er erklärt sogar den jahrelangen Krieg für falsch, äußert

Bedauern. Die armenische Kirche wurde restauriert und 2011 wiedereröffnet. Sind das Handreichungen? Nicht für Kasim.

»Mit denen kann niemand diskutieren. Sie wollen unbedingt die kurdische Kultur auslöschen.«

Erdogan hat dafür gesorgt, dass Schulunterricht, Fernsehen und Radio auf Kurdisch legal sind. Guter Wille, der bei Kasim keine Wirkung zeigt. Übermäßig oft betont er, dass zwei Herzen in ihm schlagen. Er sei halb Kurde, halb Türke. Ein Mischling. Eigentlich könne er keine Seite hassen.

Der Hass ist allerdings weitverbreitet. Kurden sind in der Türkei durchaus stigmatisiert. Auf dem Weg nach Diyarbakir wurden wir unter anderem gefragt, ob wir Waffen dabeihätten. Weniger im Scherz, mehr als Warnung. Rückständig, faul, kriminell und gewaltbereit sind die von rechten Türken mit Kurden assoziierten Attribute. Es ist eine strukturschwache Region, in der jahrzehntelang ein bewaffneter Konflikt den nächsten jagte, in der bis heute Menschen aufgrund ihrer Ethnie unter falschen Verdacht geraten und erschossen werden. Ein perfekter Nährboden für Radikalisierung und voller Menschen, die von den Nationalisten verachtet werden. Um diese Region behalten zu dürfen, führen türkische Nationalisten seit Jahrzenten Krieg. Macht natürlich Sinn, oder?

Kasim gehört hier mit Sicherheit noch zu den gemäßigten Kräften. Für ethnischen Hass hat er absolut nichts übrig.

Seine absolute Ablehnung der Regierung gegenüber trägt allerdings auch nicht gerade zur Lösung des Konfliktes bei. Da Menschen wie er das Entgegenkommen der Regierung bezweifeln, verlaufen die Bemühungen im Sande.

Am Ende behält er aber recht. Der Konflikt wird zwei Jahre später, 2016, erneut eskalieren. Die historische armenische Kirche wird bei Gefechten schwer beschädigt. Wenige Monate danach konfisziert der Staat sie. Viele der historischen Gebäude, die Kasim uns zeigt, sollten dann nur noch Trümmer sein.

Das schöne Leben

Wir folgen Kasim weiter durch die Stadt. Diyarbakir, vor allem aber sein Diyarbakir ist eine andere Welt. Er kennt gefühlt jeden, überall sind die Bewohner nett und zuvorkommend zu uns, trotz der immer größer werdenden Flut an Touristen. Der planlose Abend vergeht wie ein Werbevideo für Kultururlaube.

Vor den größten Toren der längsten Stadtmauer der Welt schauen wir entspannt in Richtung der grünsten Ebenen der Türkei, die südlich des Vorgartens der Oma des besten Freundes eines Bekannten liegt. Idyllische Stille, die plötzlich durchbrochen wird.

Zwei Jungs fangen an, Musik zu machen. Einer trommelt. Wie überall auf dem Planeten, wenn jemand gekonnt auf etwas draufhaut, entsteht Krach mit Rhythmus, der Besitz von den Körpern der Umstehenden ergreift.

Der andere Junge spielt auf einer typisch kurdischen Pfeife. Es dauert nicht lange, bis die Ersten sich zusammenschließen und fröhlich nebeneinander herhüpfen.

Eine Szenerie, wie sie in Deutschland meist nur mit viel Alkohol zustande kommt. In der Türkei Erdogans ist es zwar möglich, Alkohol zu kaufen und im Gegensatz zu den USA und manch europäischer Metropole auch auf der

Straße zu trinken, aber in diesem Moment auf der Brücke wird keiner benötigt. Im Gegensatz zu Teilen der westlichen Jugend können die jungen Menschen in Diyarbakir drogenfrei tanzen.

Der kurdische Tanz ist dabei genauso einzigartig wie das pfeifende und trötende Musikinstrument, das jeden Umstehenden wie eine Kobra zum Klang des Schlangenbeschwörers den Körper schwingen lässt. Die Tänzer nehmen sich dazu an die Hand, indem sie jeweils die kleinen Finger mit denen des Nachbarn kreuzen und wie eine Mischung aus Karnevalsgarde und Polkatänzer eine synchrone beinschleudernde Schrittabfolge darbieten. Gastfreundlich werden natürlich auch die Fremden eingereiht und unter Anleitung aufgefordert, die Schritte nachzutanzen. Ich bleibe allerdings in der Schlangenbeschwörer-Rhythmik. Ähnlich wie den Reptilien fehlt mir jedes Gefühl für die Musik, und ich zappele nur überwältigt von der Reizüberflutung in der Reihe mit. Meine Tanzbemühungen sind kaum von einem epileptischen Anfall unterscheidbar und treiben die anderen derart in die Verzweiflung, dass sie sogar die heilige Gastfreundschaft vergessen.

Nach ein paar Versuchen werde ich aufs Abstellgleis geschoben und lehne wieder am Brückengeländer. Völlig in deutscher Ekstase klopfe ich dort unrhythmisch mit meiner Schuhspitze auf den Boden und wünsche mir ein Bier herbei.

Des einen Emotion ist des anderen Geduld
Wieder im Café gesellt sich Gandalf zum Plausch zu uns. Die Tiefenentspanntheit des Alt-Hippies endet allerdings abrupt

beim wenig politischen Thema Couchsurfing. Völlig aus der emotionalen Reserve gelockt, erklärt er uns mit einem Stakkato an »Fuck them«s, dass er eine negative Referenz bekommen hat.

Ich bin etwas verwundert. So etwas kommt beim Couchsurfing eigentlich nie vor. Es sei denn, jemand stellt fest, dass der Gastgeber eine Mischung aus Garfield und Jack the Ripper ist. Jemand, der einen erst umbringt und dann auch noch Lasagne auf dem Sofa verteilt.

Gandalfs Vergehen hatte tatsächlich wenig mit Lasagne zu tun, mehr mit freier Körperkultur. Er war nackt in das Zimmer seiner weiblichen Gäste gegangen, worauf diese geflüchtet sind und ihm eine entsprechende Referenz auf dem Profil hinterließen.

»Fuck them«, betont er erneut seine Überzeugung, »Das ist mein Wohnzimmer. Ich wollte nur etwas holen. Und ich bin Nudist, das steht schließlich auch in meinem Profil.«

Viele Couchsurfer lesen Profile allerdings in etwa so aufmerksam wie die Nutzerbestimmungen für ihr Google-Konto. Entsprechend bin ich nicht weiter verwundert, dass die beiden Reisenden von der Situation geschockt gewesen waren und sie in die Kategorie ›bedrohlich für die sexuelle Unversehrtheit‹ eingeordnet haben.

Auf der anderen Seite ist Gandalfs Reaktion auch irgendwie nachvollziehbar. Zum einen steht die entsprechende Info auf seinem Profil. Zum anderen wurde er in einer Zeit sozialisiert, in der Hippies mit T1-Bullis die Seidenstraße von der Türkei über den Iran und Afghanistan nach Indien fuhren.

Er kennt noch die Ära, in der selbst in Kabul und Teheran Hotpants getragen und freie Liebe gepredigt wurde.

Entsprechend unerklärlich muss es für ihn sein, wenn selbst Westler heute mit Panik auf sein unverschleiertes Gemächt reagieren.

Wir sind koffeinsatt und zum Aufbruch bereit. Ein Freund von Kasim hat unlängst angeboten, uns zu Kasims Wohnung zu fahren, wo es noch ein wenig Bier trinkend weitergehen solle. Auf dem Weg fällt dem anderen Couchsurfer jedoch ein, dass er vergessen hat, ein Medikament zu kaufen, das er präventiv vor jedem Flug nehmen soll. Da sein Flugzeug morgen früh geht, bleibt nichts als der Soforterwerb. Also geht es spiralförmig und Haken schlagend, präzise navigierend wie eine Stubenfliege, Richtung Kasims Haus. Immer auf der Suche nach einer Apotheke, die zu dieser Uhrzeit noch geöffnet hat.

Ich grummle etwas in mich rein. Schließlich sind wir tags zuvor stundenlang für seine Souvenireinkäufe über den Basar gestiefelt. Dass er unbedingt ein Medikament braucht, hätte ihm auch mehr als acht Stunden vor seinem Flug und vor Ladenschluss der Apotheken einfallen können.

Ich sitze zwischen drei Leuten auf der Rückbank. Es ist so bequem wie in einer dieser Todesfallen, die in *Indiana-Jones*-Filmen immer die prächtigen Artefakte schützen.

Ein Wechselbad der Gefühle. Einerseits hänge ich genervt in meiner Fallgrube, zwischen zwei Speeren, Skorpionen, Giftschlangen und den Skeletten anderer Abenteurer, die vor mir in diese Ritze hinter dem Fahrersitz gefallen sind. Andererseits kann ich gar nicht genügend Bewunderung für die Gelassenheit aufbringen, die Kasim, der Fahrer und sein Freund aufbringen. Obwohl sonst eher emotional, schaffen sie es, ohne zu meckern endlos durch die nächtliche Stadt zu kurven, in der Hoffnung, noch eine offene Pharmazie zu finden. Vielleicht reagieren unsere Gastgeber deshalb auf politische Themen ein wenig sensibler. Wer schon so viel Geduld für seine Gäste aufbringen muss, von dem kann ich nicht auch noch einen entspannten Diskurs über eine um sich schießende Regierung erwarten.

PKK AND FRIENDS

Ein kleiner Golf hält, ein Auto aus der Vergangenheit, das uns zu einer Zeitreise mitnimmt. Drei Herren im mittleren Alter sitzen drin. Leicht gezeichnet vom Leben, besitzen sie noch genügend Kraft, um eine wohlige Wärme auszustrahlen. Wir quetschen uns zu dritt auf die Rückbank und machen uns mit ihnen auf den Weg in eine der zerklüftetsten Gegenden der Türkei. Endlose Tunnel, Straßen, die sich entlang der Bergrücken schlängeln, deren Spitzen auch weiter wie uneinnehmbar natürliche Festungen erscheinen.

Freiheitskämpfer im Vorruhestand
Die drei sprechen alle kein Englisch, dafür besitzen sie aber ein Smartphone und jagen unentwegt Nachrichten durch Google Translate. Alle drei sind Kurden. Einer macht irgendwas mit Politik, die anderen scheinen für eine Zeitung oder ein Magazin zu arbeiten. Sie kennen sich durch die gemeinsame Arbeit in einer Organisation, die sich mittlerweile weitestgehend aufgelöst hat.

Uns fällt auf, dass dem Beifahrer ein Finger fehlt. Darauf angesprochen, erzählt uns sein Telefon, dass er abgefroren ist, als er in den Bergen gekämpft hat. Damals, bevor sie die Waffen niederlegten.

Die Eingriffe in die Natur, die an uns vorbeirauscht, beschränken sich nicht nur auf Verkehrsinfrastruktur. Auf einigen Hügelkuppen lassen sich menschgemachte Vogelnester sichten. Geschaffen aus Beton und Stacheldraht, schauen sie auf uns herab auf die Straße.

Ich kenne solche Gebilde nur als Überreste mittelalterlicher Festungen. In Deutschland ist es ein wenig her, dass jemand von Hügeln aus mit Kanonen den Verkehr im Rheintal kontrolliert hat.

Hier ist diese Ära erst vor etwa einem Jahr zu Ende gegangen.

Die Menschen, gegen die sie sich gerichtet haben, sitzen unter anderem in diesem Auto und fahren uns durch die Landschaft, die das Militär jetzt für sicher erklärt hat.

Nicht weil irgendwer besiegt oder vertrieben wurde, sondern weil die Kontrahenten sich geeinigt haben. Die PKK hat ihre Waffen niedergelegt, im Gegenzug gab es die Zugeständnisse der Regierung.

Wir reden mit den alten Kämpfern über viele Themen. Sie erzählen Vertrautes. »Wir Kurden lieben die Natur. Unsere Natur, unser Land. Die Regierung will sie zerstören.« Ich bin ein wenig überrascht über die Naturschutzausführungen. Sie scheinen aber einen Teil der PKK- und kurdischen Ideologie auszumachen. Auch das Logo der HDP, der kurdisch geprägten Demokratischen Partei der Völker, ziert ein Baum. Der innere Frieden, den sie haben, diese Geduld und Ruhe sind vermutlich ein Resultat ihrer Erfahrungen. Es sind Eigenschaften, die es wohl zwangsläufig zu erwerben gilt, wenn man nicht durchdrehen möchte, während einem beim Warten auf eiskalten Höhenzügen der Berge Finger abfrieren.

Viele Menschen von diesem Schlag sitzen überall in Kurdistan verteilt und haben beschlossen, ihre Waffen für eine Weile ruhen zu lassen. Zumindest solange sie den Eindruck haben, dass niemand ihre Geduld und ihr Vertrauen ausnutzt.

Feinde auf dem Papier, Brüder im Geiste

Als wir weitertrampen, nähert sich uns ein gepanzerter Jeep der Polizei. Neben seinem Blaulicht hat er noch eine Lafette für ein Maschinengewehr auf dem Dach montiert.

Polizeiarbeit in der Türkei ist nicht deckungsgleich mit jener in Deutschland. Verunsichert von der Staatsmacht stellen wir unsere Trampbemühungen sofort und völlig unverdächtig ein und betrachten stattdessen fasziniert den Straßenverlauf. Unser Täuschungsmanöver gelingt natürlich nicht annähernd. Der Wagen stoppt, die beiden Türen schlagen auf, und zwei Männer steigen aus.

»Wo wollt ihr hin?«

Die beiden tragen dunkle T-Shirts, dunkle Hosen, jedoch nichts, was wirklich als Uniform erkenntlich ist. Dazu noch die obligatorischen Dual-Use-Stiefel, die man je nach Präferenz zum Wandern im Urlaub, zum Einmarschieren in Nachbarländer tragen kann oder in der Ostukraine auch zu beidem.

Die Polizisten sind unbewaffnet, genau wie das Fahrzeug, das an der Lafette für das Maschinengewehr nur friedfertige Leere vorweist. Der jüngere Polizist strahlt uns sympathisch durch eine *Top-Gun*-Brille an, ist gestylt und hat das perfekte

Gesicht für eine Rekrutenwerbung. Wir überlegen kurz, wie wir antworten, bis wir gestehen, nach Iğdır fahren zu wollen.

»Okay, wir nehmen euch mit«, lautet die prompte Antwort. Ein Satz, den so gut wie niemand gerne von einem Polizisten hört. Von Ausnahmen mal abgesehen, denn ich freue mich in diesem Moment wie der Imperator über seinen ersten Todesstern. Vor mir steht eines meiner drei großen Tramper-Lebensziele: Neben einem Motorrad mit Beiwagen und einer Fahrschule ist ein Polizeiauto die einzige Trophäe, die in meiner Sammlung fehlt. Seit mich vor ein paar Jahren in Österreich ein Schneeschieber mitgenommen hat, stagniert meine To-do-Liste jedoch. Deshalb will ich sofort in die gepanzerte Kabine des Streifenwagens.

Zwischen mir und meinem Ziel liegen jedoch noch einige Millimeter Panzerstahl. Die Flügeltüren am Heck des Fahrzeuges öffnen sich in etwa so geschmeidig wie das Grab des Tutanchamun. Ohne Fluch, dafür mit umso mehr Knarren geben sie den Weg frei. Als wir endlich im Bauch des Stahlungetüms sitzen, strahlen wir über beide Ohren; geschafft! Der Wagen röhrt, und der Motor ächzt unter dem Gewicht der Panzerung, während es vorne in einer Ablage anfängt zu klappern. Gut sichtbar rutscht eine Pistole im Takt der Kurven hin und her.

Genauso wie etwa Lehrer oder Ärzte müssen die beiden Polizisten als türkische Staatsbeamte ihren Pflichtdienst im Niemandsland absitzen. Der Jüngere bekundet, aus Istanbul zu kommen, wohin er auch gerne wieder zurückkehren möchte. Wir fragen schüchtern, möglichst ohne zu politisieren, nach ›der Situation‹ in der Hauptstadt. Nach den Demos im Gezi-Park. Eingeschlossen in einem gepanzerten

Transporter müssen wir schließlich nicht noch unnötig Streit mit den Fahrern suchen.

Die beiden schauen sich an. Ich schlucke etwas verlegen. Hoffentlich habe ich kein Thema angesprochen, das vorne in der Kanzel zu einem polizeiinternen Meinungsbürgerkrieg führt.

»Eigentlich ist es im Moment hier fast besser. In den Kurdengebieten ist es mittlerweile ja friedlich, die Gewalt in Istanbul dagegen ist schrecklich.«

Eine perfekt neutrale Antwort. Weder Erdogan noch Amnesty International hätten was an ihr auszusetzen.

»Kennt ihr eigentlich den großen Wasserfall?«, werden wir plötzlich gefragt.

Abrupter Themenwechsel, aber nicht ganz ohne Bezug. Wir verlassen die Straße, es wird holprig, der Wagen fühlt sich sichtlich wohl, denn der Untergrund entspricht schon eher dem ›natürlichen Lebensraum‹ des Fahrzeugs.

»Da vorne ist es schon.« Von einer Brücke aus bestaunen wir, wie sich mehrere Wasserströme nebeneinander über meterhohe Klippen stürzen.

Die Staatsdiener schwärmen wie die damaligen PKK-Kämpfer von der eindrucksvollen Natur. Die Unterschiede zwischen den Parteien erscheinen nicht so gewaltig. Trotzdem übersteigt es meine Fantasie, wie die PKKler im Sabbatjahr reagieren würden, wenn wir ihnen von unserer angenehmen Begegnung mit der Polizei erzählen würden.

Wir trampen gerade, um bei dieser vergleichsweise langsamen Fortbewegung die Veränderungen beim Durchqueren verschiedener Regionen zu bemerken. Um nicht wie in einem Flugzeug einfach alles zu ›überspringen‹, was zwischen Start- und Endpunkt liegt.

Trotzdem kommen wir uns gerade vor wie ein paar Erdmännchen, die sich von Botswana bis Neu-Delhi durchgegraben haben und nicht verstehen, wie sich die Welt so verändern kann, wo doch die Tunnel immer gleich aussehen.

Von Kasim über die PKK bis hin zu den Polizisten war jedes Haus und jedes Auto eine andere Welt. Welten, die nicht zueinander passen, bei denen es im direkten Aufeinandertreffen zu Reibungen kommen würde. Vereinigt sind sie nur in der Überzeugung, uns äußerst zuvorkommend behandeln zu wollen.

»Wir müssen bald abbiegen. Ihr nehmt von hier aus besser den Bus.«

Ich denke mir das Übliche: Wenn einem sonst schon jeder dritte Normalbürger in so ziemlich jedem Land der Erde davon abrät zu trampen, wäre es schockierend gewesen, wenn ein türkischer Polizist uns in Kurdistan nicht vor den Gefahren des Trampens warnt.

Doch die Bedenken fallen überraschenderweise anders aus. »Nein, gefährlich ist es hier nicht. Ganz im Gegenteil, hier ist nur einfach nichts los«, lautet die Erklärung.

Doch wir zeigen uns uneinsichtig wie zwei Kleinkinder, die darauf bestehen, sich für die anstehende Feierlichkeit eine Krawatte um die Stirn zu binden. Aber sie nehmen unseren Wunsch nicht schulterzuckend hin. Als wir an einer Kreuzung halten, läuft der Ältere auf die Straße und stoppt für uns kraft seines Amtes einen Kleinbus.

Lieber naiv als verbittert

Der Bus bringt uns schnell voran. Am Horizont türmt sich der Berg Ararat auf, der, obwohl er noch in der Türkei liegt, das Wappen Armeniens ziert. Vor dem Genozid an den Armeniern war das Gebiet hier von Armeniern besiedelt. Der Berg, auf dem die Arche Noah auf Grund gelaufen sein soll, hat für sie bis heute eine besondere Bedeutung. Wobei man fairerweise erwähnen muss, dass Armenien vor Krieg, Vertreibung und drei verlorenen Risiko-Spielen bis ans Mittelmeer reichte. Das heutige Wappensymbol Armeniens war in der Vergangenheit ein Streitthema. Türkische Offizielle prangerten es als unredlich an, in einem Wappen Dinge zu benutzen, die einem nicht gehören. Ein schwaches Argument, wenn man bedenkt, dass die Türkei den Halbmond in der Flagge hat, so die Antwort eines russischen Offiziellen.

»Hi, seid ihr Deutsche?«, ruft uns ein Autofahrer zu. Etwas verdutzt nicken wir.

»Wenn ihr zur Grenze wollt, kann ich euch mitnehmen.«

Wir zögern eine Sekunde, sind etwas irritiert von der in perfektem Deutsch formulierten Frage, hier in der hinterletzten Ecke der Türkei.

»Keine Angst, ich will kein Geld von euch, springt rein.«

Wir schauen so verwirrt wie zwei Gorillas bei ihrer ersten Pediküre. Ist das ein Tramper-Stereotyp? Wirkten wir geizig, ärmlich oder einfach nur besonders skeptisch? Zwei Reisende, die immer auf der Hut sind vor Leuten, die Touristen abziehen wollen? Ist es falsch, skeptisch oder etwas zögerlich zu sein? Bei dem Busfahrer, den die Polizisten für uns gestoppt hatten, hatten wir ebenfalls zunächst die Befürchtung, dass er sich für die 150 Kilometer Privattransport fürstlich entlohnen lassen wird. Stattdessen sprach er auf eigene Initiative einen anderen Busfahrer an und bezahlte auch noch heimlich unser Ticket für die nächsten zweihundert Kilometer.

Wie soll man mit solch einer Großzügigkeit umgehen? Eine Ablehnung könnte den Gönner beleidigen. Ich nehme mir stattdessen vor, in Zukunft häufiger andere Menschen grundlos einzuladen. Die Skeptiker-Problematik ist hingegen komplexer. Schlechte Menschen, die andere Menschen abziehen möchten, will ich auf keinen Fall mit Geld belohnen.

Im Umkehrschluss habe ich aber mit meiner Skepsis oft nette Menschen verletzt. Reisen ist eine harte Schule fürs Leben. Bevor man die ersten Handwerker für seinen Hausbau engagiert, sollte jeder unbedingt einen Monat in einem touristischen Land verbringen, um zu lernen, dass Menschen problemlos eine Stunde auf freundlichster Ebene kommunizieren können, um dann die neue Bekanntschaft eiskalt übers Ohr zu hauen. Die Lektion kommt in zwei Schritten. Zunächst muss der Tourist lernen, dass er mit der Überzeugung ›Mir könnte so etwas nicht passieren!‹ falschliegt. Irgendwann folgt dann die zweite Lektion, dass er mit der Überzeugung ›Mir könnte das nicht noch mal passieren!‹ ebenfalls danebenliegt.

Im Grunde bleibt nur die Möglichkeit, sich im Vorhinein besser gut zu informieren, um die Chancen zu minimieren. Ganz vermeiden lässt es sich nur, wenn man völlig verbittert wird und niemandem mehr vertraut.

Wir überqueren noch gemeinsam die Grenze, rumpeln ein wenig durch die Berge, bis sich schließlich an einer alten osmanischen Burg unsere Wege teilen.

»Nehmt euch vor den Georgiern in Acht. Die werden alle versuchen, euch abzuziehen«, rät er uns zum Abschied. Ich schaue ihn ein wenig irritiert an.

»Witzig«, antworte ich, »bis jetzt haben alle immer gesagt, Georgien sei kein Problem, aber in Armenien müssten wir aufpassen.«

»Ach«, winkt er grinsend ab, »die Armenier sind lieb. Das sind doch nur Vorurteile.«

Armenien: Komplizierte Nachbarschaft

Armenien hat nicht nur die kommunistischen Altlasten zu tragen, sondern befindet sich auch in problematischer Nachbarschaft. Im Süden liegt der Iran, zu dem es die relativ gesehen besten Beziehungen pflegt. Die Grenze zum westlichen Nachbarland Türkei ist geschlossen. Östlich von Armenien befindet sich das Dubai des Kaukasus, Aserbaidschan. Reich an Gas und in einem schwelenden bewaffneten Territorialstreit mit Armenien. Handel entfällt entsprechend. Bleibt noch Georgien. Auf den ersten Blick erscheinen die beiden Länder eng verwoben, eingequetscht zwischen den Reichen der Perser, Osmanen und Russen. Aber die beiden sollen uns später noch ihre Unterschiede offenbaren. Vom armenischen Reich ist nicht mehr viel übrig. Das ehemalige Großreich erstreckte sich in seiner Hochphase vom Mittelmeer bis zum Kaspischen Meer. Fast die halbe heutige Türkei, Teile Syriens, des Irans, Aserbaidschans und Georgien gehörten einst dem Reich an, das heute auf die Größe Bayerns geschrumpft ist. Ihren jetzigen Zusammenhalt sowie die einstige Verfolgung verdanken die Armenier ihrer frühen Annahme des Christentums als Staatsreligion. Die armenische Kirche ist bis heute unabhängig und ein identitätsstiftender Faktor. Umso bezeichnender ist das Stillleben, das an uns vorbeizieht. Eingeschlossen von einem wackeligen Zaun steht eine fahle Kirche. Der Baukran, der wohl einst zu ihrer Rettung abkommandiert wurde, rostet vor sich hin. Eine dunkle Reiterstatue galoppiert mit gezogenem Schwert nostalgisch und ziellos über einen tristen Platz. Geld ist Mangelware, genauso wie eine außenpolitische Ausrichtung.

Die Hauptstadt ist das Gegenteil. Pompöse Plätze und renovierte Prachtbauten dominieren hier. Wir bleiben nur ein paar Nächte bei einem Couchsurfer, bis wir wieder gegen Norden ziehen, um unsere letzten gemeinsamen Tage in Georgien zu verbringen.

GEORGIEN: SO GASTFREUNDLICH WIE TRINKFEST

ALTEHRWÜRDIGES IM WESTEN

Nach unserem Abstecher durch Armenien landen wir im georgischen Bordschomi: einst Touristenmagnet, verlaufen sich heutzutage fast nur noch Wanderer in den Kurort. An der Touristeninfo empfiehlt uns ein Angestellter, an der Thermalquelle zu campen. Auf dem Weg vermuten wir, dass es auch gehobene Kurgäste in den Ort zieht. Die Häuser sind renoviert, die Straße ist komplett neu gepflastert. Der Fluss ist von Beton umzäunt, ein betrunkener Architekt hat eine Brücke mit Looping über das Wasser gespannt. Am Ende steht ein Brunnen mit Sitzgelegenheiten. Es könnte durchaus auch ein deutscher Kurort sein. Lediglich das freie WLAN macht uns darauf aufmerksam, dass wir im unregulierten Ausland sind.

Zivilisation ja, aber nur ein bisschen
Es folgt ein alter, zerfallener Vergnügungspark, in dem sich selbst der Geist von Stalin gruseln würde. Schließlich enden die Ruinen der sowjetischen Vergnügungszivilisation, und wir werden in die Natur entlassen. In unseren Köpfen kreisen romantische Bilder von einer kleinen Grotte, in der wir uns ins warme Wasser sinken lassen können, oder einer Quelle im Felsen, wo uns das heiße Schwefelwasser auf die Schulter tropft.

Wenig später stehen wir vor einem riesigen türkisfarbenen Betonbecken, von dem langsam die Farbe abblättert. Ein siffiges Rohr speist das Becken mit Wasser, während nebenan auf der Wiese ein leerer Coca-Cola-Kühlschrank den Bademeister gibt. Die Wiese ist voller Scherben, während der Rand des Beckens dezent mit Müll und einem rostigen Fass dekoriert wird. So ist das mit den Erwartungen. Hätten wir den Ort zufällig gefunden, wären wir wohl hocherfreut gewesen, so steht uns die Enttäuschung ins Gesicht geschrieben.

Besser als gar nichts. Immerhin: Der Ort liegt abgelegen in der Natur, wir haben reichlich Bier und genügend Essen dabei. Also errichten wir unser Lager, sammeln Feuerholz und planschen im heißen Becken.

Als es bereits dunkel ist und wir zu kochen beginnen, bemerken wir zwei Stirnlampen, die sich auf dem Weg aus der Stadt in unsere Richtung bewegen.

»Hoffentlich ist das nicht die Parkverwaltung oder die Polizei«, entfährt mir der etwas ängstliche Gedanke. Der Ort sieht nicht so aus, als seien wir die Ersten, die hier übernachten.

Die Lampen kommen näher, nehmen uns mit ihrem Schein ins Visier. Ein knappes »Hello« der Gäste, kombiniert mit vertrauter Outdoorbekleidung, macht es eindeutig: deutsche Wanderer.

Wäre auch schockierend, im Ausland einmal keine Deutschen anzutreffen. Die beiden lassen uns wissen, dass sie ebenfalls von der Touristeninfo an diesen Ort geschickt wurden, und nehmen ebenso ein wenig enttäuscht die Idylle wahr. Weniger später sehen wir erneut Lichter. Fünf Personen, diesmal ohne Stirnlampen, sondern mit wild durch die Gegend fuchtelnden Handylampen. Damit können wir quasi ausschließen, dass es Deutsche sind. Wieder durchfährt mich ein leichtes Unwohlsein.

Aus irgendeinem Grund bin ich in der Natur und beim Zelten immer auf Flucht getrimmt, habe ein schlechtes Gefühl, wenn andere Menschen meinen Schlafplatz finden. Zum einen aus Angst, dass die Rechtsstandards weitab der Zivilisation ihre Wirkung verlieren und ich ausgeraubt werde. Zum anderen aus Angst, dass die Rechtsstandards der Zivilisation noch wirken und ich von einem Gesetzeshüter mit einem Bußgeld wegen Wildcampens des Platzes verwiesen werde.

Es sind fünf Männer, Georgier, die sich freuen, uns zu treffen. Sie haben keine Zelte dabei, dafür aber umso mehr Alkohol. Georgier sind trinkfreudig, aber nicht aufdringlicher als der durchschnittliche deutsche Student, wenn er Gäste abfüllen will. Bei reichlich Bier kommt es zu erfreulich ausgiebigen Gesprächen, weil einer der Georgier extrem gut Englisch spricht. Er erzählt uns viel von seinen Sorgen, die sich vor allem um Russland drehen. Über die Angst vor einem erneuten Konflikt, infolge dessen weitere Teile Georgiens besetzt werden könnten. Russland sieht sich als Schutzmacht russischer Minderheiten, von denen es in separatistischen Gebieten einige gibt. Er erzählt weiter von der anschwellenden Angst aufgrund des Ukrainekonflikts und dem Wunsch, als westliches Land von der NATO oder der EU aufgenommen zu werden.

»Wir sind Europäer, Christen, wir wollen nicht russisch werden, und wir sind ein kleines Land, das die EU doch ohne Probleme aufnehmen könnte«, lässt er wissen, »außerdem brauchen wir den Schutz. Russland achtet nur Stärke, und alleine sind wir schwach.«

Als wir am nächsten Morgen mit dröhnendem Kopf aufwachen, sind die Georgier immer noch aktiv. Sie haben den Cola-Bademeister zum Rand des Pools geschoben und benutzen ihn als Sprungturm. Immer wenn jemand von ihm aus ins Wasser springt, wackelt er gefährlich, bis er wieder gestützt wird. Der Cola-Springturm kommt mir vor wie ein Symbol für den diplomatischen Balanceakt in der Region.

Westside Story im Heilbad

Unser nächstes Ziel ist Wardsia, die Überreste einer in den Fels geschlagenen Stadt. Recht schnell halten drei betrunkene Herren, die uns genau dorthin mitnehmen wollen. Nachdem wir eingestiegen sind, bekommen wir direkt ein Bier in die Hand gedrückt, leider zieht auch der Fahrer eine Dose zwischen seinen Beinen hervor und stößt mit uns an.

Er wird uns als der Chef vorgestellt. Ein Firmenausflug also. Kurz vor Wardsia halten wir. Die Herren erklären uns, dass sie zu einer Thermalquelle fahren. Neugierig willigen wir ein mitzukommen, um wenig später in einer Art verlassenem Dorf zu landen. Nackter Stein, Löcher in den Wänden, Wellbleche. Schwer zu sagen, ob der Ort eine Investitionsruine oder ein aufgegebenes Gehöft darstellt. Vor einem der Gebäude sitzt ein älterer Mann im Plastikstuhl. Das Gebäude hat immerhin keine Löcher, würde aber trotzdem in keiner Township auffallen. Wellblech veredelt mit Bruchsteinen im klassischen quadratischen Design.

Der alte Mann nimmt uns nicht weiter zur Kenntnis, und wir betreten den Verschlag. Der Bau ist fast komplett mit einem Becken ausgefüllt. An einer Seite steht eine kleine

Umkleide, die ebenfalls nur aus zusammengenagelten Blechen besteht. Wir gönnen uns ein Viertelstündchen im heißen Wasser, das uns noch einmal daran erinnert, wie viel Bier wir über den Tag getrunken haben. Dann verabschieden wir uns und trampen zurück nach Wardsia.

Für eine Besichtigung ist es eigentlich schon zu spät, weshalb wir beschließen, uns eher um unsere menschlichen Grundbedürfnisse zu kümmern. Wir lassen uns in einem Restaurant vor der historischen Stätte nieder und genießen eine große Portion Hausmannskost.

Es fängt an, in Strömen zu regnen. Genau wie das lose Kiesufer am Fluss werden unsere Pläne zu zelten davongewaschen. Eine andere Gruppe Männer spricht uns an, gibt uns ein Bier aus und lädt uns ein, mit zu einer gewissen Thermalquelle zu kommen. Aufgrund fehlender Übernachtungsmöglichkeiten und der Wetterlage willigen wir ein.

Eine Wanne Klosterfrau Melissengeist

Mit einem weiteren Bier in der Hand gleite ich erneut ins heiße Wasser. Wieder entfaltet die Wärme ihren unheilvollen Effekt.

Ich könnte genauso gut in ein Ethanolbad springen. Wenn man auf diesem Planeten in bestimmte Regionen reist, ist Trinkfestigkeit wichtiger als eine Zeckenzange. Aber trotz intensiver Vorbereitung, Kondition und meiner Abstammung aus dem Alkoholdreieck zwischen Krombacher, Warsteiner und Grevenstein registriere ich langsam eine beträchtliche Einschränkung meines Urteilsvermögens. Zwar gilt beim Trampen keine Null-Promille-Grenze, trotzdem ist es ratsam, bis zum endgültigen abendlichen Nestbau oder dem Entschluss, jemandem nach Hause zu folgen, ein bisschen bei Sinnen zu sein.

Meine Blase weist mich darauf hin, dass sie zum erneuten Male an ihre Kapazitätsgrenze gelangt ist, weshalb ich nach draußen laufe, um die drückenden Zeugen meines Alkoholkonsums auf dem stillen Örtchen loszuwerden.

Auf dem Weg zurück werde ich von einer dubiosen Gruppe abgefangen. In Relation zu ihnen erscheinen unsere aktuellen Begleiter wie die Regensburger Domspatzen.

Die Gruppe ist gemischt. Jüngere und solche, die den Punkt überschritten haben, an denen der Alkohol noch mehr Schaden anrichten kann. Es beginnt die übliche sprachlose Unterhaltung: »Deutschland gut, Fußball gut.« Mein Russisch ist wieder schnell aufgebraucht, allerdings hat es alle Beteiligten überzeugt, dass wir jetzt auf Russisch über Hegel, Schopenhauer und die Dialektik von Gut und Böse diskutieren können. Dazu wird etwas Essen serviert. Saure Gurken und Wodka.

Ich erinnere mich an einen russischen Tramper, den ich in Japan kennengelernt habe. Er trampte schon auf allen Kontinenten, empfand Orte wie den Sudan während des Bürgerkrieges nicht weiter problematisch.

»Man muss nur die Fronten meiden.«

Nur eine Region beurteilte er als schwierig. Trotz seiner patriotischen Gesinnung warnte er vor dem Trampen in seiner Heimat.

»Das Problem ist der Alkohol«, warnte er damals. Die Menschen in Russland seien zwar gastfreundlich, allerdings seien zu viele davon Alkoholiker und laden ihre Gäste entsprechend zum Saufen ein. Sobald der Gast einmal »Ja« sagt, habe er verloren. Danach endet er entweder besoffen unter dem Tisch oder beleidige den Gastgeber durch ein »Nein«.

Letzteres würde häufig in Aggression münden.

»Sag immer sofort Nein. Schieb einen indiskutablen Grund vor, Religion oder am besten irgendeine Krankheit. Das akzeptieren die Leute.«

Ich bin zwar nicht in Russland, aber die Situation erscheint mir ähnlich. Also gehe ich meine Optionen durch. Religion und medizinische Gründe erscheinen mir bei zwei Promille, der Sprachbarriere und dem Bier in der Hand jedoch nur schwer vermittelbar. Also entscheide ich mich für die subtilste Variante: Länder-Stereotypen. Innerdeutsche Flatratepartys und problematische deutsche Jugendliche mit dem Hang zum Komasaufen sind vermutlich international zu irrelevant, um in Georgien diskutiert zu werden. Daher behaupte ich einfach mal steif und fest, dass Deutsche keinen Schnaps trinken, sondern nur Bier.

Etwas misstrauisch schauend trinken die anderen ohne mich. Da die Ausrede wohl nicht dauerhaft halten wird und ich Mareike ohnehin nicht ewig mit den Domspatzen alleine im Bad planschen lassen will, versuche ich mich an einem polternden Abgang. Ich leere den Rest des Bieres in einem Zug und haue unter anerkennenden Blicken die Flasche auf den Tisch. Unter Dankesgrüßen und dem Vorwand, ein neues Bier zu benötigen, verabschiede ich mich.

Ich bin wieder im Heilwasser, das medizinisch gesehen nur die Wirkung von Klosterfrau Melissengeist aufweist und meiner Dröhnung einen weiteren Kick gibt.

Durch Spalten dringt Licht von außen herein, es ist leicht dämmerig hier drin, die Tür wurde vermutlich von einem alten Burgverlies geklaut. Um uns herum sind immer noch jede Menge kräftige Männer, die für mich in meinem Alkoholdunst nicht ganz zu durchschauen sind. Aber alles ist relativ, und so bin ich nur froh, nicht mehr draußen zu sein.

Revierkämpfe im Heiligtum

Plötzlich stürmt unter lautem Protest des altehrwürdigen Wächters die Saure-Gurken-mit-Wodka-Truppe das Bad.

Unsere Gang springt aus dem Wasser, allen voran unser Fahrer.

Er schreit herum, ein wildes Geschubse fängt an, das fließend in eine Schlägerei übergeht.

Wir fühlen uns in einer Falle. Es dämmert draußen, wir sitzen an einem Ort im Nirgendwo, von dem wir nicht weglaufen können, weil es drumherum nichts gibt. Im Bad selbst befindet sich nur ein Ausgang, der von den Eindringlingen versperrt wird. Wir sitzen im Wasser, haben nur Badesachen an, unsere Rucksäcke stehen unbekümmert in der Ecke.

Die Situation scheint jeden Moment völlig zu eskalieren. Um unser Möglichstes zu tun, fluchtbereit zu sein, verlassen wir das Wasser, ziehen uns an und packen unsere Sachen. Währenddessen verschiebt sich das Schlachtgetümmel nach draußen.

Immer noch ist aufgebrachtes Gebrüll zu hören, die Tür scheppert. Der heftige Protest des alten Mannes an der Tür, der wie ein Druide versucht, auf die Heiligkeit des Ortes hinzuweisen, drängt das Handgemenge wieder herein. Das Geraufe tänzelt an ihm vorbei und stürzt in die drei Wellbleche, die einmal die Umkleidekabine darstellten. Schließlich schaffen es die Gruppen, die beiden Hauptstreithälse auseinanderzudrängen und zum Gehen zu bewegen. Unser Fahrer schreit und schlägt immer wieder an die Wand, bis sich seine Wut in ein Flehen verwandelt. Wir verlieren endgültig die Übersicht.

Die Situation beruhigt sich wieder. Trotzdem möchten wir gerne gehen. Aber da die anderen noch immer draußen zu hören sind, fühlen wir uns im Bad wohler. Unheimlich, wie schnell wir Partei ergreifen, uns unter den Schutz einer Gruppe gestellt sehen, obwohl wir nicht einmal im Ansatz wissen, worum es geht und was ›unserer Truppe‹ eigentlich will. Der Fahrer kommt zu uns und fragt, ob wir wieder mit ins Wasser steigen. Er winkt uns fröhlich herbei und versucht, uns mit einer einladenden Geste dazu zu bringen, seine Hand zu ergreifen, was wir dankend ablehnen. Ich, weil ich flexibel bleiben will und mich bekleidet und mit Stiefeln weniger verwundbar fühle.

Mareike ist ohnehin wenig motiviert, zurück ins Wasser zu gehen, da die anderen eine zweifelhafte Version von Unterwasserfangen gespielt haben.

Wir holen unsere Bücher raus. Mittlerweile ist es zum Lesen schon zu dunkel, weshalb ich die Seiten mit meiner Stirnlampe in ein rotes Licht tauche.

Hätte ich eine kleine Kamera dabei, auf der meine Eltern verfolgen könnten, was gerade so passiert, sie hätten schon längst die deutsche Regierung aufgefordert, den Schuppen vom KSK stürmen zu lassen. Der namenlose Ort hätte ohne Kontext das Potenzial, als Unterschlupf eines Perversen durchzugehen. Rotes Licht reflektiert an den Wänden, ab und an huscht ein dicker Typ mit Bier und Unterhose durch das Bild. Wobei der Kontext das Ganze vielleicht nicht unbedingt besser macht.

Nachdem alle ausgeplanscht haben, fragen sie, ob wir bei ihnen übernachten möchten. Ein flaues Gefühl durchzuckt uns. Eigentlich würden wir lieber woandershin, aber die Alternativen sind mau. Das Wetter ist stürmisch, es ist dunkel, und wir haben keine Ahnung, wo wir sonst übernachten könnten. Also willigen wir zögerlich ein.

Wir halten vor einem neuen, einstöckigen Haus. Vom tiefen Matsch der Straße geht es in das nagelneue Gemäuer. Die Zimmer sind groß, die Einrichtung mitunter das Seltsamste, was ich in meinem Leben gesehen habe. In der Küche stehen lediglich zwei verlorene Tische als Ablage, während eine Campingkochplatte auf einem Hocker auf bessere Zeiten wartet.

Das Wohnzimmer ist vollständig eingerichtet, lediglich der gemauerte Kamin irritiert ein wenig. In zwei Metern Höhe führt ein Metallrohr aus ihm heraus, das zu einem gusseisernen Ofen führt, der mitten in den Raum platziert wurde.

Das Unbehagen aus dem Thermalbad verschwindet langsam, wir schlemmen und trinken. In Wohnzimmerlicht und mit mehr als nur einer Unterhose bekleidet wirkt die Gruppe erschreckend normal.

Zweiter Versuch

Endlich sind wir da. In Wardsia, Schmalspur-Kappadokien. Die Höhlenstadt gilt als eine der Sehenswürdigkeiten Georgiens. Sie sieht aus wie ein überdimensionaler Termitenhügel, der zum Teil eingebrochen ist. Eine hohe Felswand mit lauter Löchern und Gängen. Die Stadt ist wie sein kappadokisches Pendant ein Produkt allzu reiselustiger, marodierender

Nachbarn und war lange Zeit eine sichere Festung, bis ein Erdbeben sie teilweise einstürzen ließ.

Zwei Tage haben wir gebraucht, um dieses Objekt zu besichtigen, in Relation zum Aufwand ist das nicht lohnenswert. Trotzdem kann man guten Gewissens jedem die Tour empfehlen, vor allem Menschen mit Auto, weil sie ziemlich schnell da sind. Trampern sowieso, weil sie ohnehin nur irgendein Ziel als Rechtfertigung brauchen, um ihrem Handwerk nachzugehen. Hier gilt die Tramperregel:

TRAMPERTIPP

Genieße den Weg, denn das Ziel ist häufig relativ unspektakulär

(eine Regel, die übrigens auch von führenden Kardiologen mit Fachgebiet Herzinfarkt empfohlen wird). Manchmal ist der Weg sogar das Einzige, was man erreicht.

Unsere nächste Fahrerin outet sich als UN-Angestellte und ich mich als Naivling. Nach meinen Plänen gefragt, erzähle ich von meiner Route, der Idee, über die Türkei in den Nordirak zu fahren, um anschließend in den Iran zu trampen. Die UN-Mitarbeiterin ist ›not amused‹.

»Dort herrscht gerade Krieg und Terror. Entführungen sind an der Tagesordnung. Du kannst da nicht durch.«

Ich bin dagegen entspannt. Selbstsicher wie ein Esoteriker, der mit schützenden Kristallsteinen in den Urlaub nach Tschernobyl reisen will.

»Ich weiß, dass es im Irak gefährlich ist, aber da will ich auch gar nicht hin. Ich bleib ja im Norden, im kurdischen Gebiet.«

»Terror hält sich aber nicht an Staatsgrenzen«, lässt sie mich wissen. Ich bin zum ersten Mal etwas verunsichert.

Die schwärmenden Kurden in der Türkei haben mich neugierig gemacht. Ich bin in meinem Leben noch nie so gut trampend vorangekommen wie dort und will es mir deshalb nicht nehmen lassen, durch ›das‹ kurdische Land zu reisen. Selbstredend mit ausgestrecktem Daumen.

Ein Problem ist nur die sich recht schnell ändernde Sicherheitslage. Ich habe keine Ahnung, was das Auftauchen dieser neuen Terrororganisation bedeutet und ob sie auch Einfluss auf die kurdischen Gebiete haben könnte. Mit einer Mischung aus kopfschüttelndem Tadel und Anerkennung spricht sie mir ein bisschen Respekt aus und wünscht mir Glück.

»Du wirst es brauchen.«

TIFLIS: BAUSTELLENPARADIES

Die Straße ist brechend voll. An uns rast eine Art Hochgeschwindigkeitsstau vorbei: eine Autodichte, die in Deutschland ein Stau wäre, hier aber niemanden daran zu hindern scheint, trotzdem zu rasen. Wie soll man hier nur trampen?

Ein Jeep schert aus der blechernen Wildwasserströmung aus und fährt krachend hinter uns auf den Bordstein. So also.

Fahrbahnvermehrung

»Über Ostern fahren die meisten Leute nach Hause«, erklärt uns der Fahrer mit einem Fingerzeig auf die uns umgebende Autolawine.

»Die Osterfeiertage sind vorbei, und da fast jeder in Tiflis arbeitet, ist ganz Georgien auf dieser Straße unterwegs zurück in die Stadt.«

Aufgrund des Anblicks, der sich uns bietet, bin ich geneigt zu behaupten, dass unser Fahrer nicht übertreibt. Es wirkt wirklich so, als hätte sich ganz Georgien zu einem Autokorso verabredet. Wir fahren dicht an dicht in dem stetigen Strom. Die einspurige Straße wurde durch irgendeinen dynamischen Selbstorganisationseffekt schon um eine weitere Fahrbahn erweitert, indem der Schwarm den Seitenstreifen ebenfalls nutzt. Doch damit sind die imperialistischen Expansionsgelüste der Autoarmada noch lange nicht befriedigt. Wenig später erobert sie sich noch die Gegenfahrbahn und verdrängt die auf dieser Fahrbahn heimischen Fahrzeuge auf den anderen Seitenstreifen. Ohne Maß drängen schließlich die ersten Fahrzeuge auch auf den Seitenstreifen der Gegenfahrbahn. Die indigenen Autos der Gegenseite stehen nur hilflos und enteignet im Grünen.

Das Gesetz des Stärkeren wird schließlich gebrochen, als sich die Staatsmacht einschaltet und den gestrandeten Autos mit Blaulichtkolonne wenigstens ihren Seitenstreifen als Reservat zurückgibt. Zumindest temporär.

Neben der Fahrbahn kann man einen Blick in die Zukunft werfen. Aufgebahrt auf gut einem Meter Schotter entsteht die neue Autobahn, welche die Straße hier entlasten soll.

»Die sollte schon ewig fertig sein«, werden wir aufgeklärt. Ein Projekt des unglücklichen Ex-Präsidenten Saakaschwili, der vor ein paar Jahren nicht nur den Autobahnbau initiiert hat, sondern auch den Krieg mit Russland um das georgische Südossetien.

Dass die Bauarbeiten nicht schnell genug vorangehen, scheinen allerdings viele so zu sehen.

Ein paar Jeeps und SUVs leisten mutige Vorarbeit und fahren auf den Kiesstreifen, auf welchem mal die Autobahn entstehen soll. Wenig später folgen auch die Otto Normalverbraucher mit ihren Stadtmobilen. Ich gebe es auf, die Zahl der improvisierten Fahrstreifen zu zählen, bin mir aber sicher, dass die georgische Osterprozession gerade die breiteste Autobahn der Welt aus dem Kies gehoben hat.

Nach einer Weile ist der Spaß jedoch vorbei. Es bildet sich eine Schlange. Brav wie eine Gruppe Konfirmanden, die am Kiosk Tic Tacs kauft, reihen sich die Autos auf einmal in eine Schlange ein. Die Neubaupiste ist zu Ende, und ein paar pragmatisch veranlagte Polizisten leiten die Autos wieder auf die Straße. Zivilisiert folgen wir der Teerspur bis nach Tiflis.

Etwas ausgezehrt von den anstrengenden Tramp- und Wandertagen gönnen wir uns etwas Normalität. Wir geben uns in der Hauptstadt Georgiens gemütlichem Sightseeing hin und schlendern zwischen wackeligen Gründerzeitbauten. Teilweise zeigen die Häuser ein wenig Haut unter ihrem brüchigen Putz, gewähren unzüchtige Blicke auf die Backsteinmauern unter ihrem Fassadenkleid. Eine offene Flurtür gibt den Blick auf eingefallene Treppenstufen frei. Aus einem kunstvoll gemauerten Rundfenster rankt eine Weinpflanze durch das zerbrochene Glas nach draußen. Das angrenzende Haus wird gefühlt nur noch von dem Efeu zusammengehalten, der die Wände überzogen hat.

Manche Häuser sehen verlassen aus, andere wurden mit wenigen Griffen in gemütliche Cafés verwandelt, vom Stil her irgendwo zwischen Bauhaus, Omas Wohnzimmer, Kunstatelier und filmreifer Romantik.

Am Ende der Straße hören wir aufgeregtes Geschrei und einen Knall. Ein brennendes Auto steht in der Straße. Bewaffnete rennen umher. Doch ihre Aufmerksamkeit gilt allein den Kameras am Set. Für einen Kriegsfilm braucht man in dieser Ecke von Tiflis keine Kulissen. Trotz Romanik trennt die Stadt mich und Mareike. Um drei Uhr nachts geht ihr Flug. Es heißt, schlaftrunken Abschied zu nehmen. Auf unbestimmte Zeit.

Geldprobleme

Endgegner Geldabheben! Viel Geld abheben. Ich will noch knapp eine Woche in Georgien bleiben und dann schnell die Türkei durchkreuzen, um via Irak in den Iran zu reisen. Allerdings ist der Iran vom internationalen Bankensystem entkoppelt.

Dort Geld abzuheben ist also unmöglich. Über den Irak habe ich gelesen, dass es Geldautomaten gibt, es aber häufig wahrscheinlicher ist, dass Allah Geld vom Himmel regnen lässt, als dass die Automaten das tun, wofür sie gebaut wurden. Also brauche ich Geld für etwa acht Wochen und für eine neue Digitalkamera.

Eine undankbare Abschätzung. Zu wenig Geld abzuheben heißt, irgendwann im Iran festzusitzen beziehungsweise spontan und im Sprint das Land Richtung internationales Bankensystem verlassen zu müssen. Das wäre gleichbedeutend mit dem Ende meines Iran-Trips, denn eine Wiedereinreise ist mit meinem Visum nicht möglich. Zu viel Geld abzuheben – dieser Fall ist schwer zu definieren. Natürlich schmerzt es mehr, mit tausend als mit fünfhundert Dollar in der Tasche überfallen zu werden. Aufgrund meines Abhebelimits muss ich jedoch jetzt schon damit anfangen, mich mit Scheinen vollzusaugen.

EINKEHR BEI ROTLICHT

Von Batumi aus will ich unbedingt die Hälfte der Strecke bis nach Patnos an einem Tag schaffen. Die Stadt liegt in der Türkei, ist fünfhundert Kilometer beziehungsweise sieben Autostunden von Batumi entfernt und liegt etwa auf halber Strecke in den Irak.

Selbstunterschätzung

Mit einem fettigen, lokal typischen Käseteiggebäck im Mund stehe ich wieder trampbereit am Straßenrand Richtung Türkei. Zwei junge Frauen erblicken mich und geben eine international gültige Weisheit von sich:

»In Georgien kann man nicht trampen«, erklären sie mir in perfektem Englisch.

»Die Leute nehmen hier niemanden mit. Du musst den Bus nehmen.«

»Dann muss ich die letzten drei Wochen beim Trampen in Georgien auf einen Trick hereingefallen sein«, erwidere ich, »denn mich haben die ganze Zeit Georgier mitgenommen.«

Enttäuscht darüber, dass ich Indizien vorlege, die ihre Mitbürger nicht als Arschlöcher erscheinen lassen, ziehen die beiden von dannen. Kurz darauf sammelt mich ein Georgier ein und nimmt mich bis zu einer Garnison mit.

Die Garnison verrät mir nicht allzu viel über die Geschichte, außer dass Römer hier rechteckige Garnisonen mit Bädern gebaut haben, über welche die Byzantiner schließlich noch mehr rechteckiges Zeug mauerten. Dafür verrät die Garnison aber viel über die heutige georgische Gesellschaft. Immer wieder haben mir Georgier berichtet, sie würden sehr viel arbeiten, sie hätten kaum Freizeit, und trotzdem würde es mit dem Land wirtschaftlich nicht bergauf gehen. Woher dieser Widerspruch kommt, lässt sich eventuell an dem Kassenhäuschen der Garnison ableiten. Die Ruinen sind nicht gerade Pompeji, und der Andrang vor dem Kassenhäuschen könnte eigentlich nur noch von den Zeugen Jehovas mit Vorverkaufskarten für eine Lesung aus dem *Wachtturm* getoppt werden. Trotzdem arbeiten drei Frauen am Eingang und vermitteln mir das Gefühl, Teil eines Loriot-Sketchs zu sein. Die erste fragt mich nach der Art des Tickets, die zweite tippt ein, die dritte gibt mir das Ticket und verlangt umgerechnet einen Euro.

Ähnliche Überbesetzungen ließen sich immer wieder beobachten. Ein Bus nach Mestia, der vor mir hielt, hatte bei vier Stunden Fahrzeit einen Fahrer und einen Kassierer. Ein paar Handwerker, die uns nach Bordschomi mitnahmen, sind zu dritt dreißig Minuten zu einem Arbeitseinsatz gefahren, um dann zu zweit zehn Minuten lang einen Handtuchhalter anzubringen. Natürlich kann man das als löbliche Arbeitsteilung sehen, der Aufstieg zur Wirtschaftsmacht zieht sich so aber vermutlich etwas in die Länge. Aber um von kommunistischen Arbeitsbeschaffungsmaßnahmen zu wirtschaftlichen Arbeitsprozessen zu kommen, dauert wohl seine Zeit. Und wer weiß: Dass die dritte Frau kassierte und gleichzeitig das Ticket aushändigte, könnte schon das erste Anzeichen von Effizienzsteigerung sein.

Nur einen Salat bitte – ohne Fleisch
Zurück auf der Straße passiere ich bereits die ersten Wechselstuben, die Grenze muss in unmittelbarer Nähe sein. Bevor ich das Land verlasse, will ich noch ein Restaurant finden, wo ich mein letztes georgisches Geld in einen leckeren lokal typischen Walnusssalat investieren kann. Dreimal laufe ich erfolglos in Restaurants, um hauptsächlich türkische Spezialitäten unter die Nase gerieben zu bekommen. Schließlich, eine halbe Stunde später, verirre ich mich in eine dubiose Kaschemme. Sie ist gut besucht, auch von Türken, was nur zwei mögliche Erklärungen zulässt. Entweder sie ist eine Absteige, aber extrem billig.

Oder sie ist extrem gut und kann es sich leisten, billig auszusehen. An diesem Tag lerne ich eine dritte Möglichkeit kennen.

Die roten Vorhänge in der Kaschemme machen auf einmal Sinn, denn ich bemerke eine Vielzahl von extrem geschminkten Frauen, von denen sich so manche auf dem Schoß der Gäste rekelt. Selbstredend mache ich die

Beobachtung erst, nachdem ich meine letzten Münzen bereits für einen Salat über den Tresen geschoben habe. Immerhin habe ich explizit ohne Fleisch bestellt. Blödheit, Naivität und Aufgeschlossenheit gehören auch zu diesen schwer unterscheidbaren Attributen, die ich erst anhand des Ergebnisses meiner Handlung bestimmen kann. So wie in dem Augenblick, als mich eine nicht weiter auffällige Frau fragt, ob ich mich nicht zu ihr und ihrer Freundin setzen möchte.

Ich willige ein. Immerhin hatten sie bereits gesehen, wie ich meine letzten Münzen für den Salat aus meinem Portemonnaie gekippt habe. Was soll also passieren?

Auf die Frage, ob ich ein Bier möchte, beteuere ich meinen Finanzstatus. Die Frau winkt ab:

»Kein Thema, mein Freund lädt dich ein.«

Sie erklärt mir, dass ihr Freund Türke und nur kurz zu Besuch sei. Ich begehe den klassischen Fehler und trinke mein Bier zu schnell: mit dem unerwünschten Ergebnis, dass es direkt durch ein volles ersetzt wird.

Die beiden fragen mich ein wenig aus, bis der Türke das Weite sucht und die beiden sich näher vorstellen.

»Das ist meine jüngere Schwester«, beginnt die Ältere zu erzählen. »Sie ist die Hübscheste und Teuerste, die man hier bekommen kann.«

Dann beginnt auch die Jüngere zu erzählen. Wie die meisten hier käme sie aus Usbekistan, wo es nun mal keine Arbeit gibt, weshalb sie hier für recht passables Geld arbeitet. Allerdings sei sie nicht so begeistert von ihrem Job.

»Die meisten sind alt, fett und ekelig. Ich mag sie nicht«, lässt sie mich wissen.

»Dich mag sie aber!«, wirft die Ältere ein.

Die Jüngere kichert und ergreift meinen Arm. Diplomatisch zeige ich auf meiner Karte, wie weit ich heute noch zu trampen hätte, und versuche zu erklären, dass ich deshalb bald losmüsse.

»Kein Problem. Du kannst bei mir in Batumi schlafen«, offeriert die Jüngere, »ich fahr dich dann morgen zur Grenze.«

Ich erkläre meinen Zeitdruck mit meinem ablaufenden Iran-Visum, was die beiden schließlich unter einer Bedingung akzeptieren.

»Wir trinken noch ein Bier, und dann kannst du dich wieder auf den Weg machen.«

Ich nicke und quasi instinktiv beamt mir der Scotty unter den Barkeepern ein weiteres Bier auf den Tisch.

Ich lege meine Hektik ab. Zum einen, da das Ende nun absehbar ist, zum anderen, weil ich mich auch ein wenig verpflichtet fühle, ein bisschen Zeit zu spenden. Nicht weil sie mir die Biere ausgegeben haben. Gegen diesen klassischen Schachzug bin ich inzwischen abgehärtet. Mit Menschen, die sich in Unkosten stürzen, um mir einen nicht erbetenen Gefallen zu tun, der meistens das Gegenteil von dem ist, was ich gerade benötige, kann ich umgehen.

Gefallen, die nicht gefallen

In diesem Fall will ich kein Bier, und das Letzte, was ich gebrauchen kann, ist, betrunken vor dem türkischen Zoll zu stehen. Mich treibt etwas anderes. Beim Trampen äußerte ein Mann mir gegenüber einmal: »Gefallen gibt man nicht zurück. Man gibt sie an den Nächsten weiter und macht die Welt zu einem besseren Ort.« Das sei das wahre Prinzip von

›Gefallen‹. Alles andere sei entweder die Mafia-Variante von ›einen Gefallen tun‹ oder schlicht ein Handel. Da ich noch einen Haufen ›Gefallen‹ zu verteilen habe, entschließe ich mich, die Gelegenheit zu nutzen und zumindest einen davon hier zu lassen. In jedem Fall breche ich mir keinen Zacken aus der Krone, wenn ich etwas länger hierbleibe. Zumindest keinen, der mir besonders wichtig ist.

Ich kann diesen Nachmittag mit zwei Prostituierten als eine bewusste Entscheidung gegen eine Karriere in der Politik werten. Es entstehen Dutzende Selfies von mir und der Jüngeren. Wir tanzen ein wenig, unter den aufmerksamen Augen der anderen Prostituierten, Freier und einiger Handy-kameras, die meinen Kontakt ins usbekische Menschen-händler-Milieu belegen.

Zum Abschluss umarmen wir uns herzlich, und ich trete recht angetrunken wieder heraus in den strahlend hellen Nachmittag.

Vielleicht war die ganze Aktion nur ein besonders auf-wendiger Versuch, einen Freier zu gewinnen, vielleicht waren es aber auch zwei lustige Stunden für eine illegale Prostituierte. Ich werde es nie erfahren. Wie schön oder schlecht die Welt ist, ist manchmal eher Sache des Gefühls als des Wissens. Ich beschließe, auf die positive Variante zu setzen.

TÜRKEI-TRANSIT

Mein erster Fahrer setzt mich mitten in einer kleinen Stadt hinter der Grenze aus. In der Regel lohnt es sich als Tramper eher, am Ende eines Siedlungsgebiets eine neue

Mitfahrgelegenheit zu suchen. Hierdurch bleibt einem erspart, Autos anzuflirten, die ohnehin fünfzig Meter später abbiegen. Also laufe ich zügig die Straße entlang, unterbrochen von ein paar Pirouetten, um dem einen oder anderen Auto den Hof zu machen. Plötzlich unterbricht ein Fahrradfahrer meinen Paarungstanz. Es ist ein älterer Herr, der mich zu meiner Überraschung in eingerostetem Deutsch anspricht. Er ist ein ehemaliger Gastarbeiter. Nicht der erste, den ich in der Türkei treffe, und von ähnlicher Gestalt wie die anderen. Sie sahen meist ziemlich verarmt aus, hager, für ihr Alter recht tattrig und liefen in zerzauster Kleidung herum. Selbst in Relation zu mir.

Zu Gast bei Gastarbeitern

Sie wecken Erinnerungen an Günther Wallraffs Buch *Ganz unten*, in welchem er die Zustände aufdeckte, unter denen viele Gastarbeiter in Deutschland zu leiden hatten. Wer das Buch gelesen hat, kann nicht wirklich verwundert sein, wenn er einen Gastarbeiter trifft, der sehr vom Leben gezeichnet ist.

Allerdings irritiert mich ein (scheinbarer) Widerspruch, denn trotz meines ihnen unterstellten Schicksals haben bisher alle verkündet, dass sie Deutschland lieben, sich freuen, mich zu sehen, und mir gerne helfen möchten.

Dazu kommt ihre Erscheinung. Eigentlich habe ich immer angenommen, dass heimgekehrte Gastarbeiter sich von ihrem in Deutschland verdienten Geld in der Türkei ein schönes Leben machen können oder dass sie Geld nach Hause schickten, um damit eine Familie zu ernähren, die sich im Anschluss um sie kümmert. Und wenn schon beides nicht zutrifft, dann hätte ich zumindest erwartet, dass sie wie anständige deutsche Rentner die ganze Zeit meckern. Darüber, wie hart sie es hatten, wie schlecht es ihnen geht und dass sie zum Anstellen an der Supermarktkasse überhaupt keine Zeit haben.

Der Rentner bietet mir seine Hilfe an, will mir einen Fahrer organisieren. Auch wenn es mir etwas leidtut, sein Angebot abzulehnen: Ich muss ihn loswerden. Es dämmert langsam, und in Begleitung eines rustikalen Rentners zu trampen erhöht in den seltensten Fällen die Chancen, mitgenommen zu werden.

Als ich ihm offenbare, dass ich allein trampen muss, verspricht er mir, meine Probleme an der nächsten Tankstelle zu lösen, und radelt ein paar Hundert Meter voraus.

Rastlos spricht er dort Leute an, die ihn verscheuchen, kommt zurück, berichtet mir alles und beginnt die nächste Runde des erfolglosen Schauspiels. Schwermütig entschließe ich mich, ihn endgültig zu versetzen.

Aufrichtig wie ich bin, nutze ich den erstbesten Lkw, der unseren Sichtkontakt unterbricht, um in seinem Schatten davonzusprinten. Die Welt ist leider viel zu selten wie in einem Comic, in der Flüchtende beim Davonlaufen nur eine graue Staubwolke hinterlassen und unter der Bildung von Kondensstreifen innerhalb von Sekunden über alle Berge verschwinden. In der Realität bemerkt mein Begleiter mein Verschwinden recht schnell und holt mich keuchendes Häufchen Elend mit Rucksack und praller Bierblase zweihundert Meter später ein. Er versteht nicht genau, was ich will. Zum Glück muss aber auch nichts weiter geklärt werden, da unerwartet ein Auto hält und mich mitnimmt.

Rentner, Flüchtlinge und Reiseparasiten

Um in den Süden zu kommen, muss ich eine Baustelle gigantischen Ausmaßes durchqueren. Hänge werden abgetragen, Tunnel gebohrt, Staumauern hochgezogen und eine traumhafte Gebirgslandschaft wird verschandelt. In Deutschland hätten Naturschützer schon längst versucht, die Bauarbeiten der Autobahn und Dämme zu stoppen, seltene Käfer ausgesetzt und sich an die Berge gekettet. In der Türkei ist das allerdings leichter gesagt als getan. Da es unzählige dieser traumhaften Gebiete mit Baustellen gibt, würden schnell die seltenen Käfer ausgehen. Zudem ist die Türkei riesig, und ohne die in den Felsen gesprengten Autobahnen wäre es für die Aktivisten viel zu umständlich, bis hierhin zu fahren. Stunden später kreuze ich die Route, die ich mit Mareike getrampt bin, bis ich in Midyat ankomme.

Ein Bus voller deutscher Rentner offenbart sich mir. Sie verkünden, dass sie nach Mardin fahren, um im gleichen Atemzug zu fragen, ob ich nicht mit ihnen mitmöchte. Ich will ohnehin weiter, aber die Reiseleiterin schreckt mich etwas ab. Sie scheint mich als verwahrlosten Bittsteller wahrzunehmen, den sie jetzt mitnehmen muss, weil ihre Kunden mich mit einem mutterlosen Hundebaby verwechseln. Den Großteil der Fahrt beschränke ich mich auf mein neues Dasein als Welpe, bis wir uns schließlich unserem Ziel nähern und ich aufpassen muss, nicht als kläffendes Bündel in den Fluss geworfen zu werden.

Die Hotels seien teuer und ohnehin ausgebucht. Die Reiseleiterin meint, sie könne mal schauen, ob noch ein Platz für mich frei ist, allerdings müsse sie das noch vor Ort klären. Wäre sie Kurdin gewesen, ich hätte ihr geglaubt.

Aber da sie auch aus dem Land der Dichter und Denker stammt, halte ich ihre Aussage mehr für ein rhetorisches Stilmittel. Ihrer Tonlage entnehme ich, dass sich unsere Wege hier trennen.

Kurz darauf stehe ich alleine in der Innenstadt von Mardin. Es ist eine beeindruckende Stadt, die eng verworren und dicht besiedelt auf einem geschützten Hügel liegt. Dadurch konnte sie nicht nur jahrhundertelang die meisten Belagerungsheere abwehren, sondern auch streunende Wildcamper.

Jeder Fleck ist verbaut, extrem abschüssig, eine Müllgrube oder ein öffentlicher Platz mit Brunnen. Ich erwäge, an Stellen zu campen, an denen ich mich sonst nicht einmal trauen würde zu pinkeln.

Gerne würde ich noch jemanden finden, der mich privat aufnimmt, was um diese Uhrzeit extrem unwahrscheinlich ist. Aber unwahrscheinlich bedeutet nur, dass ich es einfach nur besonders lange probieren muss. Ich gehe an belebten Plätzen langsam vorbei. Reagiere auf Zurufe, geselle mich kurz zu Menschen. Da ich als streunender Westler hier an der syrischen Grenze durchaus Exotenstatus innehabe, bekomme ich viel Aufmerksamkeit geschenkt. Schließlich rufen mir ein paar Jungs vor einem Friseursalon etwas zu. Ich folge ihrem Ruf und geselle mich dazu. Wir albern herum, ein paar Brocken werden gewechselt.

Meinem Verhalten haftet etwas leicht Parasitäres an. Wäre ich nicht auf der Suche nach einem Wirt, sondern auf dem Weg zum Hotel, dann hätte ich auf die Jugendlichen nur mit einem Gruß reagiert. Vermutlich ohne auch nur kurz stehen zu bleiben. Durch meine Mittellosigkeit bin ich aber gerade zur Kommunikation gezwungen. Aber das ist ja Teil des Planes, immerhin habe ich mich bewusst in diese Situation gebracht. Es ist ja der Sinn meiner Reise, mit wenig Geld auszukommen und auf käufliche Abkürzungen zu verzichten.

Vertrauensfrage

Nach einer Weile fragt mich der Besitzer des Salons, ob ich mit in eine Bar kommen möchte. Ich blicke mich um. Die Gruppe ist laut, es wird viel getuschelt, die Blicke sind auf mich gerichtet. Dann wird gelacht. Ich verstehe nichts von dem, was gesagt wird. Über mich, über die Situation. Ich sehe anders aus, bin recht eindeutig fremd, aber irgendwie von Interesse. Das gemeinsame Lachen schafft Vertrautheit, genauso wie das Grinsen Einzelner, das man mir schenkt, wenn sich unsere Blicke kreuzen. Angst oder Unwohlsein ist nicht vorhanden. Ich hätte es vielleicht anders empfunden, wenn sie mir als Gruppe in einer dunklen Straße entgegengekommen wären. So fühle ich mich aber aufgenommen und nicht eingeschlossen.

Einzig mein Rucksack voller Geldbündel bereitet mir Kopfzerbrechen. Mal wieder. Der Friseur bietet mir an, den Rucksack in seinem Laden zu lassen. Das bringt mich in die Bredouille. Würde ich ihn jetzt trotzdem mitnehmen, wäre das schon eine klare Ansage vom Schlag: ›Ich vertraue euch nicht.‹

In der Regel vertrauen meine Helfer immer als Erstes mir. Warum eigentlich? Ist das kulturell bedingt, liegt es an mir oder an einem Wohlstandsgefälle? Erscheint es einfach absurd, dass jemand aus dem reichen Europa hierherkommt, um irgendetwas zu klauen? Das Ganze ist ein ziemlicher Kontrast zu uns, die wir ständig Angst haben, dass die Fremden uns etwas wegnehmen. Das Gefühl, mehr zu haben als andere, schafft gleichzeitig die Verlustängste. Besitz macht unfrei.

Zumindest mit meinem Rucksack ist es so. Der Rucksack kann sogar verhindern, dass ich für eine halbe Stunde in eine Bar gehe. Was glaubt der Rucksack eigentlich, wer er ist? Vielleicht sollte ich den möglichen Verlust des Rucksacks einfach akzeptieren. Ich will nicht, dass der Rucksack mich lähmt wie einen Hypochonder, der aus Angst vor dem Tod vor dem Leben selbst zurückschreckt.

Mental schließe ich mit meinem Rucksack ab. Alles, was sich darin befindet, ist ersetzbar, er wird vielleicht irgendwann sowieso auf der Reise verschwinden, aber sein Verlust wird verkraftbar sein. Ich lasse mich nicht mehr von ihm abhalten, Dinge zu tun, die ich gerne tun möchte. Also antworte ich strahlend: »Klar komme ich mit in die Bar.«

»Okay«, setzt der Besitzer an, »aber vielleicht solltest du dein Geld und so aus dem Rucksack nehmen. Nur so zur Sicherheit.«

Uncool. Ich zwinge mich, entspannt zu tun, und verkrampfe dabei wie ein Alkoholiker, der an seinem ersten trockenen Wochenende einen schottischen Whisky unter die Nase gehalten bekommt.

»Passt schon, lass uns in die Bar gehen.«

Die Bar ist klassisch türkisch. Es gibt nur Chai, massenhaft alte Männer, die an kleinen runden Tischen Rommé spielen. Daneben stehen zwei Billardtische, die hauptsächlich von den Jugendlichen genutzt werden. Der ein oder andere Minderjährige ist zu sehen, Frauen sind dagegen nicht anzutreffen. Mal wieder bin ich Marsmensch, werde allen möglichen Leuten als Freund von demjenigen vorgestellt, der gerade an der Reihe ist, mich an der Hand durch die Bar zu ziehen. Ich scheitere sowohl beim Versuch, beim Billardspielen mitzuhalten, als auch bei dem Vorhaben, mal eine Runde Chai auszugeben. Nach ausreichenden Niederlagen sowohl im Spiel als auch im Spendieren gehen wir wieder zurück.

Abenteuerschläfer
Es folgen Gesten und Gesichtsausdrücke, frei übersetzt: »Wenn du möchtest, kannst du im Salon schlafen.«

Ich nicke freudig, doch bevor ich mich irgendwie bedanken kann, beginnt eine eifrige Diskussion, an deren Ende der Friseur verkündet: »Komm mit. Lieber woanders.«

Wir steigen zu viert in einen Caddy und fahren etwa 83 Meter, um wieder anzuhalten.

»Sind da.«

Soweit ich alles verstehe, ist der Mann, der mitgefahren ist, der Hausherr, und soweit ich die Erklärung verstehe, ist er aus Syrien in die Türkei geflüchtet. Wir gehen in einen der zahlreichen Eingänge, die aus der Häuserreihe hervorlugen. Nachdem ich die Tür durchquert habe, stehe ich in einem einfachen, aber gepflegten Raum. Im nächsten Raum ändert sich der Stil Richtung Kaiserin Sissis Gemächer. Die Wände sind mit zahlreichen Tüchern und Vorhängen dekoriert, das Wohnzimmer ist voller Sofas mit Spitzen- und Rüschendecken. Ich mache mich bettfertig, lege mich in meinem Sultanat nieder und lasse mir völlig übermüdet die abendliche Aktion noch einmal durch den Kopf gehen. Wie interessant der Abend gewesen ist und wie langweilig er wohl gewesen wäre, hätte ich einfach in einem Hotel eingecheckt. Geduscht, gegessen, geschlafen. Erholt, aber auch ohne Erlebnisse hätte ich den Ort am nächsten Morgen verlassen. Der Abend hier war schön, bezahlt habe ich mit Erschöpfung. Zufrieden schließe ich die Augen.

Eine Sekunde später werden meine Gemächer gestürmt. Ich habe noch nicht komplett bezahlt. Eine Sitzparty startet. Ich genieße den lieblichen Geschmack von Chai gemischt mit Zahnpasta. Pflichtprogramm, Heimatbilder, dann Gebärdensprache. Immer wieder fallen mir die Augen zu. Der Tag war lang und anstrengend. Aufgrund des erschöpften Türkischvokabulars schwindet das Interesse an mir, sodass ich einfach angelehnt an das Sofa einschlafe.

Die Botschaft kommt an. Mein Gastgeber führt mich in ein Zimmer. Gehüllt in die Erkenntnis, dass ich nicht ganz der abenteuerlustige Draufgänger, sondern mehr ein nach Schlaf und Ruhe lechzender Tourist bin, schlafe ich sofort ein.

Geldplatznot

Wenn man nicht gerade einen Zeltplatz sucht, ist Mardin wunderschön und vermittelt das Gefühl, durch ein Zeitportal gelaufen zu sein. Doch zum Abschluss suche ich Spuren aus dem 20. Jahrhundert und finde doch noch das technische Objekt meiner Begierde: einen Geldautomaten. Mein Kartenlimit ist wieder auf dem Maximum, und so kann ich mich mit ein paar weiteren Hundert Euro vollsaugen.

Etwas konfus stehe ich da mit meinem Schatz. Er muss noch in meinen Rucksack. Auf der gut frequentierten Straße will ich nicht mit meinem Geld herumwedeln, allerdings ist fraglich, ob eine kleine dunkle Nebenstraße unbedingt besser dazu geeignet ist. Ohnehin ist das Geldverstecken mittlerweile zu einem fast unlösbaren Problem geworden. Ein Teil ist in meiner Hose, falls mein Rucksack geklaut wird. Der Rest ist im Rucksack, falls meine Hose geklaut wird. Mittlerweile lugt aus so ziemlich jedem Gegenstand in meinem Rucksack ein Geldschein hervor, jedes Versteck ist belegt mit meinem Vorrat, von manch einem Schein in irgendwelchen Boxen weiß ich schon gar nichts mehr. So müssen sich Eichhörnchen fühlen.

Milizen und Menschen mit Bewaffnungshintergrund

Endlich bin ich auf direktem Weg in den Irak. Mein nächstes (grobes) Übernachtungsziel ist Zakho. Blöderweise habe ich ausgerechnet im Irak zu Beginn keinen Ansprechpartner. Erst in Arbil, der Hauptstadt der autonomen Region Kurdistan, erwartet mich ein Couchsurfer.

Die Straße verläuft parallel zur Grenze. Der Stacheldraht ist nur ein paar Meter vom Asphalt entfernt. Er liegt zum Greifen nah. Auf der türkischen Seite ist eine Stadt in die Grenzanlage eingewoben, so als wäre sie mit Anlauf in den Zaun gesprungen.

Die Grenze zu Syrien unterteilt nicht irgendwelche beliebigen Nationalstaaten, sondern sie trennt zivilisatorische Sphären. Nach dem ersten Stacheldraht folgt erst mal nichts, dann wieder Zäune und noch mehr nichts. Dazwischen stehen Panzer, Truppentransporter, Türme und Soldaten.

Natürlich ist nichts so eindeutig, wie es die Grenze suggeriert. Viele islamistische Kämpfer sollen sich in der Türkei aufhalten, während auf der anderen Seite nicht nur der Bürgerkrieg tobt, sondern auch Rojava entsteht, eine autonome Region in Syrien, die von der YPG kontrolliert wird, die wiederum eine der PKK nahestehende kurdische Miliz ist. Für die einen stellt dieses Gebiet die größte Chance auf Frieden und Demokratie in der Region dar, für die anderen ein von Terroristen gegründetes Konstrukt, das eine Bedrohung für die umliegenden Länder darstellt.

Auf der einen Seite betonen, in irritierender Einigkeit, linke deutsche Gruppierungen und die US-Regierung, dass auf dem YPG-Gebiet demokratische Strukturen vorherrschen. Auf der anderen Seite steht die türkische Regierung. Sie wird nicht müde zu betonen, dass Rojava ein Gebilde ist, das die PKK mit ihren sozialistisch-stalinistischen Wurzeln über eine Unterorganisation errichtet hätte.

Ich stehe nur ein paar Minuten am Straßenrand, da stoppt das nächste Fahrzeug mit einem älteren Herrn am Steuer. Ich öffne die Hintertür und lege ohne viel Aufmerksamkeit meinen Rucksack auf die Rückbank. Was mir dabei entgeht, ist eine Kalaschnikow hinter dem Fahrersitz. Unwissenheit ist ein Segen. Wie so häufig, wenn ich keinerlei Schimmer habe, ob ich gerade mit Jesus von Nazareth oder Al Capone trampe, unterhalte ich mich entspannt in gebrochenem Türkisch über die Anzahl der Kinder, die der Mann hervorgebracht hat, sein und mein Zuhause und alles sonst so Belanglose, über das man mit rund fünfzig Wörtern reden kann. Dazu gehören selbstredend weder Politik noch Sturmgewehre.

Schließlich trennen sich an einer Kreuzung unsere Wege. Beim Aussteigen nehme ich meinen Rucksack und bemerke sein russisches Schnellfeuer-Accessoire.

Schlagartig sinkt meine Körpertemperatur gefühlt um 25 Grad. Ich versuche, mir nicht anmerken zu lassen, dass ich die Waffe gesehen habe, bedanke und verabschiede mich artig. Ich will nur weg. Von was auch immer. Dem Gotteskrieger, dem Kriminellen, dem PKK-Kämpfer oder dem rustikalen, zur Selbstverteidigung bereiten Opa. Sämtliche Fluchtreflexe unterdrückend, stelle ich mich an die Straße, um weiterzutrampen. In die Wüste zu rennen hat keinen Sinn, mal davon abgesehen, dass der zumindest mir gegenüber nette Mann kein Interesse an mir hat. Trotzdem falle ich erleichtert wie noch nie ins nächste Auto. Weg von dem Sturmgewehr. In die Richtung, wo es noch weit mehr davon gibt.

iRAK: AN DER GRENZE ZUM BÜRGERKRIEG

ZAKHO SUCHT DEN SUPERTOURi (ODER iRGENDEiNEN)

Das erste Auto hält. Ich steige gewohnt euphorisch ein. Der Fahrer grinst mich ebenso freudig an. Perfekt gelaufen, zumindest wenn ich davon absehe, dass ich nach weniger als fünf Minuten die wichtigste Tramperregel im Irak missachtet habe. Einen Rat, den ich mehrfach in der Türkei mit auf den Weg gegeben bekommen habe. Außerdem steht er auf der ›Tramperbibel‹ *hitchwiki.org*:

> **TRAMPERTiPP**
> *Steig nicht bei Arabern ein, sondern fahr nur mit Kurden.*

Sicherheit versus Offenheit
Meine Ratgeber sind mit Sicherheit keine Rassisten, haben aber einen doch sehr rassistischen Sicherheitshinweis zum Verhalten im Nordirak abgegeben: Dschihadisten, die Ausländer entführen, sind selten, aber kurdische Dschihadisten gibt es fast gar nicht. Wer das Risiko einer Entführung minimieren möchte, fährt also nur mit Kurden.

Man spricht sich leicht für Offenheit aus, wenn damit kein persönliches Risiko verbunden ist. Mit der gesellschaftlich akzeptierten Einstellung, ungern entführt und enthauptet zu werden, scheinen Vorbehalte und Ängste nicht mehr falsch, sondern berechtigter Selbstschutz zu sein.

›Mein‹ Araber freut sich. Redet, lacht. Vielleicht weil er für jeden entführten Westler Provision bekommt. Vielleicht auch einfach nur, weil er nett ist.

Plötzlich zeigt er mir ein Video auf seinem Handy: tanzende, leicht bekleidete Frauen. Auf dem Bildschirm posiert ein Gangster-Rapper mit mehr Stoff auf dem Kopf als die Tänzerinnen um ihn herum am Oberkörper. Selten habe ich mich so sehr über einen schlechten Rapmusik-Clip gefreut. Um einen islamistischen Überzeugungstäter kann es sich bei ihm schon mal nicht handeln. Tatsächlich macht er nur eine Sache gegen meinen Willen: Er fährt mich ins Stadtzentrum, obwohl er woanders hinmuss.

Bewaffnete Touristenguides
Die touristische Infrastruktur in Zakho ist ausbaufähig. Es gibt keinen Flyer mit Sehenswürdigkeiten, keine Stadtpläne und keine Touristeninfo. Aus Mangel an Alternativen werde ich von einem Passanten zur Polizeistation geschickt. Dort würde man mir helfen können.

Ein Anzugträger, zwei schwarz Gekleidete und ein Uniformierter sitzen im Garten der Wache. Sie schauen mich etwas irritiert an, wechseln dann aber schnell zu einem warmen Grinsen. Etwas unsicher, ob ich an der richtigen Adresse gelandet bin, frage ich den Mann im Anzug nach einer Geldwechselstube und einem Internetcafé.

»Oh, schwer zu beschreiben. Schwer zu finden«, sagt er.

Aber anstatt mit der komplizierten Erklärung zu beginnen, winkt er die beiden schwarz gekleideten Herren mit den Pistolen zu sich und brummelt ihnen etwas zu.

Dann wendet er sich wieder an mich: »Die beiden werden dich bringen.«

Zakho unterscheidet sich nicht groß von einer typischen türkischen Stadt im südlichen Hinterland. Viel Betonplatten, pragmatisch quadratisch. Garagenartige Shops, überall Gewusel, Chaitrinker und Verkehrsinfarkte.

Meine neuen Bodyguards führen mich zu einem Herrn, der aussieht, als stehe er hinter einem mobilen Brezelverkaufsstand.

Ein kleiner Kasten mit Rädern, der zur Kundenseite hin verglast ist. Hinter der Scheibe liegen bündelweise Scheine. Dollars, türkische Lira und Tonnen an irakischem Geld. Ich begrüße den Händler und gebe ihm eine Hundertdollarnote. Er nimmt das Geld und kramt einen Haufen irakischer Scheine hervor. Eine derartige Menge an Papiergeld habe ich bisher nur den Besitzer wechseln sehen, wenn beim Monopolyspielen jemand unglücklicherweise auf der mit drei Hotels bebauten Schlossallee gelandet ist. Die Beträge sind in ähnlich absurden Dimensionen, Einsen mit unzähligen Nullen prangen auf jedem Schein. Der Händler zählt ab und legt schließlich ein Bündel auf den Tisch. Bevor ich den Stapel entgegennehmen kann, greift sich einer meiner Bewacher den Stapel. Er zählt durch, nickt zufrieden und reicht mir das Geld zurück.

Dann verkündet er: »Hotel, Internet«, und läuft weiter die Straße entlang.

Nach ein paar Metern deutet er auf ein Gebäude, das eindeutig als Hotel erkennbar ist, und führt mich, ohne zu stoppen, weiter die Straße entlang.

Wir laufen an einer Verkehrsinsel vorbei, auf der zwei bewaffnete Soldaten stehen. Als sie uns erblicken, folgen sie uns mit skeptischen Blicken. Bevor wir den Eingang zum anvisierten Internetcafé betreten können, stoppt uns einer der Uniformierten. »All good?«, erkundigt er sich bei mir. Ich bejahe. Dann spricht er kurz mit meinen bewaffneten Touristenguides und zieht anschließend lächelnd von dannen.

Aufgrund der Aufmerksamkeit, die mir zuteilwird, und des intensiven Personenschutzes fühle ich mich wie der französische Präsident bei einem Deutschlandbesuch. Na ja, nicht ganz:

Der französische Präsident wäre ja nur mal wieder irgendein Staatsoberhaupt. Wohingegen ich ›der‹ Tourist von Zakho bin. Der einzige!

Spendiermarathon: Kurdisches Schlaraffenland
So geht meine Tour weiter. Nachdem sich meine Leibgarde im Internetcafé verabschiedet hat, werde ich von allen möglichen Menschen bestürmt. Einladungen von allen Seiten. Die Rechnung im Internetcafé geht aufs Haus, beim Laufen über die Straße werde ich zum Chaitrinken von Café zu Café gezogen, von Jungen sowie von Alten. Sogar im Supermarkt besteht der Kunde hinter mir darauf, mein Wasser zu bezahlen.

Schließlich lasse ich mich in einem Kebab-Laden nieder, um einen Happen zu essen. Mein Gegenüber ist gerade fertig geworden und spricht mich in perfektem Englisch an. Er erzählt mir, dass er Kurde sei, in Kanada lebe und sich freue, dass Menschen ›sein‹ Land besuchen. Er fragt mich über meine Reise aus und verabschiedet sich dann plötzlich.

Im Gehen wendet er sich noch mal um und verkündet, dass er meine Rechnung übernehmen will. Ich winke ab, aber da bezahlt er schon am Ausgang mein Essen. Wenig später setzt sich der nächste Mann neben mich. Wieder dasselbe. Lange im Ausland gewohnt, freut sich, einen Touristen zu sehen, begeistert, dass jemand seine Heimat besucht. »Weißt du was«, setzt er an, »ich lade dich ein.«

Grinsend antworte ich: »Geht nicht. Hat schon jemand.«

»Netter Trick, aber ich meine es ernst«, erwidert er und geht zur Kasse. Als der Kellner das Geld zurückweist und ihm die Geschichte bestätigt, kommt er etwas gekränkt zurück an meinen Tisch.

»Okay, dann müssen wir uns morgen zum Frühstück treffen, damit ich dich einladen kann.«

Am nächsten Tag will ich die einzige Sehenswürdigkeit der Stadt besichtigen: eine alte Brücke. Der Weg dorthin gestaltet sich nicht ganz einfach, etwas irritiert beschließe ich, jemanden nach der Richtung zu fragen. Vor einem Haus steht ein Mann, der wie ein Polizist oder Wachmann aussieht oder jemand mit einer artverwandten Profession, für die man ein Sturmgewehr braucht.

Als ich ihn anspreche, versteckt er etwas verstohlen seine Kalaschnikow hinter dem Rücken, überlegt etwas gedankenverloren und deutet dann mit dem Gewehrlauf in seiner Hand in eine Richtung. Als er die martialische Verlängerung seines Armes registriert, schiebt er sie schnell wieder nervös lächelnd hinter den Rücken.

Die Brücke wurde vermutlich in der Antike erbaut, ist über hundert Meter lang, am Scheitelpunkt 16 Meter hoch und führt mit drei Bögen über einen Fluss. Dass ich sie detailliert beschreibe, bringt meine Verzweiflung zum Ausdruck, einen erwähnenswerten Ort in Zakho auszumachen. Die Brücke ist die einzige ›Attraktion‹ in der Stadt und gleichzeitig der Grund, warum kein Tourist hierherkommt und ich eine fast unbekannte Spezies bin. Daraus resultiert vermutlich auch meine Behandlung.

Attraktionen, Sicherheit oder Gastfreundschaft. Meistens kann man nur zwei von diesen drei Dingen haben. In einer Stadt wie Istanbul oder Paris, in der sich täglich Tausende Touristen tummeln, ist es verständlich, wenn die meisten Einheimischen nur noch genervt sind von den marodierenden Touristentrupps, die Lärm machen und die Preise für alles in die Höhe treiben. Bars und Bürgersteige verstopfen, während sie blöd in ihre Karte starren oder Selfies machen.

Wer Geld mit Touristen verdient, sieht das Ganze noch gelassener, allerdings auch nur, solange er noch auf Trinkgeld wartet. Zakho liegt dagegen in einem Land, das kaum Touristen hat und selbst im lokalen Vergleich mit einer Anziehungskraft wie Frankfurt an der Oder aufwartet. Also freuen sich die Menschen über jeden Gast, der sie beehrt. Multipliziert mit der kurdischen Gastfreundschaft ergibt sich das Touristenparadies des Planeten.

Religionsunterricht

Ich verlaufe mich wieder und lande in einem kleinen Restaurant. Der freudig grinsende Koch tischt mir sofort alle möglichen Speisen auf und rechnet mir zum Schluss eine Schüssel Reis ab.

Wir reden ein wenig über den Irak und Gastfreundschaft. Er betont, dass für ihn als Muslim Gastfreundschaft Pflicht ist. Auch gegenüber Christen. Ich versinke in meinem Stuhl. Mittlerweile bin ich innerlich zum Christentum konvertiert, da Atheismus regional oft bei gläubigen Zeitgenossen auf gereiztes Unverständnis stößt. Zumindest lassen mich Aussagen wie: »Immerhin bist du kein Ungläubiger, wir haben schließlich den gleichen Gott« vermuten, dass irgendetwas Verwerfliches an diesen Ungläubigen haftet. Ich versuche, meine Überzeugungen irgendwie ins Christentum zu verpacken, was eigentlich ganz gut funktioniert. Trotzdem führt meine Camouflage-Religion immer wieder zu seltsamen Gesprächen. Die Folge ist, dass der Koch mich versucht davon zu überzeugen, dass das Christentum unsinnig sei.

»Gott hat Jesus geschaffen? Richtig?«

»Richtig.«

»Jesus ist ein Gott, richtig?«

»Na ja, Mensch gewordener Gott und ...«

»Genau. Gott. Aber Gott hat auch Adam und Eva erschaffen, richtig?«

»Richtig«, antworte ich, meinen Part in diesem Gespräch erkennend.

»Aber Adam und Eva sind keine Götter. Richtig?«

»Richtig.«

Dann zieht er die Schlinge zu: »Wie kann Jesus dann ein Gott sein?«

Noch nie in meinem Leben war ich derart verwirrt wie in diesem Augenblick. Was möchte er mir damit sagen? Dann begreife ich, dass mein Moment gekommen ist. Endlich kann ich es auch mal tun. Ich kann das Totschlagargument bringen, das mich sonst immer bei Kreationisten und Evangelikalen auf die Palme bringt. Warum deutet alles schlüssig darauf hin, dass die Erde Millionen und nicht ein paar Tausend Jahre alt ist? Ganz einfach:

»Weil er ein allmächtiger Gott ist und machen kann, was er will. Er ist schließlich ein Gott. Warum sollte er nicht Menschen, Götter, Kängurus, und wenn er Bock hat, Mickymäuse und Einhörner erschaffen?«

Der Koch beschließt, dass meine Aussage keinen Sinn ergibt, und zeigt mir lieber ein YouTube-Video, das von der Magie des Korans berichtet. Beim Anschauen kann ich mir lebhaft vorstellen, wie Menschen, die auf der Suche sind, fasziniert auf die Offenbarungen reagieren. Wie sie vom Hocker gerissen werden von den ›Fakten‹, die beweisen, dass im Koran Dinge stehen, die zu jener Zeit nur Gott gewusst haben kann, weil sie weit über das Wissen der damaligen Menschheit hinausgehen. Es werden verschiedene Suren zitiert. Zum Beispiel, dass Gott jeden Menschen an seinem Finger erkennt. Das sehen die Macher als Beweis für das Wissen über Fingerabdrücke, das zu dieser Zeit noch unbekannt war, weshalb Gott die Botschaft diktiert haben muss.

Natürlich hätte das mit allen anderen Körperteilen auch funktioniert. Würde dort geschrieben stehen, dass Gott den

Menschen an einer Haarspitze, einem Tropfen Speichel oder an einer Hautschuppe erkennt, wäre das der Beweis für das Wissen über die DNA. Wäre das Auge als Erkennungsmerkmal im Koran beschrieben worden, hätte Gott die Möglichkeit des Irisscans auf den Weg gegeben. Dass Gott den Menschen an seiner Fingerspitze erkennt, klingt eher nach einem rhetorischen Mittel als nach der Offenbarung einer Technik, die in Zukunft erfunden würde.

Die erfüllten Prophezeiungen scheinen unter Fundamentalisten das Mittel zu sein, um zu beweisen, dass ihre Schriften direkt aus der Feder Gottes stammen. Dicke Bücher haben dabei natürlich viel Potenzial. Wenn man lange genug nicht ganz eindeutiges Zeug erzählt und lange genug wartet, passiert schon irgendetwas Prophezeites. Mit etwas Glück kann dann sogar ein richtig guter Zufallstreffer gelandet werden. Die US-Comedysendung *Rowan & Martin's Laugh-In* prophezeite in den 1960ern die Präsidentschaft des Schauspielers Reagan und den Fall der Berliner Mauer für das Jahr 1989. Einschränkend muss ich zwar erwähnen, dass sie auch weissagten, dass die Mauer durch einen Graben mit Alligatoren ersetzt wird, aber der geübte Kreationist würde das zweifelsfrei als Prophezeiung der schwierigen wirtschaftlichen Zeiten oder den aufkeimenden Rechtsradikalismus in Deutschland deuten.

Ich darf mir anschauen, wie der Koran berichtet, dass Gott Himmel und Erde trennte, ein Hinweis auf den Urknall. Dass er sieben Himmel erschuf, womit er Atmosphärenschichten proklamiert, die heute je nach Modell und Definition in fünf, also fast exakt sieben Schichten unterteilt werden. Manchmal natürlich auch in zwei oder vier. Aber immer in mehrere! Unser Gespräch endet ergebnislos. Er ist etwas enttäuscht, würde mich gerne noch überzeugen und gibt mir seinen Facebook-Kontakt. Immerhin sei ich Christ und glaubte schon mal an den richtigen Gott. »Was wäre, wenn nicht?«, vergesse ich leider zu fragen.

Schlechte Erfahrungen, außer mit G. W. Bush

Noch kann ich mich entscheiden. Nach Arbil via Mossul oder durch den Norden. Über Mossul soll es wesentlich schneller gehen. Dort gibt es wohl so etwas wie eine Autobahn, im Norden findet Google Maps nicht einmal mehr eine durchgehende Straße. Es ist gebirgiges Hinterland, extrem dünn besiedelt und Rückzugsgebiet der PKK.

Von der Südroute raten mir jedoch alle ab. Zu viele Araber und somit Islamisten gebe es dort. In Kurdistan haben wenige eine gute Meinung von Arabern, was nicht weiter überrascht. Es existiert ein großer Graben zwischen den beiden Gruppen, der seit dem Zerfall des Osmanischen Reiches immer wieder in blutige Auseinandersetzungen mündet. Zwar haben die Kurden in den 1970er-Jahren infolge von Konflikten und Verhandlungen eine Teilautonomie erlangt, allerdings trieb Saddam Hussein während des Iran-Irak-Krieges wieder seine Arabisierung voran. Im Zuge dieser wurden zahlreiche Dörfer und Städte in Kurdistan zerstört. Es kam zu Massentötungen und Giftgasangriffen, bei denen nach Schätzungen von Human Rights Watch etwa fünfzig- bis hunderttausend Kurden umkamen. Nach dem ersten Golfkrieg erklärte Kurdistan sich de facto autonom. Geschützt von einer Flugverbotszone war die Region selbstbewusst genug, um eigene Parlamentswahlen durchzuführen.

Aufgrund der jüngeren Geschichte muss man als Reisender vorsichtig sein, wenn man über einen alten Politclown und Kriegsstifter herzieht:

Über George W. Bush zu lästern kommt nämlich hier gar nicht gut an. In Kurdistan wird der jüngste Irakkrieg nämlich nicht als Fehler angesehen, sondern als endgültiger Sieg über Hussein. Damals beteiligte sich die autonome Region Kurdistan sogar am Krieg der USA und eroberte unter anderem Mossul, eine Millionenstadt, welche die Kurden im Juni 2014, einen Monat nach meinem Aufenthalt in Zakho, für insgesamt drei Jahre an den IS verlieren sollten.

DIE TEEFALLE

Der Zufall beziehungsweise ein Auto führt mich auf die nördliche Route und nicht durch Mossul. In den Bergen sammeln mich zwei jüngere Männer ein. Es ist drei Uhr am Nachmittag, und ich habe nicht mal die Hälfte der Strecke geschafft, es deutet sich an, dass es mit Arbil knapp wird. Als wir schließlich in ihrem Dorf ankommen, laden sie mich noch zu einer Tasse Tee ein. Ein gängiger Trick, wie ich noch feststellen werde.

Anfüttern

Wir betreten einen größtenteils leeren Raum. Auf dem Boden liegen ein paar Sitzkissen, in der Ecke thront ein gigantischer Fernseher auf einem Regal. Wir lümmeln uns auf dem Boden und bekommen ein silbernes Tablett mit einer Kanne und den obligatorischen kleinen Gläsern hingestellt.

Nach dem Chai folgt sofort ein wenig Essen und nach dem Essen eine weitere Runde Chai. Ich schaue demonstrativ kritisch auf die Uhr. Ein Signal, das Ahmad, mein Gastgeber, erkennt und gekonnt abwehrt.

»Little sleep«, lässt er mich wissen und sackt auf den Multifunktionskissen zusammen, die eben noch unsere Couchgarnitur zum Teetrinken darstellten.

Eigentlich brauche ich nicht weiter überredet zu werden. Ich bin erschossen von der letzten Nacht. Das Hotel in Zakho ist das ranzigste gewesen, in dem ich je übernachtet habe. In der Erwartung, jeden Moment in den Berufsverkehr der örtlichen Bettwanzenbevölkerung zu kommen, habe ich denkbar schlecht geschlafen. Die Nacht zuvor, die ich in Sissis Gemächern verbracht habe, war zwar gemütlich, dafür leider nicht lang genug. Als ich aufwache, ist es schon 17 Uhr und ein Weitertrampen eigentlich sinnlos. Meine Übernachtung scheint aber von meinen Gastgebern ohnehin schon beschlossene Sache zu sein. Eine weitere Runde Chai geht ins Land, dann widmet sich Ahmad dem rituellen Gegenstand, der als einziger exponiert auf einem Altar in einer Ecke des Raumes steht. Ahmad schwingt ein zeremonielles Zepter, das wohl in Kontakt mit dem Gegenstand steht. Schließlich ist er zufrieden, das Flackern verschwindet, und der 32-Zoll-Bildschirm verharrt beim ZDF-*heute-journal*.

»Here, German, for you.«

Schließlich lassen wir uns am Küchentisch nieder. Ein Uniformierter kommt zur Tür herein und stellt sich als Polizeichef vor. Bilder werden im Kreis gereicht. Ahmad zeigt mir einige seiner Aufnahmen. Er ist beim Militär, bei den Peschmerga,

Bodyguard, wie er erzählt. Stolz zeigt er ein Bild von sich zusammen mit einer koreanischen Soldatin. Er habe immer ein paar Wochen Urlaub, dann ein paar Wochen Dienst. Sein Einsatzort ist Mossul, die besetzte Stadt, die von Kurden und Arabern bewohnt wird. Die mit den großen Ölfeldern.

Ich rede über das Wandern, was direkt ein Handyvideo auf den Plan ruft, mit welchem sie mich vermutlich auf kurdische Outdoor-Standards vorbereiten wollen.

Auf dem Video ist eine Schlange zu sehen, die sich bedrohlich aufstellt. Plötzlich ist das Durchladen einer Waffe zu hören. Die Kamera dreht zu einer Hand mit Pistole, die auf das Reptil zielt. Dann schaltet sich ein älterer Mann ein, wiegelt ab und bewegt sich friedfertig Richtung Schlange. Ein dumpfer Schlag ertönt. Die Schlange hat seinen Stock über den Kopf bekommen und leider keinen Helm getragen. Während der alte Mann den leblosen Körper auf seinem Werkzeug präsentiert, grölt der Rest. Vielleicht weil er die Schlange erfolgreich erschlagen hat, vielleicht aber auch, weil die anderen ihn dabei nicht aus Versehen erschossen haben.

Am nächsten Morgen sind wir bei der Schwester seiner Frau zum Frühstück verabredet. Das Leben im Dorf scheint recht gemütlich zu sein, denn für das Frühstück machen wir uns um zehn Uhr auf den Weg. Im Wohnzimmer ist ein Großaufgebot an Menschen versammelt, die sich auf den bekannten Sitzkissen rekeln. Vor dem altarartig aufgebahrten Sechzig-Zoll-Flachbildfernseher liegt eine Plastiktischdecke mit dem Frühstück auf dem Boden. Im Hintergrund werden uns die Geschehnisse des Morgens mal wieder auf Deutsch vorgetragen.

Als wir fertig sind, begibt sich die Oma, welche die einzige Frau des Hauses mit Kopftuch ist, auf einen Teppich in der Ecke in Gebetshaltung. Ich übe mich sofort in bedächtigem Schweigen, muss aber feststellen, dass ich damit nicht wirklich kulturelles Gespür zeige. Der Rest der Familie lacht und redet lauthals weiter, scheint sogar belustigt zu sein, wie mich die Oma in den Andacht-Modus versetzt. »Old people, you know!«, erklärt mir einer der Anwesenden, der sich später als Enas vorstellt.

Nachdem das Essen abgeräumt ist, wird wieder Tee serviert.

Schneller Aufbruch geht anders. Ich schaue wieder etwas kritisch auf meine Uhr, was sofort bemerkt wird.

Viele Münder fangen an zu erklären. Heute sei eine Hochzeit, und die Umgebung ist schön. Also: Hochzeit feiern und wandern?

Schnell wird »Today stay, tomorrow go« zu einem grölenden Wahlslogan hochgejubelt.

Das Angebot ist unabwehrbar. Wofür trampe ich schließlich? Um Kulturen und Länder kennenzulernen. Hochzeiten und von Einheimischen begleitete Wanderungen sind zusammen der Heilige Gral des streunenden Trampers.

PKK-Fotoshooting

Wir wandern los. Mit dem Auto. Es geht eine Gebirgskette entlang, bis sich ein großer Riss auftut. Neben einem Fluss schlängelt sich eine Straße durch die Kerbe Richtung Türkei. Es ist strahlender Sonnenschein. Der Fluss sorgt für ein angenehmes Klima, leicht feucht und kühl. Überhaupt: Für das Bild, das ich vom Irak habe, herrschen hier geradezu paradiesische Zustände. Von Wüste nichts zu sehen. Leicht begrünte Hänge zieren die Berge, die sich weit über uns erheben. Überall sprießt Gras zwischen den Felsen, auf denen wir uns unsere Melone schmecken lassen. Plötzlich kommt ein Pick-up angefahren. Das wohl gewöhnlichste Auto in diesem Breitengrad, der Golf des Nahen Ostens, aber gleichzeitig auch Truppentransporter jeglicher Miliz, der Panzer des kleinen Mannes. Von der Ladefläche springen drei Bewaffnete in grüner Camouflage.

»PKK!«, ruft mein Gastgeber. Der letzte Gedanke, der mir in den Sinn kommen würde, wäre, ihnen unnötig näher zu kommen. Doch meine Gastgeber dagegen scheinen zu denken: Wir sollten ihnen unbedingt näher kommen. Na ja, ich bin mit zwei Peschmerga unterwegs, die hier leben, die werden schon wissen, was sie tun, denke ich.

»Let's take pictures!«, schlägt einer meiner Begleiter freudestrahlend vor. Alle sind begeistert von der Idee, einschließlich der Milizionäre auf Betriebsausflug.

Ich zögere ein wenig, versuche, mir etwas zu überlegen, das noch dümmer sein könnte, als auf einem Gruppenbild mit bewaffneten Untergrundkämpfern zu landen, die von den USA und der EU als Terrorgruppe eingestuft werden. Vor allem wenn ich noch öfter das Flugzeug benutzen und in den Iran und nach Israel einreisen möchte. Dann fällt mir etwas Dümmeres ein: Bewaffneten Untergrundkämpfern zu sagen, dass man kein Gruppenbild mit ihnen möchte, weil die eigene Regierung sie als Terrorgruppe einstuft. In eine Kamera zu lächeln ist dann doch angenehmer, als in einen Gewehrlauf zu schielen.

Also ergebe ich mich lächelnd dem Fotoshooting, das trotz eigenartiger Accessoires nicht anders beschreibbar ist. Am helllichten Tag, unter freiem Himmel, neben einer viel befahrenen Straße posieren wir in wechselnder Besetzung in schönster Bergidylle vor der Kamera. Team PKK zeigt eine vorbildliche Mitarbeiterquote mit einem Frauenanteil von fünfzig Prozent.

Das Styling kann locker mit *Germany's Next Topmodel* mithalten. Dezenter Mascara und Lippenstift verleihen ein schönes, aber noch natürliches Aussehen für Mann und Frau.

Die Uniformen sind traditionelle kurdische Kluften. Eine weit geschnittene Hose, die in vielen Falten zusammenläuft. Darüber ein Hemd mit einer ärmellosen Jacke und einer Vielzahl breiter Taschen, die problemlos in jedem Anglershop als Funktionsjacke zum Kassenschlager avancieren würde.

Das ganze Outfit ist in Tarnfarben gehalten bis auf ein um den Bauch gewickeltes Tuch, das bei den Frauen in bunten Farben erstrahlt. Über das Tuch ist ein militärisch wirkender Gürtel geschnallt, während über der Schulter lässig die Kalaschnikow baumelt.

Sie sind zu viert. Der jüngere Mann mit kantigem Gesicht und perfekter Rasur, als wäre er einem Werbespot für Nassrasierer entsprungen. In die eine der beiden Kämpferinnen könnte ich mich sofort verlieben. Lange, dicke braune Haare bis zur Hüfte, weiche Gesichtszüge und ein perfektes Lächeln. Die andere schaut ein wenig grimmig, ist aber trotzdem ohne Makel.

Einzig der Vierte im Bunde schaut ein wenig aus, wie ich mir einen Partisanen vorstelle. Vielleicht ist er mit seinem

Schnauzbart auch einfach nur der Hipster der Gruppe. Aber seine Aufmachung und seine Gesichtszüge lassen ihn trotzdem mehr wie einen Komparsen in einen Hollywoodfilm erscheinen als einen hauptberuflichen Untergrundkämpfer aus den Bergen.

Menschen, die auf Menschen schießen

Ich tue mich schwer mit einer Meinung über die PKK. Da sind ihre rabiaten Methoden, unter anderem die Morde an Aussteigern, die sie selbst in Deutschland noch vollstreckt haben. Der extreme Personenkult gegenüber ihrem Anführer Öcalan, der seit Langem auf einer Gefängnisinsel sitzt, dessen Wort aber immer noch maßgeblich ist.

Auf der anderen Seite habe ich mir von Türken erzählen lassen, dass Öcalans letztes Buch sehr moderate, versöhnliche Töne anschlägt. Dass er dem Waffenstillstand zugestimmt hat und die PKK letztendlich wegen ihm ihre Waffen niederlegte. Dass die PKK seither ein Dasein als mahnender Beobachter in milizionärischer Altersteilzeit in den irakischen Bergen fristet oder friedliche Fotoshootings veranstaltet.

Ganz unabhängig davon, wie man die Motive der PKK bewertet, die Methoden sind eindeutig. Vor dem Waffenstillstand galt es, möglichst viele türkische Soldaten in Hinterhalte zu locken und zu erschießen. Soldaten, die auch Gesichter haben, Angehörige, eigene Geschichten, Familien.

Ich weiß, dass unter den türkischen Soldaten Menschen mit differenzierten Ansichten über die Politik Erdogans sind. Viele von ihnen sind Wehrdienstleistende, die zwei Jahre beim türkischen Militär dienen. Leute wie die netten Polizisten, die Mareike und mich beim Trampen mitgenommen haben. Menschen, die mich herzlich aufgenommen haben. Selbst der Superlativ von Diyarbakir hat seinen Dienst in der Armee abgeleistet. Die freundlich lächelnden Kämpfer neben mir haben es als politisches Druckmittel gesehen, solche Menschen umzubringen. Ein verstörender Gedanke.

Wir verabschieden uns, mir rutscht aus Gewohnheit ein »Güle«, das türkische »Tschüss«, heraus. Die Mine der Kurzhaarigen verfinstert sich, wir gehen schnell. Weniger, weil akut Gefahr in Verzug ist, mehr, weil meine Begleiter sich beherrschen müssen, um nicht loszulachen. In sicherem Abstand platzt Enas dann vor Lachen: »You said Turkish bye.«

Familienalbum
Am Abend sitzen wir in Enas' Wohnung. Er zieht mir die PKK-Bilder auf mein Tablet, während ich mir das Zweitwohnzimmer anschaue. Trotz aller Offenheit trinken Frauen und Männer meist getrennt Tee, weshalb im Dorf eigentlich jedes Haus, in dem wir waren, zwei Wohnzimmer hat.

Ein Bild an der Wand erregt meine Aufmerksamkeit. Vor einem Baum auf einer märchenhaften Blumenwiese steht ein älterer Herr. Links neben dem Mann kniet ein Herr mit kurdischem Turban und Lederjacke. Rechts allerdings auch. Es ist derselbe, nur gespiegelt.

Alle drei sind in das Bild mit der grünen Wiese und dem riesigen Baum hineingeschnitten, genauso wie ein paar große Blumen im Vordergrund. Ich fotografiere es ab und löse damit am nächsten Morgen ein Missverständnis aus.

Zum Abschied hat sich die ganze Familie noch einmal versammelt. Ich bekomme noch ein Palästinensertuch und einen Ring geschenkt sowie ein Foto. »Because you like«, teilt Enas mir mit. Es ist ein altes Analogfoto, auf dem die gleichen Männer zu sehen sind wie auf dem Bild auf der Feenwiese im Wohnzimmer. Diesmal allerdings in echt. Sie stehen irgendwo an einem Berghang, haben eine Kalaschnikow über der Schulter, Funkgeräte in der Hand und sind behängt mit Granaten. Der eine ist der Großvater, der andere vermutlich der ehemalige Präsident der Autonomen Region Kurdistan. Eigentlich fand ich das Bild im Wohnzimmer nur etwas ungewohnt. Jetzt bin ich allerdings stolz, mit einem Bild aus dem Familienalbum beschenkt worden zu sein. Ich beschließe, es in Ehren zu halten, auch wenn es mir ein wenig bei dem Gedanken graut, es über die iranische und israelische Grenze zu bringen.

SICHER WIE IN BARSANIS SCHOß

Mein nächster Fahrer heißt Karim, ein Mitglied der Präsidentenleibwache. Sicherer geht es nicht, vorausgesetzt ich habe ihn richtig verstanden. Er weicht nicht von den Etiketten ab, in die mich seine Vorgänger einweihten, und fragt mich, ob ich noch einen Tee trinken möchte.

Vertraute Falle
Den Trick kenne ich mittlerweile, aber da sich mein Couchsurfer in Arbil ohnehin nicht mehr meldet, habe ich alle Zeit der Welt.

Also gleiches Spiel. Wir fahren zu seinem Bruder, treffen seine Familie, trinken Tee. Da anscheinend in Kurdistan Tee als Vorspeise für ein vollwertiges Mittagessen dient, speisen wir danach noch fürstlich und trinken im Anschluss wieder Tee. Wundersamerweise ist dabei so viel Zeit vergangen, dass es wohl zu spät ist, um weiterzufahren.

Ich fühle mich rundum wohl. Die Kinder sind extrem begeistert von mir, Karim versteht ein wenig Englisch, sodass wir uns grundsätzlich verständigen können. Er hat einen gemächlichen und leisen Tonfall, hört sich besonnen und geduldig an. Sie fragen mich etwas aus. Was ich am Irak mag, was ich gerne in meiner Freizeit unternehme, auf der Suche nach einer Aktivität, mit der sie mich für eine Übernachtung ködern können. Natürlich würde ich sofort auf Anfrage bleiben, nur um sie ein bisschen besser kennenzulernen, aber ich will ja nicht plump erscheinen. Schließlich kommen wir wieder aufs Thema Wandern. Sofort wird mir versichert, dass man hier super laufen kann, dass wir auch sofort loslaufen könnten. Die Kinder reagieren freudig, weil der Fremde bleibt, und wohl auch, weil sie sich sehr gerne in den Bergen aufhalten.

Also ist die Sache beschlossen. Karim muss noch nach Hause und sich umziehen. Da ich nach Internet gefragt habe, um ein kurzes Lebenszeichen nach Hause zu senden, gehe ich eben mit, um sein WLAN zu nutzen.

Ich schreibe meinen Eltern eine Mail, wo ich bin, dass es mir gut geht, alles ungefährlich ist und sie sich keine Sorgen machen sollen. Gerade als ich das Tablet ausgeschaltet habe, kommt Karim aus einem Nebenzimmer herein. In sportlichem Nike-Multifunktionsshirt, Stiefeln und mit Pistole in der Hand.

Deutsch-irakischer Kulturaustausch

Andere Länder, andere Sitten, versuche ich mir kulturrelativistisch einzureden. In Deutschland nehmen Wanderer schließlich auch gerne ein Messer mit, um zum Beispiel einen Apfel zu schälen. Mit der Pistole kann man bestimmt auch irgendetwas Sinnvolles machen. Ein kurzer Blick verrät mir zudem, dass es eine neuwertige deutsche Walther P99 ist. Da meine Regierung niemals Waffen in Krisengebiete liefert, kann ich ab jetzt quasi davon ausgehen, dass der Irak sicher ist. Ansonsten wäre die Waffe ja nicht hier.

Neben der Pistole und zwei Magazinen Munition packen wir noch etwas Wasser und eine Teekanne ein. Nachdem wir Karims Sohn und seinen Bruder mit den beiden Söhnen eingesammelt haben, machen wir uns stilecht auf der Pick-up-Ladefläche auf den Weg.

Der Anstieg hat es in sich, und obwohl es schon später Nachmittag ist, kommen wir schnell ins Schwitzen. Der Jüngste beginnt, langsamer zu werden, braucht immer mehr Pausen. Ich beschließe, eine einmalige Chance wahrzunehmen und zum ersten Mal auf meiner Reise auch mal jemanden mitzunehmen. Ich setze ihn auf meine Schultern, die sich aufgrund des fehlenden Rucksacks ohnehin fast nackt anfühlen.

Der Anstieg wird immer steiler, schlängelt sich entlang an Bäumen, dann in S-Kurven über eine karge Wiese. Die Aussicht wird immer schöner. Zerklüftete Berge, so weit ich schauen kann, mit tief im Tal gelegenen Dörfern. Das Panorama macht klar, warum die Kurden ihre Berge als natürliche Festung beschreiben.

Ab und an, wenn die Kinder zu weit vorrennen, ruft Karim sie etwas gereizt zurück. Ich nutze die Gelegenheit zu fragen, ob es gefährlich ist und weswegen er überhaupt eine Pistole dabeihat. Ein »Maybe dangerous« bleibt aber alles, was er dazu sagt.

Wir stoppen unter ein paar kleinen Felsen mit einem gemauerten Wasserbecken, das von einem Rohr gespeist wird. Die Quelle ist von mehreren Bäumen in Schatten gehüllt.

Der Ort ist idyllisch, gleichzeitig aber extrem vermüllt. Überall liegen Reste von Dosen, im Wasser schwimmen Plastiktüten und Verpackungsreste. Ich werde etwas unruhig, umgeben von Müll die Natur zu genießen fällt mir schwer, ich muss mich zusammenreißen, meinen Müllsammelreflex unter Kontrolle zu halten. Wenn ich jetzt anfange aufzuräumen, kann es auch als unangenehmer Vorwurf verstanden werden.

Ich ringe etwas mit mir, schließlich siegt der Outdoor-Hippie gegen die kulturelle Umsicht.

Als ich anfange, den Müll einzusammeln, schauen mich die anderen in etwa so irritiert an, als würde ich vor ihren Augen ein Karnickel erwürgen.

»Ich mag den Ort und fühle mich hier wohl, deswegen räume ich hier gerne auf«, verkünde ich unter der Verwendung der Logik meiner Oma während sämtlicher Familienfeierlichkeiten.

Die Kinder studieren das Verhalten des geistig Verwirrten zunächst etwas skeptisch, schließlich fangen sie an, mir zu helfen. Ich schaue etwas unsicher zu Karim herüber, frage mich, ob ich gerade seine Kinder dazu animiere, Arbeit zu verrichten, die er vielleicht als schmutzig ansieht. Aber sein

Gesicht zeigt weiter keinerlei Regung, er schaut besonnen dem Treiben zu.

Als wir uns nach dem Tee und kurzer Beschäftigung mit Karims Pistole wieder aufmachen, will ich den Müllbeutel an mich nehmen. Allerdings kommen sofort die Kinder angesprintet, um die Trophäe an sich zu reißen, mit der sie am Ende der Wanderung stolz für die Kamera vor dem Auto posieren.

Zurück im Haus erzähle ich ein wenig vom deutschen Essen und schlage vor, dass ich das Abendessen zubereite. Freudige Zustimmung.

Nach dem Einkaufen mache ich mich, gefolgt von den Jungs, auf in die Küche zum Schnippeln, während die Dame des Hauses nun ihrerseits ihren entsetzten Kaninchenwürg-Gesichtsausdruck aufsetzt.

Wo auch immer ich bin, versuche ich, zu kochen oder wenigstens in der Küche mitzuhelfen. Vor allem in patriarchalischen Ländern. Ich versuche – durchaus mit subversiven Hintergedanken – zu zeigen, dass es bei mir zu Hause völlig normal ist, dass Männer sich beim Kochen oder beim Abwasch beteiligen. Vorgelebtes kulturelles Besserwissertum kommt wie sämtliche Klugscheißerei nur bedingt gut an, kann sogar extrem fehlinterpretiert werden. Im besten Fall löst es männliche ›Ohos‹ und weibliche ›Ahas‹ aus. Dass der Gast sich genötigt sieht, den Tisch abzuräumen, kann aber auch schnell als Kritik an der Dame des Hauses gewertet werden.

Bei minimalen sprachlichen Barrieren lässt sich das Missverständnis schnell beheben, indem ich vorhalte, dass ich mich doch wie zu Hause fühlen soll. Dort helfe ich schließlich in der Küche. Zeigt die Reaktion auf meine Hilfe auch nur die kleinsten Anzeichen von Beschämtheit oder aufflammender Hektik, neige ich dazu, schnell wieder auf den Boden zurückzukommen und mich in die Untätigkeit zu verkriechen.

Nachdem die Stammhalter in den Bergen schon zu Müllmännern mutiert sind, stehen sie jetzt noch in der Küche.

Wie es aussieht, stört sich hier niemand daran. Aber trotzdem scheinen die Damen des Hauses zumindest zu bezweifeln, dass aus dem Backofen etwas Essbares herauskommt. Schließlich kochen sie schnell noch etwas, um es neben meinem Gericht aufzutischen beziehungsweise – die deutsche Sprache gerät hier an ihre Grenzen – auf den Boden zu stellen.

Ich weiß nicht, ob ich der erste Mann im Haus war, der gekocht hat. Vielleicht ist es auch völlig normal hier. Aber zumindest kulinarisch ist der Kulturaustausch ein voller Erfolg.

ARBIL: ENDE DES SCHLARAFFENLANDS

Ein Truppentransporter setzt mich an der Stadtgrenze ab. Während mir die Soldaten zum Abschied zuwinken, wirft ein Reisebus einen düsteren Schatten auf mich. Wie ein Schwarm Raben, die eine schlechte Ernte ankündigen. Ich bin zurück in der touristisch erschlossenen Welt. Der Grund steht wie eine Sandburg auf einem runden Hügel im Zentrum der Stadt. Da es schon 8000 vor Christus eine weitverbreitete Angewohnheit des Menschen war, benachbarte Städte zu überfallen, auszurauben und anzuzünden, liegt auch die Altstadt von

Arbil auf einem Berg. Sie ist eine der ältesten der Welt und damit ein nordirakischer Touristenmagnet.

Innerstädtisches Trampen

Ich muss Essen und Trinken bezahlen, kann hundert Meter laufen, ohne für einen Chai zur Seite gezogen zu werden, und bekomme im Internetcafé eine Rechnung. Ich bin geschockt von der normalen Welt, wie jemand, der dreißig Tage Super Mario gespielt hat und sich wundert, dass es kein Geld regnet, wenn er mit dem Kopf unter Backsteine springt.

Ich überlege, wie ich ins Zentrum komme. Eigentlich macht es keinen Sinn, innerstädtisch zu trampen. Entweder hält niemand oder nur Taxis. Oder noch schlimmer, eine gute Seele, die eigentlich in eine der 99 anderen Richtungen fahren wollte, sich aber verpflichtet fühlt, den Tramper während der Rushhour im Stop-and-go durch die halbe Stadt zu fahren. Für die Suche nach Bekanntschaften macht es auch keinen Sinn. Die Strecken sind zu kurz, um genügend Zeit für vertrauensaufbauende Gespräche zu haben, die für eine Einladung nach Hause notwendig sind. Aber wie gesagt: Ich bin relativ konsequent inkonsequent.

Entführung?

Wieder hält ein Araber. Für eine Minderheit sind sie bei den Fahrern recht überproportional vertreten. Ich steige ein. Wie gesagt: Konsequenz ist nicht meine Stärke, und es passt mir ohnehin nicht recht in den Kram, vor einer ganzen Volksgruppe Angst zu haben. Etwas mulmig ist mir schon zumute, und zu allem Überfluss offenbare ich direkt, dass ich völlig ahnungslos bin. Ich gestehe, keinen rechten Plan zu haben, wo ich hinwill. Das findet er gut, während mir seine Freude noch mehr Angst macht. »Ich habe einen Freund, der hat ein sehr gutes Hotel, da könnte ich dich hinbringen«, trägt er mir gut gelaunt vor.

Ich behaupte schnell, ins Zentrum zu wollen, um irgendwie ein Ziel anzugeben. Ohne Ziel könnte ich schließlich nicht bemerken, dass ich vom Weg abkomme: also ›entführt‹ werde.

Wir biegen auf eine vierspurige Straße ab. Das überdimensionale Schild, auf dem ›Zentrum‹ prangt, zieht an uns vorbei, dafür folgen wir den Pfeilen, die Richtung Mossul und Kirkuk weisen. Ich versinke in meinem Sitz, Unwohlsein steigt in mir auf. ›Warum sollte mir das jetzt passieren?‹, schießt es mir durch den Kopf. Die Richtung passt überhaupt nicht zu der, die ich angegeben habe. Das hast du jetzt von deiner Offenheit!

»Ich will noch kurz zu einem Freund«, reißt mich der Fahrer aus meinen apokalyptischen Gedanken.

Wir biegen von der Autobahn ab in ein Industriegebiet und halten schließlich hinter einer Lagerhalle. Es hätte schlimmer kommen können. Sein Freund arbeitet nur für Toyota.

Es ist nicht schön, wenn dir misstraut wird, egal ob als Tramper, Mann oder Araber. Doch besonders unschön ist es, wenn dir ein Mensch misstraut, dem du eigentlich helfen möchtest. Wie viele enttäuschte Idealisten im Laufe der Weltgeschichte durch solche frustrierenden Erfahrungen wohl schon eine tragische Rolle gespielt haben! Menschen, die einfach nur helfen wollten, aber zurückgewiesen wurden – und erst dann genau das taten, was ihnen zu Unrecht unterstellt worden war. Der Gollum-Effekt: Das entgegengebrachte

Misstrauen und das abgelehnte Freundschaftsangebot führen zu Unbehagen, bis es schließlich in Hass umschlägt.

Meistens bin ich offen, bleibe aber trotzdem lange misstrauisch, ohne es zu zeigen. Meist ist die Vorsicht unbegründet, manchmal ist die Situation schlicht uneindeutig.

Ich freue mich, dass mein Misstrauen auch diesmal unbegründet ist. Fast. »Wie viel hast du denn?«, fragt er bohrend. Wenn schon die Terroristenvorurteile nicht stimmen, dann doch wenigstens die des arabischen Geschäftsmanns. Bis ich mich aus seinem überteuerten Hotelangebot rauswinde, ist es Abend. Ich wusste es. Man soll einfach nicht innerstädtisch trampen. Solange die Erkenntnis anhält, laufe ich ins Zentrum und checke in einem Hotel ein.

Der Osten des Nordiraks beziehungsweise Kurdistans zeigt mir die kalte Schulter. Es nehmen mich nur noch Fahrer mit, die Geld von mir haben wollen und gleichzeitig dazu neigen, Umwege für mich zu fahren. Ein doppelt dramatisches Problem. Zum einen habe ich kein Geld mehr, zum anderen hoffe ich noch auf eine Übernachtungseinladung.

Habe ich bisher einfach nur Glück gehabt, oder leben im Osten des Landes einfach ganz andere Menschen?

Herzlich, aber ohne wirkliches zöllnerisches Interesse fertigt mich der kurdische Grenzer ab. Verständlich, die Kreativität besteht hier nicht wirklich im ›Wie‹. Die Grenze ist durchlässig genug, dass ganze PKK-Kompanien sie als Berufspendel benutzen können. Ein unspektakuläres Ende, eine Chance durchzuatmen. Ich tue gut daran, sie zu nutzen.

IRAN: GASTLICH, MODERN, FROMM

TÄBRIS: DER IRANISCHEN JUGEND AUF DER SPUR

Der iranische Zöllner sucht akribisch nach Dingen, die geeignet sind, die göttliche Ordnung im Staat zu gefährden. Er schnüffelt an jeder Flasche, um sicherzugehen, dass ich keinen Alkohol schmuggle, der das Land ins Chaos stürzen könnte. Welches Kapitalverbrechen kann ich wohl mit einer Flasche Wodka begehen? Vielleicht sollte ich den deutschen Zoll fragen. Die feiern schließlich auch grammweise Fahndungserfolge bei Marihuana. Andere Länder, andere willkürliche Verbote.

Gastfreundschaft mit Startschwierigkeiten
Anschließend werde ich dilettantisch befragt. Nicht dass ich mich für einen Profi in Befragungstechniken halte. Ich bin mir nur relativ sicher, dass eine Voraussetzung für die Informationsgewinnung durch Verhöre eine gemeinsame Sprache ist. So beschränken wir uns auf ernste Blicke, Nicken und eine Aneinanderreihung iranischer Städtenamen.

Ein zweiter Uniformierter gesellt sich dazu und versucht, mit zwei, drei Worten Englisch anzugeben. Meine Antworten gleiten immer mehr in Pantomime ab, ihre Reaktionen immer mehr Richtung Gelächter. Schließlich habe ich das Gefühl, dass sie sich nur noch über mich lustig machen und Grenzer-Tabu spielen. Meine Leistung reicht für einen Stempel im Pass, und fünf Minuten später stehe ich im iranischen Staub.

Im Iran als Reisender voranzukommen ist angeblich leicht. So gut wie jeder Einheimische nehme Fremde mit. Allerdings sei es hier genauso normal, für die Mitnahme zu bezahlen. Die Stichworte, um zu erfragen, ob ich kostenlos mitfahren darf, habe ich mir aufgeschrieben, aber es ist natürlich gut möglich, dass meine Betonung in etwa so viel Gemeinsamkeit mit den richtigen Wörtern hat wie meine Luftgitarren-Solos mit den Akkorden von Kurt Cobain.

Dazu kommt noch eines der nervigsten Probleme der Trampergeschichte: Im Iran ist es üblich, zwei- bis dreimal hintereinander jegliche Bezahlung abzulehnen. Diese Sitte hat sogar einen Namen: ›Taarof‹. Dabei handelt es sich jedoch nur um eine Höflichkeitsfloskel. Selbst Taxifahrer weigern sich mehrmals, Geld anzunehmen, sind aber stinksauer, wenn der Fahrgast nach drei Neins ohne Bezahlung abzieht.

Vier Stunden und ein Auto später stehe ich im Dunkeln in einer Haltebucht vor einer Bauruine. Mein Fahrer ist etwas aufdringlich geworden, deswegen stehe ich jetzt im Niemandsland. Im Vergleich zu dem nicht fertiggestellten Gemäuer erscheint der dahinterliegende Wald wie das Hilton. Er besteht aus drei Meter hohen, in Reih und Glied angeordneten Bäumen, die von hüfthohem Gras umgeben sind. Perfekt also. Voller Vorfreude auf das weiche, natürliche Nachtlager baue ich mein Zelt auf.

Weitere drei Stunden später sitze ich auf meinem Rucksack und versuche, mich kleinzumachen. Ich hasse Gewitter beim Zelten. Unwahrscheinlich, dass ich vom Blitz getroffen werde, trotzdem lasse ich mich von den Drohgebärden des

Donners einschüchtern, zähle die Sekunden, registriere, wie die Einschläge immer näher kommen. Zweihunderttausend Jahre Menschheitsgeschichte, und ich kauere am Boden wie der erste Homo sapiens, der jeden Donnerschlag für Götterzorn hielt. Bis jetzt ist es die unangenehmste Situation meiner ganzen Reise. Todesangst ist – wenig überraschend – ein Scheißgefühl.

Seltsam wird es erst, wenn es einem beim Hoffen auf Ereignislosigkeit langweilig wird. Nach einer Weile in der Hocke bekomme ich einen Wadenkrampf. Der Schmerz wird stärker als die Angst, und ich gleite zu Boden. Kurze Pause, bis ich wieder über meinem Rucksack hocke wie auf einer französischen Toilette.

Langsam werden die Abstände zwischen Blitz und Donner wieder größer, die hybride Mischung von Anspannung und Langeweile legt sich wieder. Gewitter sind einfach unbefriedigend. Dreißig Minuten Angst – und es gibt nicht mal etwas zu erzählen. Wäre ich mit meinen Gastgebern vor einer schießwütigen Gruppe geflüchtet, hätte meine Story auf eine Verfilmung hoffen können. So hocke ich eine halbe Stunde auf meinem Rucksack und hoffe wie einst meine Vorfahren im Säbelzahntiger-Dress, dass das grelle Licht und der böse Krach verschwinden.

Erstkontakt mit der iranischen Jugend

Meiner Handskizze nach müsste ich ganz in der Nähe des Hauses meines Hosts sein. Neben mir steht eine junge Frau. Ich schätze sie auf etwa zwanzig. Sie ist geschminkt, trägt Jeans mit einem bis über den Hintern gehenden schwarzen Gewand, dazu einen schwarzen Hidschab, die etwas strengere

Variante des vorgeschriebenen Kopftuches. Vielleicht trägt sie es aus Überzeugung. Wahrscheinlicher ist jedoch, dass sie es für ihre Eltern tut. Sie hat ihn so weit wie möglich aufgelockert, unzählige Haarsträhnen haben sich den Weg an die frische Luft erkämpft. Etwas verunsichert gehe ich auf sie zu. Kann ich sie einfach so ansprechen? In der Öffentlichkeit? Eigentlich ist das doch verboten? Erzählen und schreiben lässt sich immer viel. Wie selektiv oder beschönigend die Geschichten anderer Reisender sind, steht auf einem anderen Blatt.

Ich begrüße sie verhalten und frage nach der Adresse meines Hosts. Zu meiner Überraschung erfolgt die Antwort in perfektem Englisch.

»Oh, das ist ziemlich weit von hier. Lauf einfach diese Straße entlang. Ich gehe kurz nach Hause, hole mein Auto und eine Freundin und sammle dich dann ein.«

Dann lässt sie mich etwas verdutzt am Straßenrand zurück. Das war wohl die umständlichste Ausrede, die ich je gehört habe. Wobei ich nicht mal weiß, wofür sie eine Ausrede brauchte. Hoffend, dass wenigstens die Richtung stimmt, laufe ich los. Fünf Minuten später geht ein schwarzer SUV neben mir in die Eisen. Das Fenster fährt herunter. Am Steuer sitzt zusammen mit einer Freundin das Mädchen von eben. Sie zieht ihre verspiegelte Sonnenbrille etwas herunter, die nun ihre Verhüllung ergänzt, und stellt sich als Nedra vor.

»Wie war noch mal die Adresse von deinem Freund?«

»Der will sich jetzt in einem Kaffee treffen, dem Xaay. Kennst du das?«

Die beiden fangen an zu kichern, als hätte ich etwas Anrüchiges geflüstert.

»Nein, kennen wir nicht. Wir sind noch nie in einem Café gewesen. Bis jetzt waren wir nämlich anständige Mädchen.«

Fun is »Haram«

Im Iran ist einiges anders. Nicht aber die Cafés. Das Xaay würde in Berlin nicht weiter auffallen. Die Farbe an den Wänden erstrahlt im Used-Look, Bilder von Musikern und Literaten kleben an der Wand, ein alter 1960er-Jahre-Fernseher dient als Retrodeko, das Menü ist auf einem Stück Holz eingebrannt. Sanfter Rock dudelt im Hintergrund. Eine Wendeltreppe führt in den geschützten Bereich, der nicht von außen einsehbar ist. Er verbirgt, was hier alle zu verbergen haben. Also eigentlich alles. Den Indie-Rock mit den unislamischen Texten, Männer, die sich mit Frauen treffen, mit denen sie nicht verheiratet oder verwandt sind.

»Das ist alles Haram!«, erklärt mir mein Gastgeber.

Ein muslimischer Kleriker würde ›Haram‹ mit ›Etwas, das einem nicht zusteht‹ übersetzen. Am Tisch ist man sich dagegen einig, dass die Bedeutung eine andere ist:

»Weißt du, im Iran ist Spaß Haram.«

Die Stimmung am Tisch ist wohl genau so, wie die Mullahs es in ihren schlimmsten Albträumen befürchten. Ausgelassenes Tratschen und Lachen, zweideutige Blicke wechseln die Besitzer. Die flirtenden Paare wirken wie die Darsteller in der klassischen Eröffnungssequenz eines alten Schwarz-Weiß-Krimis, in welchem eine von Rauch umhüllte Witwe mit Schal dem Privatdetektiv ihre Geschichte klagt. Eine stark geschminkte Frau zieht mit blutroten Lippen an ihrer Zigarette, an der ihr Lippenstift einen Abdruck hinterlässt. Die Kopftücher, die ohnehin nur noch alibimäßig über dem Zopf hängen, fallen immer wieder herunter und werden von den Trägerinnen neurotisch im Minutentakt völlig effektlos zurechtgezupft, um im Anschluss wieder herunterzurutschen. Mehr ist weniger: Der Stoff verleiht ihnen eine zusätzlich geheimnisvolle, verruchte Aura.

Während Nedra und mein Host Resvan in trauter Zweisamkeit flirten, verpassen mir zwei Studentinnen am Tisch die volle Breitseite Politik. In Deutschland können sich die Leute es leisten, ›Politik‹ zu ignorieren. Hier aber bestimmt die Politik dein Leben, erklären sie mir. Besonders das von Frauen.

Für einen islamischen Gottesstaat ist der Iran Frauen gegenüber relativ großzügig eingestellt. Sie dürfen Auto fahren, arbeiten, auch an gemischtgeschlechtlichen Arbeitsplätzen, und können so gut wie alle Fächer studieren. In technischen Fächern stellen sie sogar gut die Hälfte der Studenten.

Trotzdem sind sie weit davon entfernt, gleichberechtigt zu sein. Ins Ausland reisen dürfen sie wohl nur mit Einwilligung des Vaters, später bräuchten sie das Okay des Ehemanns. Das Kopftuch ist für die Frauen am Tisch nicht nur eine nervige Einschränkung der Selbstbestimmtheit, sondern Teil eines Weltbildes, in dem die Frau die Schuldige ist, wenn sie belästigt oder vergewaltigt wird.

Im Iran scheint es hauptsächlich zwei kreative und erfolgreiche Bewegungen zu geben. Eine, die sich extravagante Verbote ausdenkt, und eine andere, die sie originell bricht. Im Iran ist alles verboten, und gleichzeitig wird alles gemacht. Nachdem wir die ersten Dutzend Gesetze im Café gebrochen haben, geht es durch den anarchischen Autoverkehr nach

Hause zu Resvan. Einzig ein paar Bremshubbel verhindern, dass wir auf Lichtgeschwindigkeit beschleunigen. Stattdessen legen wir alle fünfhundert Meter eine Vollbremsung ein, um dann wieder zu versuchen, die Schallmauer zu durchbrechen.

Währenddessen führt mich Resvans Kumpel durch die anscheinend endlose Galerie seiner Liebschaften.

Er bemerkt meine etwas irritierte Reaktion und relativiert:

Im Iran sei es normal, unterschiedliche Partner für unterschiedliche Wochentage zu haben. Es gibt dafür verschiedene Gründe: Der Hauptpartner ist keusch, die Eltern sind konservativ, oder man mag es einfach so.

Man könnte das für ein klassisches islamisches Patriarchat halten, doch lächelnd führt er weiter aus:

»Auch wenn es viele Typen ausblenden – die Frauen hier sind auch nicht besser.«

Da es etwa gleich viele Frauen und Männer gibt, ist es natürlich rein rechnerisch schlecht möglich, dass alle Männer fünf Frauen daten können, während alle Frauen jeweils nur einen Partner haben. Daher kann man davon ausgehen, dass die eine oder andere Frau so wenig Zeit hat, weil sie ihrerseits an so manchem Tag mit ihren anderen Liebhabern beschäftigt ist. Folglich scheinen einige Iraner es mit der Treue zu halten wie mit Straßenverkehrsregeln.

Am nächsten Tag setzen wir meinen Grundkurs in iranischer Regelverachtung fort. Im Irak habe ich blöderweise verpennt, mir eine Proxy-App herunterzuladen, die im Iran natürlich verboten ist. Da mein Host nicht viel von PCs versteht, muss ich es wie jeder anständige Iraner illegal in einem

Geschäft kaufen. Für 1,50 Euro installiert mir ein Computerfachmann in der Mall das gewünschte Programm, mit dem ich jetzt wieder zensurfrei surfen kann.

Erhitzter Sprachunterricht

Am nächsten Morgen komme ich mit in Resvans Englisch-Sprachkurs. Zwölf Studenten sitzen mir gegenüber und beäugen mich neugierig.

Eigentlich soll heute ein Filmabend stattfinden, zu dem mich Resvan hierhergelockt hat. Meine primäre Funktion ist jedoch die eines Trainingsobjektes, an dem die Schüler ihre Sprachfertigkeit ausprobieren können. Die gemischte Gruppe stellt mir allerlei Fragen. Erst zu Deutschland und meiner Reise, dann werden die Studenten langsam persönlicher und die Fragen politisch brisanter: was ich von ihrem Land halte, der Regierung, wie ich mich hier fühle, was anders ist in Deutschland, was ich schlecht finde. Hier sitze ich nun. In einer Diktatur mit vielen politischen Gefangenen und Scharia-Gesetzgebung. Wie viele Spitzel gibt es im Iran? Drückt die Regierung ein Auge zu, wenn Ausländer politische Statements von sich geben, oder reagieren sie noch sensibler, als sie es bei Einheimischen tun? Ich werde mit einer oft durchgekauten moralischen Frage konfrontiert:

»Wie würdest du dich in einem Unrechtsstaat verhalten?«

Kritik äußern, dich für andere einsetzen oder einfach hoffen, selbst nicht in die Maschinerie zu geraten, und warten, bis alles vorüber ist? Immerhin schaffe ich es, meine Kritik in Naivität zu verpacken, Aussagen vage zu halten, sodass die Studenten sie zu Ende denken können. Ich stelle Fragen, deren Antworten alle kennen.

Zehn Minuten später werde ich mit meiner Naivität konfrontiert. Bei dem Film handelt es sich lediglich um einen Zehn-Minuten-Remix von *Forrest Gump*. Nachdem dieser zu Ende ist, baut sich der Lehrer vor der Klasse auf und eröffnet die Diskussion: »Im Film geht Forrest Gump zur Armee. Eine Wehrpflicht gibt es bekanntlich auch im Iran. Haltet ihr es für gerecht, dass nur Männer zur Armee gehen müssen?«

Ich komme mir vor, als sitze ich in einem kleinen Bunker. Stille. Tock, tock, eine kleine Granate kullert in den Raum. Erst jetzt bemerke ich, dass um mich herum Munition gestapelt ist. Die Stimmung explodiert.

Die Studenten diskutieren aufgebracht und emotional. Von männlicher Seite variieren die Argumente von »unfair« bis hin zu: »Ich würde die Mullahs nicht gegen eine US-Invasion verteidigen.«

Die Frauen greifen das Verweigerungsargument auf, werfen jedoch ein, dass sie sich ohne Gleichberechtigung nicht im Ansatz in der Pflicht sehen, Militärdienst zu leisten. Schließlich wird diskutiert, wer im Falle eines westlichen Angriffs für den Iran kämpfen würde. Einige bekunden, dass sie sich über eine Invasion der USA freuen würden, andere ziehen mit Schrecken den Irak als Vergleich heran. Immerhin herrsche im Iran kein Chaos. Allein deshalb müsse jeder Iraner den Sturz des Systems verhindern. Die Gegenseite argumentiert, dass der Iran nicht mit dem Irak vergleichbar sei. Schließlich gebe es dort schon immer Unruhen und Volksgruppen, die sich aggressiv bekämpften. Die gebe es hier nicht. Außerdem seien Iraner höher gebildet, es gebe eine funktionierende Industrie und demokratische Bewegung. Ein Regime-Change würde funktionieren. Ein Diskutant, der sich vorher als regierungskritisch geoutet hat, platzt plötzlich mit einem Statement heraus, das die anderen zunächst fassungslos zurücklässt.

»Ich würde den Iran bis zum Tod gegen Invasoren verteidigen. Schließlich geht es bei einem Angriff auf unser Land nicht nur um die Regierung, sondern auch um unsere Geschichte, Tradition und Kultur.«

Ich halte mich weiter raus und beschäftige mich innerlich mit der Frage, wie Geschichte mit Waffengewalt überhaupt zu verteidigen ist, bis ich plötzlich aus meiner Beobachterrolle herausgerissen werde.

»Deutschland ist in der NATO, also ist sein Land einer unserer Feinde. Du würdest also unseren Gast in einem Krieg erschießen, um die Mullahs zu verteidigen?«

Der Patriot wiegelt das Argument zunächst schroff ab.

»Der hatte doch noch nie eine Waffe in der Hand und war nicht in der Armee.«

»Doch, war ich«, rutscht es mir heraus, was die Diskussion weiter anfacht. Mich durchfährt der Gedanke, wie absurd die Vorstellung ist, dass all die netten Menschen, die ich getroffen habe, sich auf einmal in militärisch legitime Ziele verwandeln würden, weil sie das Trikot vom anderen Team tragen. Mal davon abgesehen, dass ich keinerlei Verlangen habe, bei einer Iran-Invasion dabei zu sein. Leider entfährt mir auch dieser Gedanke unvermittelt. Wenn sich die Mehrheit im Iran eine Intervention des Westens wünschte, ist mein invasorisches Desinteresse dann noch Pazifismus oder einfach nur Gleichgültigkeit gegenüber Menschen in einem Unterdrückungsregime? Nun entzündet sich die nächste Diskussionsbombe. Schließlich werden sich alle einig, dass ein langsamer Wandel von innen das Beste sei. Anschließend scheiden sich wieder die Geister an der Frage, ob der Wandel gerade stattfindet oder ob er überhaupt möglich ist. Schließlich endet das Diskussionsmassaker in fröhlichem Kuchenessen.

GHOM: ÜBER BIER UND IDENTITÄTEN

Auf der Suche nach dem Treffpunkt mit meinem Host in der Millionenstadt Ghom spreche ich ein junges Pärchen an. Nachdem wir ein paar Sätze gewechselt haben, lassen sie mich wissen, dass der Bruder des Mädchens Bierbrauer sei. Natürlich macht er Craft-Bier, im Verborgenen, zu Hause. Richtig gutes Bier, wie sie betonen, nicht dieses gegorene Zuckerzeug. Wir beschließen, uns in den nächsten Tagen erneut zu treffen, um eine Bergwanderung zu machen.

Während wir über lecker Bier reden, trifft mein neuer Host Milad ein. Die Iraner unterhalten sich kurz mit schnell schwindender Begeisterung und verabschieden sich abrupt. Ich bin etwas irritiert, weshalb sie uns nicht begleiten, und hake kurz nach, erzähle Milad, wie nett sie waren und dass sie sogar leckeres Bier hätten. Im Iran, so werde ich lernen müssen, sollte ich manchmal die Klappe halten.

Diskutabel

Milad führt mich in ein hallenartiges Gebäude, das wir vom Eingang aus überblicken können. Schmale Stahlträger stützen ein Wellblechdach, unter dem sich überdimensionale Liegebänke aneinanderreihen. Ein Brunnen sorgt für etwas Kitsch, die Wände sind mit Figuren aus Geschichten des berühmten iranischen Dichters Hafis verziert.

»Diese Shisha-Bar ist eine der wenigen traditionellen, deswegen führe ich gerne Gäste hierher«, erklärt Milad.

Allerdings amüsieren sich hier nur Männer, denn traditionell sind in Shisha-Bars keine Frauen erlaubt. Ich bin zu tief in meinem ›Alle Iraner sind weltoffen und säkulare Alkoholiker‹-Weltbild gefangen, um zu bemerken, dass die Dinge hier anders gelagert sind.

In den nächsten zwei Tagen fällt mir der Umgang mit meinem Gastgeber schwer, da er vollkommen auf Regierungslinie ist. Aller Lockerheit zum Trotz werden im Iran immer noch Schwule gehängt. Menschen werden gefoltert. Es existiert nach wie vor eine brutale theokratische Diktatur, die ein paar demokratische Elemente zulässt. Jenseits seiner politischen Einstellung ist Milad ein äußerst liebenswerter Typ, und gerade weil er komplett anders denkt als ich, sind die Diskussionen mit ihm spannend. Ich glaube nicht, dass Menschen ›bösartige‹ Überzeugungen haben, weil sie gerne böse sein möchten. Deshalb interessiert es mich immer besonders, wie Menschen zu – meiner Meinung nach – zweifelhaften Ideologien finden. Welche Gründe sie haben, an diese zu glauben.

Milad ist nicht indoktriniert worden. Er ist in einem säkularen Haushalt aufgewachsen mit demokratisch gesinnten Eltern. Er hat eine gute Bildung genossen, hat im Ausland studiert und ist viel gereist. Er kennt den ›Westen‹ und argumentiert überzeugend. Manchmal machen die westlichen

Staaten es den anderen aber auch zu einfach. Der Allzeit-Renner ist das Killerargument: ›Bei euch ist es doch auch nicht anders.‹

Demokratie? Haben wir im Iran auch. Nicht alle Kandidaten werden zugelassen. Na und? Wer US-Präsident wird, entscheiden schließlich auch oligarchische Großunternehmer mit ihren Wahlkampfspenden. In Deutschland gibt es Parteikader. Bei uns machen es halt Gelehrte, die nur das Beste für das Volk wollen. Ist das nicht wesentlich besser? Parteien werden verboten? Bei euch doch auch. Ihr verbietet verfassungsfeindliche Parteien, die Mullahs machen nichts anderes.

Der Versuch zu argumentieren, dass es etwas anderes ist, in Deutschland Naziparteien zu verbieten, als im Iran prodemokratische Entwicklungen zu ersticken, läuft ins Leere. Denn ab da beginnen die wertenden Argumente, die der überzeugte Antiwestler ohnehin nicht akzeptiert.

Grüne Revolution im Iran? Ging bestenfalls nur von vereinzelten Individuen aus, schlimmstenfalls ist sie vom ›Westen‹ initiiert worden. Ohnehin, die islamische Revolution in den 1970er-Jahren war größer. Wäre es anders, wäre die Grüne Revolution schließlich gelungen. Bei euch demonstrieren ohnehin mehr Menschen gegen die Regierung. Polizeigewalt? In den USA werden auch ständig Schwarze erschossen. Foltergefängnisse gibt es da übrigens auch, siehe Guantánamo. Überwachung und Bespitzlung? Bei euch viel schlimmer, siehe NSA-Skandal. Davon abgesehen überwachen wir nur, um Terroristen und Verbrecher zu bekämpfen. Genau wie ihr.

Es ist erniedrigend festzustellen, dass ›unsere‹ Politiker dasselbe Vokabular benutzen wie Unrechtssysteme, um ihre

Politik zu rechtfertigen. Das einzige Argument der westlichen Politiker bleibt dann: ›Wir dürfen das, wir sind die Guten.‹ Aber genau das Gleiche sagen auch die, die wir für das Gegenteil halten.

Diesen Abend rasseln wir ins Thema Kopftuchpflicht im Iran. Auch hier vergleichende Relativierung: »Wir wollen das so, und in Deutschland darf man sich schließlich auch nicht so kleiden, wie man möchte. Versuch doch mal, einen Pulli mit Hakenkreuz in Berlin-Mitte zu tragen.«

Ich bin auch kein Fan von Symbolverboten. Zum einen, weil ich nicht denke, dass die dahinterstehende Ideologie mit einem Verbot verschwindet. Zum anderen, weil ich immer wegen Verboten in so dämliche Diskussionen wie diese hier gezogen werde. Mein Ansatz wäre eher, das Hakenkreuz zum Logo des Finanzamts zu machen. So würde es für Rechtsradikale an Coolness verlieren. Welcher Nazi würde sich schon das Emblem der Steuereintreiber der BRD auf die Brust tätowieren?

Unbedarft lasse ich mich auf die Diskussion ein und lege dar, dass ich einen Unterschied darin sehe, ob ein Symbol verboten ist, das für eine Ideologie steht, die für den Tod von Millionen Menschen verantwortlich ist, oder ob ein Staat alle Menschen eines Geschlechts religiös bevormundet und sie zwingt, sich zu verhüllen. Milad sieht das nicht so.

»Es muss getragen werden. Kopftuchlosigkeit steht für moralischen Verfall. Solche Frauen beleidigen mit ihrer Freizügigkeit gläubige Menschen.«

»Warum«, fährt er etwas sauer fort, »sind manche Iraner nicht in der Lage, ihren Werten Respekt zu zollen? Manche legen keine fünf Minuten, nachdem sie ins Flugzeug gestiegen sind, ihren Schleier ab und saufen Sekt.«

»Vermutlich«, antworte ich etwas verdutzt, »weil es nicht ihre Werte sind. Warum sollten sie sich im Ausland nicht verhalten, wie sie möchten, wenn es legal ist?«

»Weil sie Iraner sind und damit den Iran beleidigen. Genau wie Deutsche, die im Ausland ein Hakenkreuz tragen. Im Übrigen könnt ihr Deutsche solche Leute auch vor deutsche Gerichte stellen.«

Ich resigniere. Blöde Hakenkreuze. Aber auch sonst führen unsere Diskussionen zu keinerlei Konsens. Alles wird relativiert oder gleich für gut befunden.

Ich führe an, dass jeder in Deutschland versuchen kann, etwas politisch zu verändern, ohne sein Leben zu riskieren. Ein recht netter Vorteil von Demokratien. Er argumentiert, dass im Iran nichts verändert werden muss. Der Islam ist schließlich vollkommen, die Führer sind weise.

Milad möchte einfach, dass alles gut ist. In mir bleibt die Frage, warum er die Theokratie so vehement verteidigt.

Ich vermute, dass er nicht immer so eingestellt war. Nach seinem Studium lernte er Französisch, belegte Sprachkurse bis auf C2-Niveau, damit kann er mit Muttersprachlern mithalten. Er investierte viel Energie, begab sich in die Mühlen der französischen Ausländerbehörden für ein Arbeitsvisum. Das hatte er bestimmt nicht getan, um sich von kopftuchlosen Frauen in Frankreich in seinem Glauben beleidigen zu lassen. Er hatte alle geforderten Dokumente abgeliefert, ist monatelang immer wieder zum Amt gegangen, um nachgeforderte Bescheinigungen abzuliefern und vorzusprechen. Schließlich forderten die Behörden ein Dokument, das er nicht liefern konnte. Etwas, das sie anhand der eingereichten Unterlagen von Anfang an wussten. Unfair und respektlos sei die Behandlung gewesen.

Im Iran sei dagegen alles ohne Probleme abgelaufen. Sie hätten sein Studium anerkannt und ihn immer unterstützt. Deswegen fühle er sich hier wohl. Die arroganten Europäer könnten ihm dagegen gestohlen bleiben. Ob die Visumbehörden sich der Verantwortung bewusst sind, die sie tragen? Für Menschen, die an den Visumsformalitäten scheitern, sind sie der vielleicht einzige Kontakt mit unserer Gesellschaft. Dieser ist damit prägend für ihr ›Verhältnis‹ zu Europa. Und bekanntlich gibt es keinen schlimmeren Feind als einen enttäuschten Liebhaber. Den Grund, warum Milad den Westen verteufelt und die Mullahs verteidigt, meine ich jetzt zu kennen.

ISFAHAN: DAS ARCHITEKTURWUNDER

Als alter Sightseeing-Profi freue ich mich auf Isfahan. Die Stadt ist für ihre prächtigen Gebäude und Gartenanlagen weltbekannt. Während meiner Stadttour lande ich auf dem Rücken im Garten des Königsplatzes, auch ›Platz des Imams‹ genannt. Er ist eine der zwei wichtigsten Attraktionen der Stadt. Die andere ist eine Brücke ohne Fluss beziehungsweise ein Flussbett ohne Wasser.

Im Gegensatz zum Norden besteht der Rest des Irans fast nur aus Geröllwüsten, unterbrochen von ausgetrockneten Salzseen. Das Land hat ein Wasserproblem, das durch den Klimawandel nicht wesentlich besser geworden ist. Mein

Ruheplatz hat hingegen nichts von seiner Schönheit eingebüßt. Es ist der Innenhof eines großen Karrees, in welchem der damalige Herrscher alle wichtigen öffentlichen Plätze vereinen wollte: ein Fabrik-, Shoppingmall-, Entertainment- und Sportkomplex mit mittelalterlichem Ursprung.

Stadtstaunen

Das Karree umgibt eine Grünanlage, die auf die Polo-Vorliebe des Herrschers zurückgeht. Im Bau selbst führt eine Einkaufspassage im Kreis herum, flankiert von den Stuben der Handwerker. An einem Ende steht ein Basar, am anderen die wohl schönste Moschee, die ich bisher gesehen habe. Auf halber Strecke ist die Terrasse des Palastes, von wo aus der Herrscher alles überblicken konnte. Erbaut wurde das alles hauptsächlich von armenischen Handwerkern, die im Mittelalter unter garantierter religiöser Freizügigkeit ins Land gelockt wurden und auch heute noch hier leben. Anders, als es das allgemeine Gepolter des Staatschefs vermuten lässt, toleriert der Gottesstaat andere Religionen. Neben Christen gibt es noch einige Tausend Juden, sogar jüdische Parlamentsabgeordnete. Neben den großen monotheistischen Religionen, die alle an den gleichen Regisseur glauben, gibt es sogar noch eine kleine Independent-Bewegung: die Zoroastrier.

Der Zoroastrismus ist keine neumodische Trendreligion wie Scientology. Als Gründer gilt Zoroaster, der in der Antike gelebt hat, aber dessen genaue Lebensdaten nicht bekannt sind. Das europäische Pendant wäre vergleichbar mit einem Priesterstand von Druiden, die noch heute zusammen mit dreißigtausend Gefolgsleuten Bäume anbeten würden. Mit der Ausbreitung des Islams wurde die Religion weitestgehend verdrängt, aber nie ausgelöscht. Die Muslime zeigten sich ihnen gegenüber gnädiger als die Christen, die bekanntlich damals nur zwischen bekehrten und geköpften Heiden differenzieren konnten. Bis heute gibt es im Iran einige Tempel, und mittlerweile steht die Religion wieder hoch im Kurs, was mir ein Iraner mit dem bestechenden Glaubensinhalt begründet: »Der allwissende Gott verlangt, dass man gut denkt, gut redet und gut handelt. Außerdem will er, dass in jedem Tempel ein Feuer brennt, das niemals erlischt.« Damit ist die Religion für Grünen-Anhänger erst mal nicht geeignet, für Länder mit Ölraffinerien dafür aber umso mehr.

Neben der umstrittenen CO_2-Bilanz ist die Religion vor allem für ihr Symbol berühmt. Es zeigt eine menschliche Gestalt, die einen Ring in der Hand hält und in oder auf einem geflügelten Thron steht. Ein paar Erleuchtete erkennen darin jemanden, der ein außerirdisches Fluggerät steuert.

Außerirdisch liegt natürlich auf der Hand, weil die Menschen damals noch keine Fluggeräte bauen konnten. Wobei natürlich nicht ganz klar ist, ob die Außerirdischen in der Antike mit einem gefederten Fluggerät durch die Gegend geflogen sind. Aber vielleicht entspringt das Detail mit den Federn auch der Fantasie eines antiken Künstlers, der das Geschwätz der Leute von einem metallenen Fluggerät nicht glauben wollte.

Zurück zum Königsplatz und den irdischen Religionen: Der Eingang ist eine halbe Kuppel, in die wie Tropfsteine viele kleine Kuppeln eingearbeitet sind. Bergseeblau, matt glänzend wie Emaille sind farbenfrohe Muster eingearbeitet. Wie auch sonst überall sind allerdings keine Bilder von

Lebewesen, geschweige denn Menschen zu sehen. Gott darf nicht dargestellt werden, Mohammed auch nicht, und alle anderen Darstellungen hätten es nicht verdient, in einer Moschee aufgehängt zu werden. Zumindest die letzten 1.300 Jahre nicht. Ajatollah Chomeini und sein Mini-Me-Konterfei und Nachfolger waren stets bemüht und haben es sich hart erarbeitet, auch an Moscheen ihre bedächtige, sauer-vorwurfsvolle Starnummer abzuziehen. Etwas, das sie nebenbei bemerkt ohnehin von jeder zweiten Plakatwand und Laterne herab tun.

Ich frage mich schon länger, ob Demokratie messbar ist, indem man den umgekehrt proportionalen Faktor von Bildnissen der Herrschenden pro Quadratmeter misst. Dazu käme noch die Frage, wie Wahlplakate in Demokratien dazu stehen.

Es ist Mittag, Zeit fürs Gebet. Die Hitze wird langsam unerträglich, der Großteil der Moschee ist ohne Dach. Lediglich Leinentücher schützen die Gläubigen im Hof vor der Sonne. Während die Massen sich zum Gebet einfinden, lege ich mich draußen auf den Rasen und bete die Sonne an. Leider bleiben die Männer unter den Tüchern und ich akustisch verbunden. Die Stimme des Imams trommelt durch einen kratzenden und knackenden Lautsprecher und verkündet irgendetwas, wozu es einer gewissen emotionalen Aufgebrachtheit bedarf. In jedem Fall klingt es nicht nach: ›Das Leben ist schön.‹

Ich mag die persische Sprache. Farsi sprechende Menschen klingen häufig, als würden sie singen. Auch viele Männer sprechen mit sehr hohen Stimmen, was selbst manche

Reden Mahmud Ahmadinedschads wie Prosa klingen lässt. Das Arabisch der Predigt klingt für mich hingegen so lieblich wie Deutsch.

Kunstpause des Imams, dann steigert er Lautstärke und Geschwindigkeit. Donnert etwas hinterher, Pause. Es folgt die Antwort der mit einer Stimme sprechenden Masse. Mir läuft ein kalter Schauer den Rücken herunter. Vermutlich habe ich zu viele Guido-Knopp-Dokus geschaut und assoziiere knarrende Lautsprecherreden zu schnell mit Schlechtem. Vielleicht beten sie nur für gutes Grillwetter. Anhören tut es sich aber mehr wie: Wir sind hier drin, wir halten uns an Regeln, wir sind die Guten. Da draußen sind die anderen.

Alles kein Spiel

Nach dem Abendessen unterhalte ich mich mit meinem neuen Host Navid ein wenig über Politik. Er zieht ein Tablet hervor und zeigt mir ein älteres Video auf Facebook. Zwei Sittenwächterinnen sind zu sehen, die an einem Mädchen zerren. Das Mädchen wehrt sich verzweifelt, schreit, weint, versucht, sich wegzudrücken. Es bildet sich eine Menschentraube um sie herum. Einige Passanten versuchen, ihr zu helfen, und zerren sie von dem Auto weg, in das die Wächterinnen sie verfrachten wollen. Dann kommen irgendwelche anderen Uniformierten, die Staatsmacht erlangt die Übermacht, noch einmal sieht man das von Panik verzerrte, weinende Gesicht des Mädchens, das sich außen am Auto festhält und dann im Inneren des Wagens verschwindet. Für den Zuschauer endet das Drama hier, für das Mädchen beginnt es wohl gerade erst. Das Delikt: Händchenhalten mit einem Jungen in der Öffentlichkeit.

Das schöne warme Gefühl von Verliebtsein und Zärtlichkeit, das sie unbekümmert genossen hatte, wird ihr jetzt zur Anklage gemacht und ins Gegenteil verkehrt. Sie hat sich nicht an die Regel der sittenstrengen Herren gehalten, deren Stimme in den Lautsprechern knattert.

Ich fühle mich schlecht, lasse mich auf den Boden gleiten und starre regungslos an die Decke. Das Video und der Mittag vor der Moschee sind mir ziemlich ins Mark gegangen.

Die vergangenen Wochen habe ich mit den anderen Iranern viele Witze über das Regime gemacht, permanent Regeln und Gesetze gebrochen, als wäre es ein Spiel, mehr aus Albernheit als aus Notwendigkeit. Der heutige Tag hat mich wieder ein wenig in die Realität zurückgeholt. Aus dem Spiel kann ziemlich schnell Ernst werden, denn es gibt viele Leute in diesem Land, die es ernst meinen.

Navid beginnt in seiner ruhigen Art zu erzählen. Wenn er sein Leben geben könnte, um das Mullah-Regime zu stürzen und einen demokratischen Iran dafür zu bekommen, er würde es sofort tun. Das sage er nicht aus Pathos, diese Einstellung sei schließlich nichts Besonderes. Jeder, der bei der Grünen Revolution demonstriert hatte, biete sich für diese Rolle an. So wie Nehda, die von einem Scharfschützen erschossen wurde und nun leider das berühmteste Todesopfer der Demonstrationen darstellt. Nur Anarchie will niemand als Preis bezahlen. Deshalb bleibt alles, wie es ist.

Für mich sind diese Zustände ein Aufruf, die eigene Demokratie zu pflegen. Insbesondere, solange man dafür nicht sein Leben zu riskieren braucht, sondern nur ins Wahllokal gehen muss. Wir müssen nur nachdenken und Zeit opfern. Das ist nicht viel verlangt.

Clash der Kulturen

Die Zahl der Gäste steigt weiter an. Ein paar Freunde von Navid beehren uns sowie ein mexikanischer Lehrer und ein iranischer Couchsurfer, der eine Japanerin im Gepäck hat. Ich bin überrascht bis begeistert und quatsche die Asiatin direkt in ihrer Muttersprache an. Zumindest in etwas, das ihr ähnelt. Mein Japanisch ist schon immer bescheiden gewesen. Nachdem ich es ein Jahr gar nicht benutzt habe, ist meine literarische Qualität auf das Niveau eines Eichhörnchens mit Sauerstoffunterversorgung gesunken. Immerhin reichen meine Kenntnisse noch, um ihr zu vermitteln, dass ich in Tokio studiert habe, und zu verstehen, dass sie ein paar Jahre gearbeitet hat, um sich ihre Weltreise zu finanzieren.

Für europäische Frauen ist es schon kompliziert genug, sich in dieser Region durchzusetzen. Wie bewältigt es eine Frau, die aus einem Land kommt, in welchem das Wort »Vielleicht« der stärkste Ausdruck ist, um eine Einladung abzulehnen?

Der iranische Couchsurfer stellt sich als ihr Freund vor, was die Japanerin mit auf den Boden gerichtetem Blick unkommentiert stehen lässt. Ich ahne, die Nacht wird kompliziert.

Der Abend vergeht entspannt mit bestellter Pizza und abwechslungsreichen Gesprächen. Ich, ein mexikanischer Couchsurfer und das »Pärchen« verabschieden uns als Erste aus der Runde und legen uns im Nachbarraum schlafen. Aufgrund eines Höflichkeitskurzschlusses verteilen wir uns alle auf dem Boden und lassen das Bett für einen hypothetischen Nachzügler frei. Der Iraner baut sich ein Nest hinter dem Bett, während sich die Japanerin neben mich legt. Natürlich hat sich der Iraner das anders gedacht, weswegen er langsam zu uns herüberrobbt und anfängt, auf seine ›Freundin‹ einzureden. Langsam, aber sicher beginnt eine kulturelle Kernschmelze, die für den neutralen Beobachter zwangsläufig in einem zweiten Tschernobyl enden muss.

Während sie schüchtern eingerollt auf ihrer Decke auf dem Boden liegt, beginnt eine Endlosschleife von »Komm zu mir herüber« und einem japanisch eindeutigen »Okay«.

Die beiden sind die perfekte Kombination. Eine Frau aus einem Land, in dem es kein »Nein« gibt, zusammen mit einem Typen, der kein »Nein« akzeptiert. Vor allem wenn sie nach seinem Empfinden schon ihm »gehört«.

Daneben ich, ein Typ aus dem Land der moralischen Klugscheißer, die gerne reden, aber nie handeln, vor allem nicht wenn zwei Menschen aus anderen Kulturkreisen Differenzen haben. Einzuschlafen fühlt sich definitiv falsch an, wenn zwanzig Zentimeter weiter jemand – zumindest nach meinem Empfinden – bedrängt wird. Auf der einen Seite ist sie hier sicher, es kann eigentlich nichts passieren, sie müsste nur einmal Nein sagen oder sonst irgendwas von sich geben, das eine Intervention rechtfertigt. Auf der anderen Seite ist sie Japanerin. Irgendwann wird es mir zu doof. Ohne völkerrechtliche Deckung, dafür aber mit dem guten Grund, dass ich nicht einschlafen kann, beschließe ich, dem Ganzen ein Ende zu setzen.

»Sie will offensichtlich heute alleine schlafen. Also lass sie doch einfach in Ruhe!«, platzt es aus mir heraus.

Natürlich reagiert er gereizt. Schimpft drauflos. »Was mischst du dich hier ein?« Sie seien ein Paar, das gehe mich alles nichts an. Ich frage noch einmal auf Japanisch, ob alles okay ist, und bekomme es von ihr sogleich bestätigt.

Mit erschöpften mitternächtlichen Sprachkenntnissen und Nerven lege mich mit einem ›Wieauchimmer‹ im Kopf wieder schlafen. Zumindest versuche ich es erfolglos. Neidisch wünsche ich mir die mexikanische Gelassenheit, die neben mir in aller Ruhe vor sich hin schnarcht.

Das Spiel geht weiter, bis sie sich schließlich zu ihm legt. Natürlich wird dadurch nichts besser. Er umarmt sie immer wieder, sie drückt sich weg und gibt ab und an ein Seufzen von sich. Wie kann ich jemandem helfen, der sich nicht helfen lässt, der aber offensichtlich Hilfe braucht? Oder interpretiere ich das nur in die Situation hinein? Ich überlege, wie sich die Situation lösen ließe, ohne einen chauvinistischen Amoklauf zu provozieren.

Die Geschichte wiederholt sich. Nachfragen. Er tönt, dass es kein Problem gibt, sie sagt nichts, er wird sauer. Schließlich kommt Navid herein und fragt, was los ist, ob alles okay sei. Ich schwöre mir, zur Abschreckung von Nachahmern Katzenbabys anzuzünden, wenn jemand noch einmal mit Okay antwortet.

Ich erkläre ihm den Sachverhalt, inklusive der kulturellen Fallstricke. Nicken, Navid scheint zu verstehen und bittet die beiden, zu ihm zu kommen.

Runder Tisch im Wohnzimmer. Der couchsurfende Iraner ist sichtlich gereizt.

»So was macht man nicht. Man mischt sich im Iran nicht in die Beziehung anderer Leute ein.«

Ich versuche, diplomatisch zu bleiben, entschuldige mich, dass ich die Situation eventuell missverstanden habe, aber dass es sein kann, dass er die Japanerin nicht richtig versteht. Dann schiebe ich etwas schüchtern die Frage hinterher, ob es nicht vielleicht besser wäre, wenn sie in getrennten Räumen schlafen.

Jetzt ist er außer sich vor Wut. Er fragt in die Runde, was das soll. Es sei eine Unverschämtheit, ich beleidige seine Ehre, tönt er mittlerweile stehend von sich.

Ach, die Ehre! Wie mich dieses Konzept nervt. Mal wird es benutzt, um Selbstverständlichkeiten zu begründen, mal für Dinge, die ich einfach mit »nett« umschreiben würde. Mal um lästige Fragen abzuschmettern, mal um übertriebene Reaktionen zu rechtfertigen. Letzteres funktioniert natürlich nur mit dem Begriff »Ehre« und nicht mit »nett«.

Die Begründung »Ich musste ihm eine reinhauen, um meine Ehre wiederherzustellen« funktioniert natürlich. Jemandem eine reinzuhauen, weil man nett ist, würde sich hingegen etwas seltsam anhören.

Der Couchsurfer scheint jedenfalls fest entschlossen, seinen Status als netter Kerl oder seine Ehre wiederherzustellen. Also wende ich mich noch einmal an die Japanerin, frage, ob sie woanders schlafen möchte. Sie sagt nichts, worauf er wieder das Wort ergreift.

»Sag jetzt einfach, dass du bei mir schläfst. «

»It's okay.«

Was auch sonst? Ob die anderen mich komisch anschauen, wenn ich ein Katzenbaby und ein Streichholz hole?

Er greift die Bestätigung auf, blafft, dass sie jetzt wieder ins Bett gehen. Wenn sie nicht wolle, hätte sich seine Freundin schon beschwert. Ich wende ein, dass er, hier halb nackt stehend und brüllend, etwas einschüchternd auf sie wirken könnte. Sein Verhalten ist offensichtlich kulturell nicht gedeckt, denn die anderen im Raum stimmen nickend zu. Navid ergreift das Wort. Er erklärt ihr, dass sie hier vor niemandem Angst haben muss und ihr auf keinen Fall etwas passieren wird.

»Du kannst gerne in einem anderen Raum schlafen, und wenn du magst, können wir dir auch gerne ein Taxi rufen, das dich in ein Hotel bringt.«

Etwas zögerlich nickt sie. So deutlich, wie eine Japanerin nur Nein sagen kann, bekundet sie schließlich: »Vielleicht ist es besser, wenn ich heute alleine schlafe.«

Gott sei Dank! Endlich. Ich komme mir vor, als hätten wir den Kronzeugen des Kennedy-Attentats endlich zu einer Aussage bewegen können. Sie wechselt das Zimmer und hat eine entspannte Nacht. Ich hingegen liege noch eine Weile schlaflos im Gruppenlager wach, hoffe, dass an mir keine Ehre wiederhergestellt wird. Schließlich lasse ich mich von der schnarchenden mexikanischen Gelassenheit in den Schlaf wiegen.

Noch vor dem Frühstück sind die beiden verschwunden. Während ich mir das letzte Wasser vom Duschen aus dem Ohr pule, versuche ich, meine Gedanken zu ordnen. Entweder bin ich ein totaler Idiot und habe völlig ohne Notwendigkeit den Raum mit runden Tischen beworfen, oder die Japanerin ist einfach nicht lebensfähig.

»Das Ganze ist etwas komplexer«, klärt mich Navid auf.

Die Japanerin habe ihm nachts noch alles erklärt. Die beiden reisen schon länger zusammen. Er hat sie überall herumgeführt, und irgendwann sind sie auch intim geworden. Sie habe im Anschluss versucht, ihn loszuwerden, was wohl nicht geklappt hat. Das Hickhack von letzter Nacht beruht nicht nur auf kultureller Verbohrtheit.

Vielmehr liegt ihr Rucksack noch bei ihm zu Hause. Deshalb hat sie Angst, ihn zu verärgern und damit zu riskieren, ihre Sachen nicht wiederzubekommen. Jetzt fährt sie mit zu ihm, um den Rucksack zu holen.

Familienpicknick mit Schuss

Mein Weg führt mich Richtung Kerman, um Bam zu sehen, eine der schönsten und größten »Lehmstädte« der Welt.

Zwei junge Kerle sammeln mich auf halber Strecke ein. Mit mäßigem Erfolg überkippe ich sie mit meiner Handvoll Farsi-Vokabeln. Sie versickern vollständig. Aus der Not heraus rufe ich meinen nächsten Host an, damit er die Situation klären kann. Nach ein paar Runden Hörerkarussell zwischen Fahrer und Beifahrer klärt mich mein nächster Host schließlich auf, dass die beiden zu einem Familienpicknick wollen. Ich soll nur kurz mitkommen, es liegt auf dem Weg, und nach einer Dreiviertelstunde würden sie mich in den Bus Richtung Kerman setzen.

Ich bin unschlüssig. Es ist schon spät und noch ein gewaltiges Stück nach Kerman.

Wir verlassen die Hauptstraße, anschließend die Nebenstraße und schließlich alles, was den Namen Straße verdient, und enden auf einem Weg, den selbst der Vietcong auf dem Höhepunkt des Vietnamkrieges aufgrund von Verletzungsgefahr gesperrt hätte. Wir und was von dem Auto übrig geblieben ist, stoppen zwischen ein paar trockenen Bäumen, unter welchen mehrere Generationen, vom Kleinkind bis zum Großvater, auf Picknickdecken sitzen.

Standardprogramm. Ich geselle mich dazu, trinke etwas, lasse mir Essen andrehen und zeige meine Bildchen von zu Hause. Im Anschluss lädt mich einer der Älteren zu einer Runde Backgammon und Pfeife ein. Auch wenn ich Rauchen hasse, habe ich eine Schwäche für altmodische Pfeifen und kann in dem Fall nicht Nein sagen. Belustigt schauen mich die Familienmitglieder an. Anscheinend sind Pfeifen auch im Iran aus der Mode gekommen. Es folgen die üblichen Runden Schnaps, unterbrochen von Eiscreme. Unsicher, ob ich gerade einem Trinkspiel beiwohne, entsorge ich den zweiten Shot heimlich in meine Wasserflasche. Nicht dass ich gleich betrunken in der Wüste liege. Eigentlich ist der Iran, was Alkohol angeht, sicheres Terrain, denn in Relation zu den Einheimischen komme ich mir immer so trinkfest vor wie fünf russische Leichtmatrosen der Baikalflotte.

Nach dem dritten Kurzen endet das Spiel auch ganz unspektakulär und mit gutem Timing. Ein Blick auf die Uhr plädiert für die baldige Weiterreise. Auf dem Weg zum Auto merke ich, dass irgendetwas nicht stimmt. Ich habe das Gefühl, betrunken zu sein. Als ich versuche, ins Auto zu steigen, fühle ich mich, als müsste ich ein U-Boot durch das Torpedorohr betreten.

Das Ganze ist mir völlig unerklärlich, die drei Shots können mich nicht so ausgeknockt haben. Andererseits sind meine Gedankengänge auch nicht gerade die schlüssigsten. Also stelle ich das Denken vorübergehend ein. Es liegt mir im Moment nicht.

Meine Picknick-Gastgeber setzen mich in einen Bus, sprechen kurz mit dem Fahrer, bezahlen und türmen. Nach ein paar Kilometern im Bus wird mir das Sitzen zu anspruchsvoll.

Mein Pazifismus bringt mich dazu, der Konfrontation mit der Schwerkraft auszuweichen und mich auf den Boden zu setzen. Meine diplomatischen Bemühungen scheitern kläglich, denn kurz darauf liege ich auf dem Boden und schaffe es, selbst in Embryonalhaltung noch weiter umzufallen. Plötzlich unterbricht ein Mitfahrer meinen Schlaf-Umfall-Zyklus und teilt mir mit, dass ich in zehn Minuten aussteigen muss. Der Bus fährt nicht bis Kerman, sondern ab der nächsten Kreuzung in eine andere Richtung.

»Nicht gut!«, schießt mir ein qualitativ hochwertiger Gedanke durch den Kopf. Dicht gefolgt von dem ebenbürtigen Nachfolger: »Muss Pipi.«

Kerman kann mich mal, zunächst will ich das wirklich drängende Problem lösen. Mein hoch entwickelter Gedankenapparat führt einen optischen Scan durch und untersucht die Umgebung. Ich mache einen Kiosk, einen Polizeiwagen und eine Wellblechfassade aus. Komplexe Prozesse laufen in meinem Inneren ab und leiten mich zur Wellblechfassade. Beflügelt von meinem Erfolgserlebnis und um gefühlte drei Liter erleichtert, stelle ich mich der nächsten Herausforderung:

»Will wohin, bin jetzt noch woanders. «

Ich grüble ein wenig, bis ich zum Entschluss komme, dass ich ein derartiges Problem schon einmal mit Trampen gelöst habe.

Aus subjektivem Empfinden bin ich überzeugt, gut sichtbar an der Straße zu stehen. Seriös und gekrümmt hänge ich auf meinen Rucksack gestützt am Straßenrand. Ich versuche, etwas aufrechter als im Neunzig-Grad-Winkel zu stehen, verwerfe den Gedanken dann wieder, weil ich meine, dass die Dunkelheit mich schon gerade wirken lässt.

Nach kurzer Zeit, jedenfalls kommt es mir so vor, hält ein Auto. Der Fahrer ist nicht sonderlich geübt, mit halb weggetretenen Ausländern zu kommunizieren. Kerman ist ihm als Zielangabe ein wenig zu unpräzise, weshalb ich ihm einfach mein Telefon mit meinem nächsten Host am Ende der Leitung übergebe. Sollen die das doch klären.

Nach schwer quantifizierbarer Fahrzeit werde ich an meinen neuen Host Hassan übergeben. Nach außen scheine ich noch immer nicht die von mir angestrebte Professionalität auszustrahlen. Die erste Frage von meinem Gastgeber ist, auf welchem Trip ich sei. Kurz darauf präzisiert er, dass er nicht meine Reise meint.

Die Frage beantwortet er sich schließlich selbst, als er durch meine Bilder vom Picknick scrollt. Mit einem heftigen Lachkrampf stoppt er bei der Backgammon-Partie. Grinsend klärt er mich auf:

»Das Pfeifchen, das ihr euch da teilt, ist eine Opiumpfeife.«

BANDAR ABBAS: ABSCHIED VOM IRAN

Mein Host in der Hafenstadt Bandar Abbas heißt Karim, ist in einem Start-up tätig und nebenbei Umweltaktivist, der sich für bedrohte Tierarten einsetzt. Ich bin überrascht, hatte angenommen, dass in einem Land Menschen erst anfangen, sich für Tiere einzusetzen, wenn sie nicht mehr befürchten müssen, auf Demonstrationen erschossen zu werden. Seine Freundin Nasi ist wie er nicht mal dreißig Jahre alt und Ingenieurin. Sie hat sich nach zwei Jahren als Angestellte mit ihrem eigenen Unternehmen selbstständig gemacht, weil ihr Chef sie genervt habe. Auch das ist der Iran. Dass die beiden ein Paar sind, müssen der Umweltaktivist und die Unternehmerin jedoch vor ihren Eltern geheim halten. Der eine trotzt der Industrie, die andere den frauenfeindlichen Vorgesetzten, aber gegen die Eltern zu rebellieren und unverheiratet zusammen in einer Wohnung zu leben – man muss es ja nicht gleich übertreiben.

Ganz die Aktivisten besuchen wir eine Veranstaltung über Vegetarismus. Extrem neugierig, wie Umweltaktivismus, Vorträge und Diskussionen im Iran aussehen, willige ich ein mitzukommen.

Der Vortrag ist wunderbar. Statt Argumenten gibt es Zitate aus dem Koran, die alles und nichts sagen, die geschickt interpretiert jedoch für Fleischverzicht plädieren. Alles wie immer. Wer sucht, der findet für alles einen Beleg in den dicken (heiligen) Schriften. Das ist der Punkt, an dem ich meist innerlich kapituliere. Ich weiß, wie beliebig diese Textstellen von Gemäßigten oder Radikalen ausgelegt werden können. Einigkeit gibt es dann nur in dem Punkt, dass die anderen den Wortlaut falsch interpretiert haben. Nach Hunderten dieser Gespräche bin ich mir sicher, was in jeglichen heiligen Schriften steht: das, was die lesende Person gerne glauben will. Es wundert mich nur immer, warum die Leute erst den Umweg über die großen Bücher gehen. Vielleicht um dem Standpunkt Autorität zu verleihen. Wer Gott auf seiner Seite hat, kann schließlich nicht ganz so falschliegen. Was mir ein gläubiger Mensch auch erzählt, sagt gefühlt mehr über ihn selbst als über die göttliche Ordnung aus. Egal ob Mutter Theresa oder ein mexikanischer Drogenboss. Beim Vortrag bleibt völlig überraschend ein gläubiger Vegetarier ein Vegetarier.

Am nächsten Tag steht ein mehrtägiger Ausflug zu einem verborgenen Canyon an, den Karim mir als einen der schönsten Orte im Iran angepriesen hat. Karim muss leider zu Verwandten, also verabschiede ich mich, während Nasi mich in die Details einweist. Sie lässt mich wissen, dass wir am Ausflugsziel schwimmen werden müssen. Gut gelaunt begehe ich einen Fehler, der sich noch rächen wird. Ich werfe das Handy auf den Haufen zurückgelassener Gegenstände, die nicht benötigt werden oder wasserscheu sind. Mein Notizbuch fliegt konsequenterweise hinterher. Brauche ich genauso wenig. Mangelnde Fantasie ist meist der Grund, der bescheidene Probleme zu mittelschweren Katastrophen aufbläht.

Karim hat nicht zu wenig versprochen. Ich erlebe tatsächlich – schwimmend – ein malerisches Wasserparadies mit von der Natur glatt geschliffenen Höhlenwänden in einem verborgenen Canyon. Nur die Rückkehr verläuft nicht wie geplant.

Ausgeschlossen

Nasi bringt mich zurück und setzt mich vor Karims Haus ab, gibt mir die Schlüssel und verabschiedet sich. Es ist fast Mitternacht, ich bin völlig erschöpft, während die unerträgliche Hitze immer noch fröhlich ihrer misanthropischen Lieblingsbeschäftigung nachgeht. Sehnsüchtig stürme ich der Klimaanlage und meinem Sofa entgegen. Hektisch fummle ich den Schlüssel ins Schloss. Das schlanke Metall drückt die Bolzen zur Seite, die mich vom klimatisierten Paradies noch trennen. Fast alle Bolzen. Der Schlüssel klemmt, das Schloss will das Paradies nicht freigeben. Ich versuche es vorsichtig erneut, doch es tut sich nichts.

Vielleicht der falsche Schlüssel, doch der andere passt erst gar nicht ins Schloss. Noch mal den ersten probieren! Schlüssel sind schließlich wie USB-Stecker, erst wenn man ihn das zweite Mal richtig reinsteckt, hat man sich als würdig erwiesen und wird belohnt.

Wenn Gewalt nicht hilft, hilft viel Gewalt. Ich drehe immer fester, besinne mich nach der politischen Weisheit auf die des Feinmechanikers. Nach fest kommt meistens kaputt. Das erste »Shit!« entfleucht dem Gehege meiner Zähne. Karim ist für zwei Tage weggefahren. Alle meine Sachen sind noch in dem Haus, ich muss morgen Mittag aufs Schiff, die Nummer von Nasi liegt zusammen mit meinem Handy in der Wohnung. Ich höre es zappeln, erst vibrieren, dann verhöhnt mich noch der Klingelton. Vermutlich Nasi, die wissen will, ob ich reingekommen bin, und jetzt vermutet, dass ich schon schlafe.

Panik! Ich spule das Katastrophenkleinredeprogramm ab: Was ist das Schlimmste, das passieren kann? Ich verpasse mein Schiff und verliere somit fünfzig Dollar (A) und muss in dieser brütenden Hitze draußen schlafen (B), das nächste Boot könnte ausgebucht sein (C) und mein Visum ablaufen (D). A, B und C wären beschissen, aber nicht dramatisch. D fällt in die Kategorie ›ungünstig‹, aber zusammen mit C extrem unwahrscheinlich. Also keine Hektik, vermutlich kostet mich der Spaß schlimmstenfalls Geld und Zeit.

Beruhigt verfalle ich wieder in die nächste Panik und ergebe mich in durch Verzweiflung gerechtfertigte Lösungsansätze: Ich probiere noch einmal den Schlüssel, der überhaupt gar nicht passt. Zu meiner Überraschung passt er gar nicht. Entmutigt sinke ich auf den Treppenabsatz. Inventar-Überprüfung: Was würde MacGyver jetzt machen? Definitiv das Schloss knacken oder die Tür eintreten? Leider bin ich zu ungeschickt und zu schwächlich. Außerdem würde eine neue Tür wohl mehr als ein neues Fährticket kosten. Erkenntnis: Ich brauche dringend neue Vorbilder. Ohne mein Notizheft ist die Einsicht bis morgen allerdings wieder vergessen. Ich probiere es mit Denken. Morgen ins Internetcafé gehen, bei Couchsurfing die Nummer von Karim raussuchen, ihm schreiben und hoffen, dass er seine Freundin erreichen kann, hoffen, dass sie Zeit hat und mich reinlassen kann. Viel Hoffnung. Bleibt noch das Problem mit der Nacht.

Eine Etage tiefer ist definitiv noch jemand wach. Soll ich klopfen? Ich bin mal wieder illegal unterwegs und habe keine Ahnung, wie die Bewohner reagieren werden, wenn nachts jemand in ihrem Flur steht und behauptet, er habe den falschen Schlüssel von seinem Freund bekommen, kein Handy und auch keine Telefonnummer. Jede schwäbische Hausfrau würde mich wahrscheinlich mit einem Besen als Meinungsverstärker nach draußen prügeln. Gut, im Iran sind schwäbische Hausfrauen eher selten und die Menschen wesentlich gastfreundlicher und besitzen keine harten Besenstiele. Trotzdem erscheint mir Klingeln um die Uhrzeit unangebracht. Die Alternative, im Flur zu schlafen, steht vermutlich nicht im Knigge, sondern taucht eher als Fallbeispiel im juristischen Staatsexamen auf.

Aus Mangel an Alternativen breite ich meine Isomatte aus. Mit dem überzeugenden Plan, morgens nicht gefunden zu werden. Wenn doch, hoffen, dass niemand die Polizei oder eine schwäbische Hausfrau ruft.

Es scheppert in der Wohnung gegenüber. Anklopfen ist vermutlich besser, als gefunden zu werden, und nebenan scheint man noch wach zu sein. Ich klopfe. Die Tür öffnet sich zumindest ein wenig. Ein älterer Herr schaut mich an. Stereotypen und Intuition flüstern mir ›religiös‹ ins Ohr. Verdammt! Es besteht also die Möglichkeit, dass er regimetreu ist. Beides schließt nicht aus, dass er auch gastfreundlich ist.

Wir verständigen uns auf irgendetwas, was ich für Farsi halte. Ich erkläre meine Situation peu à peu. Er versucht, mit dem Schlüssel die Tür zu öffnen. Erneute Panik, dass er es schafft und ich nur zu blöd war. Ich bereite im Kopf schon ein ›Ich schwöre, eben ging es wirklich nicht‹ vor. Doch er bekommt sie auch nicht geöffnet. Ein isolierter Bereich in meinem Gehirn feiert freudig, dass ich nicht zu stoffelig war, um einen Schlüssel zu bedienen. Die anderen Areale trauern der Klimaanlage hinterher. Selbst mein Selbstwert und Stolz hatten es vorgezogen, als Trottel dazustehen, denn als Trottel hätten sie duschen gehen können. Wir unterhalten uns langsam und zäh:

»Freund?«, werde ich gefragt.

»Weg!«, sage ich.

»Anrufen?«

»Kein Handy!«

»?« Er blickt mich verdutzt an.

»Es ist da drin!«

»Mein Handy nehmen!«

»Nummer auch hinter Tür, da drin!«

Stolz und Selbstwertgefühl sehen die Doppelniederlage kommen. Als Trottel dazustehen und nicht duschen zu können. Letzter Ausweg:

»Freund, Handynummer Internet nachsehen!«

»?«

»Internet.«

»?«

In meiner Vorstellung ist jetzt der Punkt gekommen, wo ich eingeladen werde, etwas zu essen und zu trinken, und eine Klimaanlage mit Schlafplatz angeboten bekomme. Nichts dergleichen passiert. Also erst einmal der obligatorische Bluff: Ich frage, ob ich im Treppenhaus schlafen darf.

Trampen hat mich an ein etwas verzerrtes Disney-Weltbild gewöhnt. Da stehe ich also, bedröppelt, mit naivem Blick starrend, auf die einzige für mich logische Reaktion wartend. Statt einer Einladung bekomme ich einen Ventilator in die Hand gedrückt. Mein Weltbild ist erschüttert. Ich habe entweder eine Abschiebung mit Besenstiel oder eine Einladung mit Verehrung meiner Person erwartet. Der Standventilator ist ein Zwischending, mit dem ich nicht gerechnet habe. Aber immerhin: Wie viel Prozent der deutschen Omas würden ihre Heizdecke für einen verirrten Fremden im Hausflur hergeben?

Missverstanden

Der nächste Morgen verläuft tatsächlich, wie ich ihn mir vorgestellt habe: Ab ins Internetcafé, Karim erreicht, Nummer erhalten, angerufen, Nasi kommt. Entschuldigung folgt, dann Verabschiedung, duschen, schlafen. Schließlich kratze ich noch ein Schneckenfossil sauber, das einer der Exkursionsleiter in der Schlucht gefunden hatte. Mehrere Stunden Arbeit liegen schon hinter mir. Karim liebt die Natur, weshalb ich es für ein gutes Internetcafé. Schließlich mache ich mich auf den Weg und stelle nach Minuten fest, dass die Schnecke noch in meiner Tasche steckt. Blödes Vieh, kein Wunder, dass man dich zum Versteinern in eine Schlucht geworfen hat. Ich schreibe eine Nachricht auf einen Zettel, wünsche dem Finder alles Gute, wickle das Fossil darin ein und lege es in einen Blumentopf am Straßenrand. Da mein präferierter Finder Karim ist, rufe ich Nasi an und berichte von dem Missgeschick. Kurz darauf bekomme ich eine enttäuschte Mail von Karim. Er habe mir vertraut, warum in alles in der Welt stehle ich Sachen von ihm?

Nasi hatte verstanden, dass ich etwas von ihm aus seiner Wohnung geklaut hätte. Nicht dass ich vergessen hatte, ein Geschenk dazulassen. Nach der Klärung des Sachverhaltes kommen in mir Zweifel auf: Was gab es wohl noch alles für Missverständnisse auf der Reise?

Ein Taxifahrer hält. Die letzte Fahrt im Iran hätte ich lieber trampend zurückgelegt. Die Friedenserklärung an den Erz-feind ist aber auch eine schöne Geste. Der Fahrer spricht fließend Englisch, wir haben eine tolle Unterhaltung. Zum Schluss, wie harmonisch, also noch einmal die Überwindung aller Vorurteile gegenüber den Kommerzfahrern. Als er vor dem Pier hält, lächelt er mich an:

»Patrick, kennst du Taarof?«

«Ja!«

«Perfekt! Die Fahrt ist umsonst!«

Ich grinse, stecke das Geld in die Ablage im Auto und verabschiede mich. Von ihm und dem Iran.

SÜDLICH VON SAUD: WÜSTE, BETON UND ARBEIT

VEREINIGTE ARABISCHE EMIRATE

Wir landen in Dubai an. Das Parkdeck der Autofähre ist bereits geräumt. Jetzt steht nur noch eine Traube Menschen auf dem Deck, die von leicht mürrischen Männern in Uniform in geordneter rechteckiger Formation gehalten wird. Endlich kommt der Bus zum Abtransport. Die Männer in Uniform halten uns einen Moment hin. Macht zu haben macht nur Spaß, wenn man sie nutzen kann. Schließlich dürfen wir langsam vortreten.

Kurze Freude, dann Ernüchterung. Nur Frauen und Kinder werden in den Bus gelassen. Dann werden die Sitzreihen vereinzelt mit Männern aufgestockt. Ich vermute, die Ehegatten sind bevorzugte Individuen in diesem Selektionsprozess. Wie auch immer. Es geht extrem langsam. Ich bin genervt, vielleicht sticht mein nicht persisches Gesicht aus der Menge heraus, vielleicht hat sich meine Genervtheit auch schon in einer grummeligen Sprechblase über meinem Kopf manifestiert.

Passkontrolle: Gründlicher geht's nicht
Jedenfalls starrt mich einer der Beamten direkt an und winkt mich heraus. Weißer-Europäer-Bonus, könnte man meinen. Vermutlich aber eher Iraner-Schiiten-Nachteil der anderen. In Dubai herrschen Sunniten. Die Konfessionen sind sich

nicht grün. Von den hiesigen Herrschern werden die Iraner als feindliche Schiiten gesehen, die mit Saudi-Arabien über die Vorherrschaft im Nahen Osten streiten und dabei auch noch mit ihren Moralpredigten nerven. In den vereinigten Königreichen im Osten der arabischen Halbinsel dagegen will man einfach nur in Ruhe sein Geld verprassen. Gut, vielleicht haben die Uniformierten mich als Westler automatisch als reichen Geschäftsmann eingestuft, der eben nur ein wenig trottelig vor sich hin starrt und in seiner Kleidung etwas abgeranzt aussieht. So wie nun mal alle aus dem Ausland, die weder Turban noch Dschellaba tragen.

Ich darf in den ersten Bus, was sich als bescheidenes Privileg herausstellt. Wir werden in einen Warteraum gebracht, wo wir uns zehn Minuten später vereint mit der zweiten Buscharge weiter gedulden dürfen. Die Prozedur kenne ich aus Erzählungen. Eine Mischung aus Langsamkeit und zur Schau gestelltem arrogantem Desinteresse, die zu langen Wartezeiten führt. Die Herren in den Roben treten langsam hinter ihren Schalter. Unterhalten sich oder sind wie der gesamte Planet in ihr Smartphone versunken. Irgendwann erbarmt sich der erste Beamte, einen Pass anzusehen. Quälend langsam wird einer nach dem anderen nach vorne gerufen, bis auch ich vortreten darf. Lustlos blättert mein Gegenüber in Zeitlupe meinen Pass durch. Vorurteile lassen herzlich grüßen. Am Frankfurter Flughafen hätte ein Reisender den lähmend langsamen Vorgang mit den Worten »Mit deutscher Gründlichkeit prüfte er meinen Reisepass!« beschrieben. Tatsächlich scheint er sich den Pass mehr oder weniger gründlich anzusehen. Mehr, weil ihm auffällt, dass neben dem irakischen Einreisestempel der Ausreisestempel fehlt, und er deshalb prüfend nachfragt. Weniger gründlich, weil dieser sich auf der nächsten Seite befindet. Die Frage reicht jedoch aus, mich kurz nervös zu machen. Doch die Angst, er könne sich an meinem Irakbesuch stoßen, legt sich schnell wieder. ›Pock‹, gestempelt.

Dubai: Gemeinsam isoliert

Ein neues Land und neue Erfahrungen warten auf mich. Ich stelle mich an den Straßenrand und trampe los. Nur weil das ein anderes Land ist, kann sich ja nicht alles grundsätzlich geändert haben. Das erste Auto bringt mich raus aus dem Hafengelände. Das zweite sammelt mich von einem Mittelstreifen auf.

Es sind drei Araber in Dschellaba, die gerade vom Hafen kommen, wo sie beim Zoll angestellt sind. Von Arroganz ist nichts mehr zu spüren. Was folgt, ist wieder einmal Gastfreundschaft über die Grenze des Annehmbaren hinaus. Sie wollen mich direkt nach Hause fahren. Da mein Host am anderen Ende von Dubai wohnt, lehne ich dankend ab, worauf sie ablehnen, dass ich ablehne. Ich schlage vor, mich zur ersten Bushaltestelle zu bringen, was sie nach längerem Hin und Her akzeptieren. Sie schieben mir noch eine aufladbare Nahverkehrskarte zu. Ich lehne mal wieder ab, sie aber auch und setzen noch einen obendrauf, indem sie sich entschuldigen, dass sie nur eine silberne und keine goldene Karte haben. Dass sie kein luxuriöseres Geschenk für einen völlig Fremden haben.

Ich schlendere ein wenig durch die Gassen von Dubai.

Dubai hat über drei Millionen Einwohner. Doch ich finde kaum Hinweise auf das Leben hinter den meterhohen

Betonwänden und Glasfassaden. Selbst in Tokio konnte ich fast schon dörfliche Eindrücke sammeln, etwa wenn ich durch schmale Gassen ging und die Balkone der zweistöckigen Häuser sah, auf denen die Menschen komische Dinge stapelten. Stromkabel und Wäscheleinen verbanden die Häuser wie Lianen Bäume im Dschungel. Es gab Mülltonnen am Straßenrand, Fenster mit herauswehenden Gardinen. Unterschiedliche Fassaden, mal bröckelig, mal dekoriert. Es waren kleine Biotope mit kleinen Wesen, die es sich dort gemütlich eingerichtet hatten.

Ganz anderes in Dubai. Fensterlose Steilwände aus Beton bauen sich um mich auf. Vermutlich Garagen. Auf jedem dieser Karrees hat sich ein großer Glasbau niedergelassen. Die sterilen Säulen sind verspiegelt und glänzen in der Sonne, als wären sie eine Computeranimation, die einem unrealistisch erscheint, weil sie ohne Makel ist. Ohne Dreck, ohne Unebenheiten, Macken und Kratzer. Nichts deutet darauf hin, dass hier Menschen leben. Keine Blumentöpfe, keine Wäscheleinen, keine Banner, keine Fahnen; nicht mal von einem Fußballverein. So weit das Auge reicht – perfekter glänzender Schein. Ich fühle mich unwillkommen inmitten dieser makellosen Umgebung und hoffe, irgendwo auf einen Graffitisprayer zu treffen, der diese Perfektion und Sterilität durcheinanderbringt und zum Leben erweckt. Aber er kommt nicht.

»Diese Stadt ist ein internationaler Schmelzpunkt«, erklärt mir mein Gastgeber, während wir im Pool auf dem Freilaufdach unser Bier schlürfen. Neben uns rekeln sich ein paar leicht bekleidete Männlein und Weiblein mit Drinks und frivolem Gelächter. Gedämmtes Licht umgibt uns, das Ende des Hochhausdaches ganz in der Nähe. Dort geht es über hundert Meter in die Tiefe. Um uns herum sind weitere Plattformen. Durch die kaum vorhandene Beleuchtung schweben sie scheinbar im Nachthimmel. Kleine fliegende Inseln, losgelöst vom kargen Wüstenboden, auf dem diese gebaut sind, mit allem erdenklichen Luxus.

Jedes dieser Häuser scheint mit seinen Hunderten Bewohnern autark für sich zu stehen, getrennt durch unüberwindbare Abgründe, der Gegenentwurf zur italienischen Kleinstadt, wo jeder vor seinem Haus an der Straße sitzt und entweder mit seinem Nachbarn gemeinsam trinkt oder sich wenigstens zuprostet. Hier sind keine Menschen zu sehen, denen ich zuprosten kann. Vor mir sitzen zwar im Moment welche, aber sie nehmen mich nicht im Geringsten wahr. In den meisten Dörfern bin ich als Fremder sofort aufgefallen. Am hauseigenen Pool könnte ich wochenlang sitzen, ohne dass jemand mich Fremden bemerken würde.

»Niemand kommt hier zum Leben hin, alle zum Arbeiten. Aber für Letzteres ist die Stadt perfekt!«

OMAN: GASTFREUNDLICHER GEHT'S NICHT

Falls in der heutigen Zeit im Nahen Osten eine neue Religion entstehen würde, es wäre eine kastenförmige Gottheit, aus der kalte Luft strömt. Ich komme so erholt aus meinem Zelt gekrochen, als hätte ich die Nacht in der beheizten Trommel eines Betonmischers verbracht. Sandig und verschwitzt von der Nacht im Zelt trotte ich zur Straße. Ich bin schon in der

Innenstadt von Maskat, der Hauptstadt des Oman. Allerdings hatte die Odyssee von Dubai mit diversen Lkws bis in die späte Nacht gedauert. Da ich meinen arbeitenden Gastgeber nicht aus dem Bett schmeißen wollte, verbrachte ich die Nacht am Stadtrand im Zelt. Stadt heißt: Taxi fahren. Verschlafen wird mir klar, dass ich die Taxipreise nicht kenne. Also heißt es mal wieder, mich experimentell ranzuarbeiten. Die hohe Frequenz an Fahrzeugen lässt die Vorgehensweise ohne Weiteres zu.

Den ersten Taxifahrer, der hält, frage ich noch nach dem Preis, lehne sein Angebot aber natürlich kopfschüttelnd ab. Da ich bei diesem meine Unwissenheit schon zum Ausdruck gebracht habe, versuche ich es erst gar nicht weiter. Das nächste Auto hält. Ich nenne ein Zehntel des vorherigen Preises, worauf der Fahrer kurz innehält, überlegt und mir das Dreifache davon anbietet. Ich lehne ab, nach kurzem Zögern fährt er davon.

Händler oder Handwerker?
Eigentlich hasse ich verhandeln. Hauptsächlich weil ich es nicht kann. Vorsätzliches Übertreiben, um irgendwann an einen realistischen Punkt anzukommen. Wo derjenige gewinnt, der dreister übertreibt. Übertreiben, bluffen und lügen gehen fließend ineinander über. Da bin ich dann doch ganz Japaner. In Japan gilt es, in allem, was man tut, Perfektion anzustreben. Das gilt vom U-Bahn-Fahren bis zum Einlegen von Fisch in Algen und Reisessig, was heute eine der kunstvollsten Formen der Essenszubereitung ist und Sushi genannt wird. Verhandeln, erzählte mir mal ein Japaner, sei ein unhöflicher Akt gegenüber der Leistung des Handwerkers.

Warum eigentlich nicht einfach die überteuerten Preise zahlen? Einer meiner Freunde tut dies immer, vollmundig und bei vollem Bewusstsein. Er begründet es mit einer Kombination aus Gleichgültigkeit und Gönnertum. In den meisten Backpacker-Regionen seien die Preise weit günstiger als zu Hause, selbst wenn er die überteuerten Touristenpreise zahlt.

Es koste ihn also fast immer noch nix, für den Empfänger sei es dagegen äußerst viel Geld, das er ihm ›spende‹.

Eigentlich fair. Beim Trampen in Armenien äußerte sich ein Deutsch-Armenier aber äußerst erbost über hohe Trinkgelder und Spendierfreudigkeit. Er erzählte von Touristen, die in seiner alten Heimat Guides oder Fahrern das Doppelte des Preises als Trinkgeld zahlen. Er meinte, dass damit die Arbeit und Bezahlung der Einheimischen ins Lächerliche gezogen wird, indem die Touristen gutsherrenartig mehr spenden als bezahlen. Das Tagwerk der Einheimischen würde damit entwertet. Eine etwas andere Sichtweise, die er äußerte, betraf die gesamte wirtschaftliche Entwicklung. Wenn man bei Touristen den dreifachen Stundenlohn abgreifen kann, warum sollte man sich dann die Mühe machen, in einer Autowerkstatt zu schuften, zu studieren oder irgendein anderes Geschäft zu eröffnen, das nicht zum Ziel hat, Touris Gassi zu führen? Mal von dieser akademischen Diskussion abgesehen, habe ich noch einen anderen Grund zu feilschen: Ich habe nur ein paar Münzen Bargeld.

Ein Däne im Oman

Mein Host hatte mir geschrieben, dass ich einfach am Pool des großen Hotels nahe seines Hauses warten soll.

Es ist für meine Standards nobel. Aber wer wie ich die Nacht zuvor im Dornengebüsch verbracht hat, ist auch leicht zu beeindrucken. Umso mehr schockt mich die Begrüßung am Empfang. Sie ist freundlich. Aus meiner Selbstwahrnehmung ist mein Aufzug schäbig genug, um Probleme beim Einlass in eine Waldjugendherberge zu bekommen. Der Mann am Empfang lockt mich zum Tresen, mein Sonnenstich versichert mir, dass es dort eine Falltür gibt, die mich per Knopfdruck hinausbefördern wird. Die Falltür bleibt zu, stattdessen fragt mich der Portier, ob ich ein Zimmer wünsche oder einen Platz im Restaurant. Da ich nur zum Pool will, weist er mir den Weg zu der Umkleide.

Die Dusche in der Umkleidekabine gibt mir meine Würde zurück, kurz darauf treibe ich im Pool. Tagesziel erreicht. Der Rest sollte passiv machbar sein. Entspanntes Dösen zwischen Bäumen und solchen, die es mal waren und jetzt zerschnitten in langweiliger Balkenform als Schattenspender eine Festanstellung in dem Hotel haben. Es grenzt fast an Urlaub. Ein paar Amerikaner vom Typus ›Statist auf Partys in Teenagerfilmen‹ planschen mit hysterischen Klängen auf der anderen Seite. In hoher Frequenz schallen literarisch wertvolle ›Fuckings‹ als komplexer Ausdruck innerer Gefühlswelt zu mir herüber. Ich lass mich nicht stören, döse weiter, bis ich fucking pissen muss. Bei meiner Rückkehr erblicke ich dann einen blonden Typen am Pool.

Manchmal ist es nicht so trivial, seinen Host zu erkennen, Couchsurfing vermittelt in dieser Hinsicht vor allem die Erkenntnis, dass Menschen von der Erscheinung her nichts mit ihren Profilbildern zu tun haben. In diesem Fall ist es jedoch einfach.

Breite Statur, markante Gesichtszüge, nicht arabisch. Sein Name ist Tom, er kommt aus Dänemark und genießt hier eine entspannte Lebensweise. Im Oman ist er gestrandet. Er hatte weder den Traum noch den Plan hierherzukommen, noch hatte er vorher eine Ahnung, worauf er sich einließ. Von Beruf ist er Bauingenieur, der als Berater bei einer Investmentbank arbeitet. Wichtiger ist ihm aber sein Dasein als Reisender.

Auch wenn die Kritiker des imperialen Ausbeuterkapitalismus auf ihrem Selbstfindungstrip im indischen Erkenntnistempel beim Gruppenyoga dies vermutlich nicht wahrhaben wollen: Die Kombination ist häufig. Macht ja auch Sinn, denn sowohl Weltreisen als auch das Ausbeuten von Schwellenländern basieren ohnehin auf dem gleichen Prinzip. Klar: Man sollte Unternehmen, die in Südostasien für unsere Verhältnisse Hungerlöhne zahlen, kritisieren. Diese Kritik in Thailand zu formulieren, während man einen Milchshake für fünfzig Cent entgegennimmt, lässt jedoch ein gewisses Abstraktionsvermögen vermissen. Die Zahl der Studenten in der Mongolei, die ein Jahr arbeiten gehen, um sich eine Weltreise zu finanzieren, ist vermutlich geringer als die in Deutschland. Aber immerhin: Das Geld, das auch wir indirekt den Menschen im globalen Süden in Form von bösen Firmen als Lohn vorenthalten, können Backpacker beim Reisen in bescheidenen Raten zurückzahlen.

Tom kann jedenfalls für sich reklamieren, bei keiner ›bösen‹, sondern bei einer islamischen Bank zu arbeiten. Finanzkredite sind nicht nur für Marxisten verwerflich, sondern ebenso für strenge Muslime. Deshalb hat Toms Bank eine eigene Scharia-Abteilung, die kontrolliert, dass keine un-islamischen, also nur zinslose Geschäfte gemacht werden. Nach seiner Aussage dienen diese Abteilungen hauptsächlich dem Umbenennen von Dingen, die man ignorieren will. Das funktioniert, denke ich mir, so, wie wenn ein ›CO_2-intensiver klimaschädlicher Personentransport mit Kerosin verschwendenden Zwischenlandungen in für uns günstigen Ländern mit armer Bevölkerung‹ in ›Selbstfindungstrip‹ umbenannt wird.

Nicht dass ich es jemandem vorwerfe. Trotz allem Getrampel, auch ich werde mich noch zweimal ins Flugzeug schwingen. Auch ein vegetarischer Radfahrer, der in den Urlaub trampt, könnte sich steigern, wenn er nicht auf einem CO_2-Drachen zurückreitet. Ich könnte durch die saudische Wüste laufen und von Israel mit einer Fähre nach Europa und durch die Tramperhölle Italien Richtung Deutschland reisen. Aber wenn man Freunde hat, die jeden Tag von Bremen nach Toulouse zur Arbeit fliegen, grenzt es fast an eine dissoziative Identitätsstörung, wenn man sich nicht einen Flug pro Jahr gönnt. Verzicht fällt schwer umgeben von Verschwendung und Menschen, die selbigen sogar lächerlich finden. Deshalb brauchen wohl nicht nur Banken eine Umbenennungsabteilung.

»Auf deine Tramptour!«

Inzwischen sind wir in Toms Wohnung unter der Minibar gelandet, wo er mir grinsend ein Glas Rum zum Anstoßen hinhält.

Tom lässt es sich gut gehen, ist wenig politisch und unkompliziert.

Er macht sich in jedem Fall keine Gedanken über seine CO_2-Bilanz. Sein nächster interkontinentaler Kurztrip ist schon gebucht. Warum macht er gar nichts und ich nicht mehr? Gesellschaftliche Standards verschieben sich nur langsam, es dauert, bis sich eine neue Moral einstellt. Frei nach Max Planck setzt sich sowieso keine neue Idee durch, ihre Gegner sterben nur nach und nach an Altersschwäche. Und ich? Meinen persönlichen Beitrag halte ich für wichtig, aber noch wichtiger, als dass ich auf meine letzten zwanzig Prozent verzichte, wäre es wohl, andere davon zu überzeugen, auf die ersten achtzig Prozent zu kommen. Als verbitterter Asket tauge ich wohl kaum als begeisternde Inspiration zum Nachahmen. Ideen brauchen Zeit oder politische Rahmenbedingungen. Deshalb halte ich es auch für falsch, wenn Menschen sich über andere erheben, nur weil sie früher neue oder neumodische Wertvorstellungen angenommen haben. Ein formidabler Trick meinerseits. So kann ich mich auch gegenüber den Menschen überlegen fühlen, die sich eigentlich richtig verhalten, weil ich mir ein neues Laster ausgedacht habe.

Ich überlege kurz ob des Zirkelschlusses.

Tom nickt mir grinsend zu und löst das ethische Dilemma mit einem weiteren Glas Rum. Der erste Alkoholexzess mit gutem Stoff lässt mich an neu erreichte philosophische Sphären glauben.

Ich verbringe vier Nächte bei Tom. Ohne konkreten Grund. Er ist beschäftigt, hat leider tagsüber keine Zeit. Ich hingegen habe wenig Lust, die Stadt zu erkunden. Am ersten Tag mache ich ehrlich gesagt gar nichts, außer meine Reise zu planen und meinen Flug nach Jordanien zu buchen. In Saudi-Arabien gibt es kein Reinkommen für Nichtmuslime.

Saudi-Arabien ist die Hüterin von Mekka und Medina, den beiden heiligsten Städten des Islam. Jeder gläubige Muslim ist verpflichtet, einmal im Leben nach Mekka zu pilgern. Was passiert, wenn er es nicht tut, ist unbekannt, es liegen keine Erfahrungsberichte vor. Allerdings wird allgemein empfohlen, es zu tun. So allgemein, dass selbst gläubige Iraner – also Schiiten – versuchen, dieser Pflicht nachzukommen. Als diese Regel aufgestellt wurde, war noch nicht bekannt, dass sich die Religion in verfeindete Konfessionen spalten würde. Typischer Anfängerfehler. Damit einhergehend waren auch die Komplikationen, welche die Pilgerpflicht mit sich bringt, nicht bedacht. Böse Zungen behaupten ohnehin, dass lediglich ein neuer Markt erschlossen werden musste. Mohammed hatte die alten Götzen in den heiligen Städten zerstört. Blöderweise machten aber gerade jene Figuren die Orte zu Städten, die Pilger und damit Geld angelockt hatten. Also musste ein neues religiöses Highlight her. Unstrittig ist das Thema nicht. Unter anderem hatte der IS angekündigt, das wichtigste Heiligtum und Hauptpilgerziel, die Kaaba, in die Luft sprengen zu wollen, denn einen schwarzen Stein zu verehren sei Götzenanbetung. Mir blockiert der Schrein mit dem vermeintlichen Meteoriten hauptsächlich meine Reiseroute.

Mein Sightseeing beschränkt sich auf zwei Ausflüge. In der Halbzeit eines emotionslosen Fußballspiels führt mich Tom zur berühmtesten Moschee Maskats, zur Großen Sultan-Qabus-Moschee. Sie ist riesig, und die Architektur wirkt wieder mal neuartig auf mich. Von Istanbul über Isfahan, Kerma, Dubai bis hierher hat mich die schiere Vielfalt der islamischen Gotteshäuser überrascht und zum Staunen gebracht. Da mir nur fünf Minuten für die Besichtigung bleiben, mache ich, bevor die Moschee schließt, das, was ich in Japan gelernt habe: Ich flitze mit der Kamera los und knipse mehr, als dass ich selbst hinsehe. Große Teppiche im Innenraum, bullig-große Kronleuchter, check, Säulen, hohe Decken, alles gesehen! Ich war da, check!

Bild für Bild entsteht. Einblick ins Leben der Einheimischen? Wow! Raus. Die Tür schließt sich. Echter Tourismus, nur der Selfiestick fehlte mir. Der Nachteil: Ich bin auf keinem der Bilder selbst zu sehen, niemand wird erfahren, wie mein Gesicht vor der Moschee aussieht. Wenn Menschen den ganzen Planeten schon per Google Earth erkunden können und jede kulinarische Spezialität vom Lieferservice an die Haustür gebracht wird, bleibt fast nur noch das Selfie als letztes Argument, noch selbst auf Reisen zu gehen, oder?

Tom sitzt entspannt am Eingang vor seinem iPad. Er tindert. Tinder ist jene App, in der man Bilder von anderen Nutzern vorgesetzt bekommt. Bei Missfallen wischt man ablehnend nach links, bei Gefallen zustimmend nach rechts. Wischen beide Nutzer zustimmend, öffnet sich ein Chat. Oberflächlicher als Bars und Datingseiten könnte man es nennen.

Im Prinzip läuft es aber wie in einer Bar, nur schneller und dazu ehrlicher als bei jedem Datingportal. Es gibt keine Profile mit dem Realitätsgehalt einer Dauerwerbesendung, ergänzt durch hülsenhafte Angaben, die wie Horoskope auf jeden Menschen zutreffen könnten, etwa im Stil von ›Ich bin offen für Erlebnisse, manchmal ist aber ein einfacher gemütlicher Sonntag im Bett genau das Richtige‹. Wisch und weg. Wischen ist dabei fast wie Flirten per Blickkontakt, nur weniger peinlich. Der Tinderer muss nicht ewig rumdrucksen, sich fragen, ob der andere wirklich zurückgeschaut hat. Ob er auffällig genug geschaut hat oder langsam aufdringlich wird. Es ist klar, wer gemeint ist, und Ansprechen ist damit auch kein Problem mehr.

Verkappte Romantiker würden jetzt behaupten, dass gerade das die Spannung ausmacht, das Kribbeln, die Schmetterlinge im Bauch. Aber wer selbst den Sonntagsspaziergang mit dem GPS in der Hand durchzieht, der will auch keine Komplikationen beim Flirten, sondern Effizienz. Niemand kann sich mehr verlaufen, weil das Navi immer weiß, wohin man gehen muss. Restaurants werden nicht mehr entdeckt oder ausprobiert, sondern nach der Fünf-Sterne-Bewertung von Mandy-84 ausgewählt. Fehltritte bleiben aus, aber genauso die Spannung und die Magie von Zufallsentdeckungen und Überraschungen. Die Aufregung holt man sich dann beim Bungee-Jumping.

In konservativen arabischen Ländern ist es natürlich eine Stufe härter. Wer beim Flirten nicht seine Ehre oder körperliche Unversehrtheit im Zweikampf mit dem eigenen oder dem Vater der Angebeteten riskieren will, ist mit dem Onlineflirten wesentlich besser beraten.

Toms einzige omanische Freundin war allerdings nicht ›ertindert‹. Sie fuhr schlicht jeden Morgen an der gleichen Stelle vorbei, an der er auf sein Taxi wartete. Irgendwann hielt sie und nahm ihn mit. Sie quatschten, verstanden sich, die gemeinsame morgendliche Fahrt wurde ein tägliches Ereignis. Die beiden wurden ein Paar, wobei ›Paar‹ hier natürlich großzügig auslegt werden muss. ›Affäre ohne betrogenen

Partner‹ trifft es vielleicht besser. Die Beziehung musste geheim bleiben. Bei jedem Treffen musste die Uni oder eine Freundin als Alibi herhalten. Das Ende kam plötzlich, ohne große Erklärung. Vom Kulturschock abgeschreckt, bevorzugt er jetzt Ausländerinnen.

Ich schaue ein wenig zu, wie Gesichter erscheinen und wieder verschwinden, bis sich Tom vom virtuellen omanischen Bartresen erhebt.

Omanisierung

Es ist Ramadan. Im immer noch unerträglich heißen Schatten erscheint es mir verrückt, ein Gesetz zu erlassen, das verbietet, von Sonnenauf- bis Sonnenuntergang zu essen oder zu trinken. Kaum vorstellbar, dass in einem Wüstenstaat während dieser Zeit jemand arbeitet. Tom würde wahrscheinlich einwenden, dass hier ohnehin kein Omaner arbeitet. Seit der Omanisierung ist das jedoch nicht mehr ganz korrekt.

Der Sultan sah die Arbeitsverhältnisse einst ähnlich. Er öffnete das Land für westliche Firmen, die kamen, aber mit ihren eigenen ausgebildeten Mitarbeitern. Jobs, die für die Omaner quasi nicht verfügbar waren. Auf ungelernte Tätigkeiten hingegen hatte und hat nach wie vor kaum ein Omaner Lust. Straßen und Bauarbeiter, Lkw-Fahrer, Reinigungskräfte und Kindermädchen kommen größtenteils aus Südostasien. Auf Dauer ist der Zustand zumindest merkwürdig, ohne Öl und Gas kaum machbar. Also wurde die Omanisierung eingeleitet. Für diverse Branchen wurden Quoten eingeführt, nach denen gewisse Arbeitsplätze mit Omanern besetzt werden sollten. Allerdings wollen viele nur Manager werden, die Straßenarbeiterjobs blieben von dieser Initiative unberührt.

Das Land ist allerdings nach wie vor reich und hat mit Sultan Qabus ibn Said einen der weitsichtigsten und sozialsten Herrscher im Nahen Osten. Die einzige ernsthafte Konkurrenz ist eventuell das Königspaar in Jordanien.

Die Machtergreifung des Sultans erfolgte mehr oder weniger traditionell für diese Region. Ein westlicher Geheimdienst, in diesem Fall der britische, half ihm, seinen Vater wegzuputschen. Als letzte Amtshandlung fasste der Vater die Erfolge seiner Regierungszeit prägnant zusammen, indem er sich selbst aus Versehen in den Fuß schoss. Diesen Putsch beanstandete keiner. Das Land war abgeschottet, wirtschaftlich am Boden, gefangen in Traditionen und autoritär geführt worden.

Doch das ›Traditionelle‹ beinhaltete nichts Positives.

Bis heute ist das Bild auf der Straße immer noch von weißen Thawbs, den typischen Gewändern, Rauschebärten und dem klassischen omanischen Hut geprägt. Selbst Männer in diesem Outfit verlieren kein gutes Wort über den früheren Herrscher. Auf Nachfrage erzählt mir ein Mann: »Hätte ich meine Kopfbedeckung damals in der Öffentlichkeit abgesetzt und auf den Tisch gelegt, ich wäre dafür ins Gefängnis gekommen.«

Der Sohn öffnete also das Land, allerdings ohne Ausverkauf. Die Gasreserven werden nur mit Bedacht ausgebeutet, damit sie auch für die nächste Generation reichen, erzählte mir ein Ingenieur. Es gibt ein kostenloses Gesundheitssystem und Schulpflicht. Auf dass die nächste Generation ohne Gaseinnahmen auskommt.

Sandburgen

Am nächsten Morgen verlasse ich die Stadt trampend. Ein Novum. Nicht das letzte. Nicht nur dass ich einfach von der Hauptstraße lostrampe, ohne einen Bus zu irgendeiner am Rande liegenden Tankstelle zu nehmen. Nein, es hält sogar ein Taxi in altruistischer Absicht.

»Wo soll es denn hingehen?«, fragt mich der Fahrer.

Ich druckse: »Ähm, eigentlich brauche ich kein Taxi, sondern möchte einfach nur mit Leuten mitfahren, die in dieselbe Richtung wollen wie ich.«

»Okay, dann kostenlos«, ertönt die Antwort aus dem Auto.

Es ist immer wieder irritierend, wie Menschen aus dem arabischen und persischen Kulturraum knallhart mit mir verhandeln. Habe ich jedoch die Metamorphose zum Gast geschafft, so verwandelt sich der eiserne Geschäftsmann von Dagobert Duck in Mutter Teresa.

»Also, wohin?«, drängt der Fahrer.

Ich schüttle den Kopf, um aus meiner Fantasie aufzuwachen.

»Äh, sehr weit, deswegen muss ich mit jemandem mitfahren, der auch in diese Richtung will«, ergänze ich.

»Sag schon!«, bohrt er weiter.

»Nizwa«, kläre ich ihn schließlich auf.

»Oh, das ist wirklich weit.«

Zufrieden grinse ich, komme mir vor, als hätte ich nach einer Ewigkeit endlich ein Computerspiel durchgespielt, final die Grenze der Gastfreundschaft gefunden. Er geht kurz in sich und verkündet schließlich: »Ich fahre dich bis zum Ende der Stadt.«

Am Rande der Stadt werde ich fast direkt eingesammelt. Die Sprachbarriere sorgt für die üblichen Unsicherheiten. Nach kurzer Zeit entschuldigt sich mein Fahrer höflich für ein Vergehen, das ich aus Deutschland nicht kenne.

»Ich wohne leider nicht dort, wo du hinmöchtest, sondern eine halbe Stunde davon entfernt.«

Sichtlich unangenehm berührt führt er weiter aus, dass er morgen recht früh aufstehen muss und ich nicht bei ihm übernachten kann. Trotzdem soll ich kurz mit zu ihm nach Hause kommen. Zum Fastenbrechen. Wir verlassen die Schnellstraße Richtung Einöde. Flache Ebenen, kaum wahrnehmbare Geröllwüste, in der jemand einen Streifen Teer verloren hat. Aus dem Nichts erscheinen Ansammlungen von quadratischen Betonkarrees, ab und an flankiert von Palmen. Als wir an seinem Haus ankommen, dämmert es bereits. Sein Haus erinnert mehr an eine Cowboy-Ranch, die aus den Resten der Berliner Mauer erbaut wurde. Statt eines Zaunes gibt es eine Betonwand, die mehrere Häuser schützend umgibt und nur durch ein Tor Zugang gewährt. Ein kurzes Grinsen überkommt mich bei der Vorstellung, wie man hier regelmäßig von den Mauern aus wilde Beduinen-Banden auf Pferden abwehren muss. Dann gefriert mir das Grinsen im Gesicht beim Gedanken an den IS, die real existierenden Horden, die schon unzählige beduinische Gemeinschaften wie diese hier massakriert haben. Zum Glück ist der Oman schon immer ein Ruhepol. Zwar gibt es auch hier Sunniten, also die Konfession, zu der sich auch der IS bekennt, die Mehrheit gehört aber der besonderen islamischen Gruppe der Ibaditen an, die mit gelebter Friedlichkeit von sich reden gemacht haben.

Wir steigen aus. Ich soll meinen Rucksack auf die Ladefläche seines Pick-ups werfen. Von drinnen würde ich ihn nicht sehen können, allerdings bezweifle ich, dass hier in der Abgeschiedenheit, in einem Dorf im Oman, Diebstahl an der Tagesordnung ist. Der Innenhof ist etwas karg. Kein Baum, keine Blume. Insgesamt überhaupt kein Grün. Die Häuser sind klein, es scheinen schlichte Wohnräume zu sein, die als allein stehende Gebäude einfach über den Hof verteilt wurden. Vor dem größten Gebäude ist ein Büfett aufgebaut, das mich ins Staunen versetzt. In kunstvoll verzierten, mehrstöckigen Schalen sind alle möglichen Spezialitäten versammelt. Drapiert, wie ich es mir im Sultanspalast in Tausendundeiner Nacht vorstelle. Die Söhne sind forsch, die zwei Töchter eher schüchtern. Die eine traut sich gar nicht zu sprechen, die andere überzeugt mit ein paar Brocken Englisch. Meine Fotos gehen rum, ich erzähle etwas, sie scheint zu übersetzen. Die beiden tragen ihre Kopftücher anders als eine der älteren Frauen, die ein wenig an Batman erinnert. Komplett in Schwarz gekleidet mit einer Battoulah, eine die Augen und Nase bedeckende Maske. Ich frage, ob ich vielleicht ein Foto machen darf. Als Antwort folgt helle Aufregung. Auf gar keinen Fall die Frauen fotografieren! Auch nicht verschleiert. Weshalb, weiß ich nicht genau. Im Koran werden Digitalkameras eigentlich nicht erwähnt.

Das Rollenbild ist hier anscheinend noch traditioneller. Die Frau kümmert sich um das Haus und die Kinder, und der Mann arbeitet, zieht in den Krieg und lässt sich fotografieren, ausführlich. Wir rotieren durch: Vater. Sohn. Anderer Sohn. Vater und Söhne. Vater, Söhne und ich. Wie es hier wohl aussieht, wenn hypothetisch in 25 Jahren meine Nachfahren hier säßen? Die beiden Mädchen gehen statistisch gesehen zu einem Zehntel in eine staatliche Schule. Zu Zeiten, als ihre Großmütter und Mütter Kinder waren, gab es nur Koranschulen. Da ich schlecht 25 Jahre hier sitzen bleiben kann, will ich die Auflösung dieser Frage der nachfolgenden Generation überlassen.

Mein Gastgeber sieht das ähnlich, er leitet den Aufbruch ein. Er erklärt mir in holprigem Englisch, »Hotel an Ort, wo du hinwolltest«. Dann fügt er noch hinzu: »Ich zahle.« Mir ist das zu viel des Guten. Ich lehne ab, erzähle, dass ich immer zelte, wie wunderbar Zelten ist.

Meine Rede begeistert nicht. Im Gegenteil.

»Du bist jetzt ruhig!«, erwidert er gereizt. »Heute zahle ich, heute schläfst du im Hotel, morgen kannst du wieder selbst entscheiden!«

Das ist vermutlich der Punkt, an dem Ablehnen unhöflich wird. Er fährt mich tatsächlich in ein Hotel, bezahlt, verabschiedet sich und lässt mich mit meinen Irritationen zurück.

Ich stehe einen Moment verwirrt im Gang, bis ich durch ein ächzendes Geräusch zurück in die Realität geholt werde. Der Portier hebt sich gerade einen Bruch bei dem Versuch, meinen Rucksack wie einen Koffer zu tragen. Allen Schmerzen zum Trotz überschreite ich wohl meine Kompetenz als Gast, als ich versuche, den Rucksack an mich zu nehmen. So muss ich tatenlos bei seinem Bandscheiben-Martyrium im Namen der Gastfreundschaft zuschauen.

Im Zimmer bin ich alleine, endlich. Das Zimmer ist groß und luxuriös, ein Bett zwei mal zwei Meter, der Schrank ebenso lang. Pseudostuck, Fernseher, Spiegel, alles in goldgelbem Ton, dazu ein riesengroßes Badezimmer.

Im Grunde ist mir alles egal. Meine Hotelbewertungsskala endet bei ›sauber‹. Der wahre Luxus liegt für mich woanders.

Eine Kombination aus drei Dingen, die ich auf meiner Reise selten vorfinde: eine Dusche, keine Angst, nachts entdeckt zu werden, und Privatsphäre. Ich dusche, lese und schlafe selig und geborgen, sicher wie in einer Burg, ein.

BAHLA: UNEINNEHMBARE FESTUNG

Weiter geht's zu einem UNESCO-Highlight, einer Festung. Die hat allerdings geschlossen, weshalb es für mich in der Stadt nichts zu tun gibt. Also geht's weiter nach Bahla, zur größten Festung des Omans: Hisn Tamah.

Der Gastgeber ist das Ziel

Ich gehe nicht davon aus, dass Hisn Tamah geöffnet hat. Trotzdem mache ich mich auf den Weg, denn die interessantesten Erlebnisse während meiner Reise beruhen auf dem Zufall, den man nicht erzwingen, aber durchaus provozieren kann. Beim Trampen behaupte ich, Hisn Tamah besichtigen zu wollen, lüge mir einen in die Tasche und hoffe auf die Einladung eines Fahrers.

Es passiert – nichts. Ich stehe schließlich vor dem verschlossenen Tor der anderen Festung. Die Hitze ist mal wieder unerträglich, also ergebe ich mich den lokalen Gepflogenheiten, lege mich in den Schatten der Burg, schlafe ein bisschen und trampe anschließend wieder zurück nach Nizwa. Nichts passiert.

Ich trampe wieder nach Bahla, wieder ergibt sich nichts. Was ist hier bloß mit den Leuten los? Ich krame in meinen Erinnerungen, wie häufig ich schon zum Spaß zwischen zwei Städten hin und her getrampt bin. Vielleicht ist dies nur meiner wissenschaftlichen Sorgfalt geschuldet. Ich will endlich statistisch belastbare Daten über den Oman erheben. Bis jetzt gab es eine Einladung nach Hause bei einem von zehn Autos. Also noch einmal hin und her, und ich sollte ein steinernes Dach über dem Kopf haben.

Ich hasse Statistik. Statt vor einer Klimaanlage wache ich am nächsten Morgen in meinem Zelt am Rande einer Baustelle auf und fühle ich mich wie ein Schnitzel in einer Sand-Schweiß-Panade.

Das erste Auto hält und erfüllt direkt die Oman-Quote. Es ist Djadi mit seinem Sohn. Er hat in London studiert, ist Ölingenieur, aber viel wichtiger: Er spricht fließend Englisch. Ungewöhnlicherweise trägt er keine Dschellaba, sondern einen Jogginganzug. Die Kleidung ist ein wenig dem Stress geschuldet. Sein Sohn hatte ihn vor ein paar Minuten vom Sofa geworfen und keine Zeit gelassen, sich umzuziehen, denn sie mussten sofort los. Der Grund: Es sah nach Regen aus, weshalb der Sohn unbedingt spazieren gehen wollte.

»Wenn du Lust hast, können wir dir Bahla und Umgebung zeigen«, bietet er mir an. Es sei schließlich seine Heimat, da sei es selbstverständlich, Gäste herumzuführen. Andere Länder, bessere Sitten.

Ich bekomme eine Art Flur, einen Vorraum zum Haus, als Nachtquartier für später angeboten. Rein ins Haus darf ich nicht. Ich bin kurz verärgert, besinne mich dann aber auf die Tatsache, dass Fremde es in Deutschland in der Regel nicht einmal durch die Haustür schaffen würden und vom Treppenabsatz gefegt würden. Wie viele Deutsche würden einen Fremden über Nacht mit ihren Kindern alleine lassen?

Nach dem Essen und einem kleinen Nickerchen fahren wir wieder los. Zunächst auf einen Hügel, auf dem der örtliche Handymast aufgestellt ist. Von hier erstreckt sich ein weiteres Mal ein unglaublicher Blick über etwas, an das ich mich immer noch nicht gewöhnt habe: Oasen. Der Ausblick erstreckt sich über unendliche Weiten, karge Gebirgsrücken und endlose Geröllwüsten. Um uns herum liegt die Stadt samt Häusern und Straßen, durchsetzt von Palmen und Grünflächen, wie ein Moosgeflecht auf ansonsten blankem Granitgestein. Der Kontrast hat etwas Surreales, fast Magisches. Es ist einfach nicht erkenntlich, worin der Grund für die Unterteilung in Steinwüste und Oase liegt. Die Daseinsberechtigung der Steinwüste erschließt sich natürlich sofort anhand der Schweißtropfen, die mir übers Gesicht laufen. Woher die grüne Insel ihre Kraft zieht, bleibt mir ein Rätsel. Mein von Zeichentrickfilmen geprägtes Hirn hat jahrelang einen kleinen Wassertümpel mit zwei Palmen und einem Kamel nebenan als Definition von Oase verinnerlicht.

Nach wie vor erscheint mir dieser Anblick jedoch realistischer als dieser Ort.

Lawrence von Arabien

Hisn Tamah die Vierte! Vor dem Nickerchen sind wir nur an der Festung vorbeigefahren. Jetzt, wo wir erneut vor ihr stehen, ist sie natürlich geschlossen. Es kann nur Absicht dahinterstecken. Ich fange an, die Existenz des Innenhofs anzuzweifeln, und entschließe mich, den Wikitravel-Eintrag für Hisn Tamah zu ergänzen. »Für einen Besuch sollten Sie folgende Gegenstände mitführen: eine Kamera, einen Liter Wasser und einen Sonnenhut sowie fünf Katapulte, einen Rammbock, zwei Belagerungstürme und ein erfahrenes Heer von fünftausend Mann.«

Da mir die Ausrüstung zur Erstürmung fehlt, beschließe ich, die Burg lieber zu belagern, worauf Djadi mich zu einer Kanone winkt, die vor dem Tor steht.

»Komm, Lawrence von Arabien, ich mache hier ein Foto mit dir und dem Ding«, scherzt er.

Passender wurde ich vermutlich noch nie bezeichnet. Zumindest, wenn man Lawrence von Arabien auf einen europäischen, abenteuerlustigen Rumtreiber reduziert, der von allen Arabern gefeiert wurde, im Endeffekt aber nichts nachhaltig für sie getan hat, als falsche Versprechungen zu machen.

Bei jeder Verabschiedung lade ich meine Gastgeber ein, mich ebenfalls in meiner Heimat zu besuchen. Ein wie gesagt oft unrealistischer Vorschlag, sowohl aus finanzieller Sicht als auch aus Visa-Gründen. Manchmal auch aus sozialen. Bei dem einen oder anderen meiner Gönner sind die kulturellen Differenzen zwischen uns so groß, dass ich mich extrem verstellen, meinen Atheismus leugnen, bei manchen Gesprächsthemen stillschweigend nicken muss. Eingeladen in mein Heimatdorf im Sauerland, würde der eine oder andere Chauvinist, der mich bei sich zu Hause auf Händen getragen hat, nach fünf Minuten von meiner Mutter vor die Tür gesetzt werden.

Ich will ihnen keinen Vorwurf machen. Ich weiß nicht, wie ich mich entwickelt hätte, wenn ich eine andere gesellschaftliche Norm vorgelebt bekommen hätte, etwas anderes für normal halten würde. Unvergesslich bleibt mir das fragende Gesicht einer omanischen Frau, als ich ihr erklärt habe, dass in Deutschland häufig Frauen und Männer gleichzeitig arbeiten gehen. Ihre erste Frage war, was wir dann mit den Alten und Kindern machen würden. Also erwiderte ich das für mich Normale: Kindergärten und Altenheime. Geschockt antwortete sie, dass eine Gesellschaft, in der Menschen es sich nicht leisten können, für ihre eigenen Kinder und Eltern zu sorgen, die ärmste der Welt sei.

Sie fand die Idee absurd, für einen Bürojob die Erziehung ihrer Kinder einer fremden Person zu überlassen. Wir wollen das so, weil wir es so gewohnt sind, ist vermutlich die ehrlichste Erklärung, die ich dafür geben kann. Wie gut diese verschiedenen Lebensentwürfe miteinander auskommen, entscheidet sich dann auch an der Toleranz und am kulturellen Feingefühl. Ich hoffe, dass ich es hinbekommen habe, den Menschen nicht zu sehr auf die Füße zu treten.

Bei Djadi habe ich keine Bedenken. Ich bedanke mich und bringe noch mal meine Begeisterung über die omanische Gastfreundschaft zum Ausdruck.

»Ach, Quatsch!«, erwidert er. »Das war doch alles kein Thema!«

Sein fast permanentes freundliches Grinsen ruht auf mir, als er hinzufügt:

»Wenn ich nach Deutschland reise, würden mich die Menschen dort schließlich genauso freundlich und zuvorkommend behandeln!«

Da weiß ich gar nicht, was ich sagen soll. Unsicher grinse ich ihn an, und mein Schweigen kommt mir wie eine Lüge vor. Ich sehe Djadi an mit seinem rauschenden Bart. Seit dem Mittagessen trägt er ein langes Gewand mit Kopfbedeckung, die beim Check-in in einem europäischen Flughafen für Nervosität und lange Wartezeiten sorgen würde.

Auch Lawrence von Arabien versprach seinen arabischen Freunden etwas, nämlich Unabhängigkeit, obwohl er genau wusste, wie ihre Region aufgeteilt werden sollte. Er hatte vielleicht gehofft, dass die Politiker im Heimatland seine Sicht übernehmen würden, wenn sie erst einmal seine Geschichte hören. In dieser Hoffnung belog er alle um sich herum, vermutlich einschließlich sich selbst. Ähnlich verhalte ich mich als der kleine Westentaschen-Lawrence. Dass Djadi als Tramper oder Reisender dieselbe Gastfreundschaft erfahren würde wie ich durch ihn, daran glaube ich nicht wirklich, aber ich wünsche es mir.

SALALA: DIE OASENSTADT

Aufrechter Stand, Unterarm im 45-Grad-Winkel, lächeln. Die Sonne blendet leicht, aber ich versuche, die Augen nicht zu sehr zuzukneifen. Blickkontakt ist das Wichtigste. Ich bin bereit für die Chance meines Lebens, mein letztes verbliebenes Trampziel zu erreichen: eine Fahrschule. Ich stehe zwar äußerst ungünstig, aber ich bin schließlich im Oman, und um mich herum wimmelt es nur so von Fahrschulautos. Der Traum währt nur kurz, ein Taxi sammelt mich ein, natürlich nur so zum Spaß. Immerhin wird ein Mysterium aufgeklärt. Taxis werden vom Staat subventioniert, Taxischeine an Familien vergeben. Sprich, es haben mich vermutlich haufenweise Bürger mit Langeweile eingesammelt und nicht am Existenzminimum nagende Taxifahrer. Das erklärt die Großzügigkeit.

Der Taxifahrer bringt mich zu einem Kreisverkehr. Eine Ausfahrt prophezeit: noch achthundert Kilometer bis Salala. Es ist heiß, vor mir liegt die Wüste. In Maskat hatte ich mit einem Freund aus Stuttgart gesprochen. Er schickte mir einen Text mit dem Thema: ›Mache nichts, was du nicht auch machen würdest, wenn du niemandem davon erzählst.‹ Einfacher formuliert: Mache nichts bloß dafür, um darüber zu reden. Der Leitsatz erscheint mir sinnig. Das institutionalisierte Gegenteil davon heißt Lebenslauf: ›Ich habe drei Monate Praktikum in Singapur gemacht, nicht weil es einfach war, nicht weil ich Bock drauf hatte, nicht weil es mir was bringen sollte, sondern weil es zum guten Ton gehört.‹ Die seichtere Variante ist, zitternd vor einem eiskalten See zu stehen, null Gründe in der Hand zu haben, auch noch die letzte verbliebene Körperwärme über das Wasser an den Klimawandel abzugeben und trotzdem reinzuspringen. Einfach nur, um es gemacht zu haben, weil man nun schon mal hier ist und sich ›Wanderung mit anschließendem Bad im Bergsee‹ einfach cooler anhört. Am besten noch mit einem Foto, auf dem eine Gestalt im Wasser liegt, die mit blau unterlaufenem Gesicht grinst, als bekäme sie gerade die Zehennägel rausgerissen.

Oder konkreter gefragt: Hat wohl jemals jemand im Toten Meer eine Zeitung gelesen, ohne davon ein Foto gemacht zu haben?

Die Frage, ob ich im Oman weiterhin ausschließlich trampen sollte, hat sich in Maskat durchaus gestellt. Der leidlich gute Grund ist natürlich, dass ich unbedingt von Deutschland nach Israel trampen will. Nicht von Deutschland nach Israel, mit Ausnahmen von unzähligen Abschnitten, wo ich keinen Bock zum Trampen hatte. Der Kommentar bringt mich allerdings auch zum Nachdenken. Ich hatte beschlossen, aufs Trampen zu verzichten, falls es so wie im Iran laufen sollte. War es aber nicht. Im Gegenteil. Es ist ein Segen, denn das Trampen selbst ist spannender als die Orte, zu denen ich damit komme. Jetzt aber stehe ich am Tor zur Wüste, nicht wissend, ob es gefährlich ist, ob ich an Kreuzungen ende, an denen täglich nur zwei Autos vorbeikommen. Vielleicht ist es sinnvoller, mit dem Bus zu fahren, anstatt etwas zu tun, nur damit ich davon erzählen kann.

Omanische Schrebergärten
Ein Auto hält, der Fahrer quasselt fünf Minuten, outet sich als leidenschaftlicher Musikhörer und verfrachtet mich auf die Rückbank, wo ich die vorherigen zwei Seiten schreibe und Farmville spiele, bis wir in Salala ankommen. Falls ich diese Strecke nur getrampt bin, um davon zu erzählen, bin ich gescheitert. Das gleiche Erlebnis hätte ich auch beim Busfahren haben können.

Unschuldig und mit Hintergedanken klappere ich Autos ab und frage scheinheilig, wie man zum Strand kommt. Also eigentlich nur ein Auto. Anschließend bin ich von Jugendlichen umringt, die mir helfen wollen, mich aber nicht verstehen. Schließlich ruft mich ein Fahrer herbei, der sich das Schauspiel angesehen hat. Ein Glücksfall beziehungsweise ein Omaner: Mittlerweile habe ich das Gefühl, die Begriffe synonym verwenden zu können.

Er heißt Nadir und nimmt mich mit auf ein weiträumiges Gelände. Es liegt auf kargem und verdichtetem Boden, der aussieht, als hätte hier vor einer Woche ein großes Rockfestival stattgefunden. In zweihundert Metern Abstand stehen größere Zelte. Bei meiner Ankunft hatte ich das Gelände noch für eine Art Flüchtlingslager gehalten. Von Nahem sieht es etwas anders aus.

Neben der Unterkunft stehen Pavillons, Leinwände, sogar ein umzäuntes Fußballfeld. Es ist kein Lager, sondern eine Art omanischer Schrebergarten. Wie viele andere Gruppen auf dem Platz haben mein Gönner und seine Kumpels hier ein kleines Hobbydomizil aufgebaut, wo sie Fußball schauen und gemeinsam das Fastenbrechen zelebrieren. Das Zelt aus Stahlgestänge und Planen, mit abschließbarer Gittertür, hat ein Stromaggregat, ein paar Kochmöglichkeiten und – selbstredend – einen riesigen Flachbildfernseher. Tagsüber ist niemand da, außer eine Art Hausmeister, meist ein Pakistani oder Bengali.

Nadir bietet mir an, mit ihnen das Fasten zu brechen und ein paar Tage zu bleiben, damit er mir Salala zeigen kann. Glücklicherweise sei Hauptsaison wegen des tollen Wetters. Bekanntermaßen hat man in der Wüste andere Vorstellungen von gutem Wetter. In Salala ist es regnerisch und feucht. Es herrschen Temperaturen von 26 Grad. Das liegt an irgendwelchen Winden und am Riesengebirge hinter der Stadt. Das macht Salala zu einer grünen Oase und zum Touristenmagneten. Feuchtes Wetter kann ich zwar auch zu Hause haben, aber trotzdem bin ich gespannt, wie ein Urlaubsort für Wüstenbewohner aussieht.

Ramadan: Übung in Demut

Ramadan konnte ich noch nie richtig nachvollziehen. Gleich vor dem ersten Fasten erklärt mir deshalb jemand den ›wahren‹ Grund. Ich habe es immer mehr als klassisches Religionsgehabe abgetan: als Gottesprüfung, als Erbauung durch Verzicht und freiwilliges Leiden. Als etwas, um sich beim Scheitern schlecht zu fühlen. Vermutlich ist meine Erklärung nicht so falsch, doch was mir mein Gegenüber erzählt, ist wesentlich schöner. Muslime machen es, um wieder zurück auf den Boden zu kommen, um auch als reiche Menschen daran erinnert zu werden, wie es ist zu hungern. Einmal zu durchleben, wie es Bettlern ergeht. Um sich Demut anzueignen und die Bereitschaft, anderen zu helfen, zu steigern. Um dankbarer und bescheidener zu werden.

Das klappt nur bedingt. Nach dem Untergang der Sonne kochen wir. Ich bin nach dem ersten Mahl schon satt, weit nach Mitternacht, als das dritte Mahl vorüber ist, geht es mir dagegen elend. Mit der Lebensrealität eines Bettlers hat das Gefühl vermutlich wenig zu tun.

Ich gehe an Völlerei zugrunde, doch die anderen sind wesentlich besser im Training und bereiten schon das nächste Mahl vor. Ich berichte meinem neuen Koranlehrer von meiner spirituellen Erfahrung, und er erzählt mir, dass es so eigentlich nicht richtig sei. Angeblich dürfe während der Fastenzeit, auch nach Einbruch der Dunkelheit, nur Wasser getrunken werden. Nur zur Not seien ein paar Datteln und Kleinigkeiten zum Essen erlaubt. Also ungefähr die Menge, die wir als Vorspeise vernascht haben.

Gastarbeiterprinzip: Arbeiter aus Südostasien
Wir fahren die Berge hoch Richtung Wüste. Vom Tal kommend wandelt sich die Landschaft schleichend von karger Wüste in grünes Bergland. Zunächst zeigen sich einige trockene Gräser und Sträucher. Die Hügel werden grüner, Bäume kommen hinzu, und plötzlich sind seitlich der Straße Wälder. Bis wir die Kuppe überqueren. Der Nebel verschwindet hinter der Kuppe und mit ihm das Grün, es bleibt die Wüste.

Hinter dem Berg scheint kein Tropfen Regen runterzukommen. Ganz richtig ist der Eindruck nicht. Ziel unserer Fahrt ist ein großes Gehege, fünftausend Bäume haben die Behörden dort gepflanzt und zum Schutz gegen Kamele umzäunt. Jeder der Bäume ist von einer lebensspendenden schwarzen Schlange umwickelt. Wasserschläuche, um sie feucht zu halten. Weihrauchbäume heißen die hartgesottenen Wüstenbändiger, die irgendwann selbstständig werden sollen und hoffentlich die Wüste ein wenig begrünen.

Die Plantage liegt auf dem Weg zu dem Feierabenddienst von Nadir. Er ist Personalverantwortlicher irgendwelcher Straßenarbeiter. Sie leben in einer Mietskaserne, wo wir selbst gemachtes Essen zum Fastenbrechen vorbeibringen sollen. Das Gebäude liegt ebenfalls im Nebel, umgeben von Grün, weitab der Stadt. Es ist ein flacher Bau, weiß, mit großem, durchlässigem Innenhof. An einer Seite türmen sich Satellitenantennen, große Strahlenempfänger und rostige, ineinander gefallene Schüsseln. Insgesamt wirkt die Szenerie wie ein geheimer Stützpunkt der Rebellen aus *Star Wars*, der vom Imperium schon mal dem Erdboden gleichgemacht wurde.

Auf dem Boden wird eine meterlange Plastiktischdecke ausgebreitet, Menschen wuseln herum, stellen Essen und Trinken bereit. Meine Anwesenheit wird gefeiert, die Arbeiter schütteln freudig meine Hand, machen Fotos mit mir und schauen sich meine Bilder aus dem Sauerland an. Die meisten sind Gastarbeiter aus den muslimischen Ländern Südostasiens. Nach und nach gewinne ich den Eindruck, dass die nahöstlichen Araber wie die Kolonialherren über die fernöstlichen herrschen.

Saudi-Arabien nimmt auch nicht unerheblich Einfluss auf die Gesetzgebung und verwandelt tolerante Staaten in schariakonforme Gebilde. Auch als Arbeitgeber seien die Saudis die schlimmsten, erzählen mir mehrere Lkw-Fahrer. Die Omaner seien hingegen die nettesten. Das scheint sich hier zu bestätigen. Beim gemeinsamen Essen wirken meine omanischen Gastgeber und der Rebellentrupp eher harmonisch miteinander.

Leberzirrhose Inschallah?

Ich nutze den Vormittag für einen Trampausflug. Mit der Idee, ein wenig feuchtes Nass zu genießen, habe ich mich zu einer Quelle mitnehmen lassen. Umgeben von Felsen plätschert vor mir das Wasser. Es könnte Erholung bieten, doch leider hat es einen mürrischen Einwohner: Schistosomiasis. Ein kleiner Wurm, der durch die Haut in den Körper eindringt, sich in Lunge und Leber niederlässt und dort seine Eier ablegt. Diese werden wiederum ausgeschieden, um mit Schnecken als Zwischenwirt die nächste Runde zu beginnen. Die Würmer sind eigentlich in allen Tropengebieten verbreitet und behandelbar.

Obwohl es kein Erste-Welt-Problem ist, hat ein Pharmakonzern sogar ein wirkungsvolles Medikament entwickelt. Die Krankheit gibt es jedoch immer noch. Schuld sind aber ausnahmsweise nicht die Konzerne, denn diese verschenkten 250 Millionen Tabletten des nur für Kinder unter sechs Jahren geeigneten Medikaments. Ein wirksames Medikament für Erwachsene ist in Entwicklung. Zusätzlich gibt es noch Schulungen und Aufklärungskampagnen. Die WHO hat sich fest vorgenommen, die Krankheit auszurotten. Ich denke mir: Es wird schon, die Welt ist gut, und ich kann mir ein Nickerchen gönnen.

Wenig später wache ich von Geplansche auf. Ein Kind rührt mit der Hand im Wasser herum und zieht einen toten Fisch heraus. Sofort bin ich in heller Aufregung, schalte in den Weltrettungsmodus und zeige auf das Schild, das eindeutig auf die Gefahr hinweist. Die Frau winkt ab.

»Inschallah!«, dem Tonfall nach meint sie: ›Du Trottel, reg dich nicht so auf. Es passiert eh nur, was Gottes Wille ist.‹

›Inschallah‹, eine Phrase, die ich mir auch angewöhnt habe. Beim Auf-Wiedersehen-Sagen, beim Reden über Ziele und Politik. Allerdings nicht beim ›Tote Fische aus Tümpeln ziehen, die mit Parasiten verseucht sind‹.

Infektionskrankheiten ›wegzuinschallahen‹ kenne ich nur aus Geschichtsbüchern. Der Mitbewohner meiner Freundin hat mir einmal belustigt den hundert Jahre alten Bericht eines deutschen Militärausbilders im Osmanischen Reich vorgelesen. Dort wurde von den osmanischen Soldaten Sterbe-Domino gespielt. Sie nahmen den Leichen der eindeutig an tödlichen Infektionskrankheiten verstorbenen Soldaten die Stiefel und sonstige brauchbare Kleidung ab. Wenn dann der Nächste umkippte, war es die Strafe Gottes. Die kommt natürlich gerechtfertigt, und ein paar neue Stiefel gab es dann für die anderen gleich noch dazu. Sinn macht die Geschichte natürlich, wenn Gott Menschen mit dem Tod bestraft, die Stiefel klauen oder die Erkenntnisse der Infektiologie ignorieren.

Hundert Jahre später habe ich etwas mehr erwartet. Der erste Gedanke war: ›gläubige Naivlinge‹. Dann gerät meine Überheblichkeit doch ins Stottern. Das Schöne am Reisen ist, dass einem häufig irrationales Verhalten auffällt, das die Einheimischen nicht bemerken oder überdenken, weil sie es schon immer so machen. Wenn ich mich dann lange genug aufrege, fällt mir meistens auf, dass ich oder wir uns ähnlich oder vergleichbar dämlich verhalten. Schistosomiasis kann zur Leberzirrhose und zu Milzwachstum führen und dabei tödlich sein. Unser Tümpel heißt Kneipe, die Funktion von Schistosomiasis übernehmen Zigaretten, Bier und Korn. Folgen und Schäden sind bekannt.

›Der Herr hat's gegeben, der Herr hat's genommen‹ wäre das mitteldeutsche Pendant zu ›Inschallah‹. Bei Schistosomiasis kann der Infizierte allerdings einfach eine Tablette nehmen. Wir haben Leberzirrhose, Fettleibigkeit und Herzinfarkt nur wissenschaftlich zweifelhafte Thesen entgegenzubringen, wie ›Opa ist damit schließlich auch neunzig Jahre alt geworden‹, ›Ich esse halt so gerne!‹ oder ›Ich werde auf der Firma eben dringend benötigt!‹. Inschallah!

Carepaket vor dem Abflug
Am nächsten Morgen beginnt der letzte Tramptag im Oman. Ein Mann nimmt mich mit, fragt, wohin ich möchte und warum ich nicht Taxi fahre. »Kein Geld!«, antworte ich sachlich völlig korrekt.

Es ist mein letzter Tag im Oman, und ich habe mein ganzes Geld ausgegeben beziehungsweise meinen Bedarf vorher schlecht abgeschätzt. Nachdem er sich versichert hat, dass ich erst in einer Stunde am Flughafen sein muss, biegt er von der Straße ab, hält vor einem Supermarkt und rennt hinein. Zehn Minuten später habe ich ein Carepaket auf dem Schoß. Am Flughafen warte ich dann so lange, wie ich auf all meinen Tramptouren im Oman zusammen warten musste. Ich verlasse das Land, das mich so herzlich aufnahm wie kein anderes Land zuvor, und überfliege jenes, das mich gar nicht erst haben will: Saudi-Arabien. Ich weiß nicht genau, wann ich Jordanien erreiche. Die Grenze verläuft durch die Wüste, so unkenntlich eine Grenze nur sein kann.

Flugzeuge machen Reisen seltsam beliebig. Würde ich ein paar Minuten länger geradeaus fliegen, wäre ich mitten im IS-Gebiet, etwas weiter links im syrischen Bürgerkrieg. Von hier oben ist der Unterschied nicht erkennbar. Es ist ein komisches Gefühl, von oben auf diese nicht unterscheidbaren Gebiete zu schauen, wo für mich nur ein paar Kilometer Abweichung den Unterschied zwischen Krieg und Urlaub ausmachen.

JORDANIEN: PROGRESSIVES KÖNIGREICH?

Nach einem Triathlon aus Busfahrt, Fußmarsch und Taxifahrt stehe ich vor dem richtigen Haus: einem rechteckigen Karree, umgeben von einem kleinen Grünstreifen mit Zaun. Breiter Eingang, Doppeltür, erst Glas, dahinter ein Gitter. Sicher wie das Tor zu einer Burg. Wie versprochen öffnet mir der Portier die Tür und führt mich ins Innere. Das Gebäude hat einen riesigen Innenhof, allerdings überdacht. Der Schlüssel gibt den Weg frei zu einem Domizil, das für die nächsten zwei Wochen mein Zuhause werden soll. Es ist nobel eingerichtet. Der riesige Flachbildschirm und die Dolby-Surround-Anlage wirken ganz vertraut. Aber es gibt auch für mich mittlerweile Ungewohntes wie ein Sofa, einen massiven Tisch und ein Regal, gefüllt mit Schnapsflaschen. Es ist die Wohnung eines Bekannten, der gerade unterwegs ist und mich zwei Wochen hier nächtigen lässt.

Die nächsten Tage ergebe ich mich einer herrlichen Routine: gemütlich frühstücken, Zeitung lesen, schreiben, ein wenig durch die Stadt schlendern, um Menschen kennenzulernen.

Ramadan in Amman: Weltbeste Kontaktbörse
Es ist noch immer Ramadan, und tagsüber sind die meisten Restaurants geschlossen. Nur das eine oder andere Hipster-Café hat ganztägig geöffnet. Hauptsächlich in der Rainbow Street, dem modernen Kristallisationspunkt der Stadt. Sie ist gesäumt mit Cafés, Restaurants und Möglichkeiten, junge

Jordanier kennenzulernen. Der Kleidungsstil der Menschen lässt mich vermuten, dass jemand drei voll besetzte Berliner U-Bahnen entführt hat und die Insassen hier wieder freiließ. Etwas abseits der Hauptrouten muss ich schnell wieder aufpassen, wo ich hintrete, mein Blick bleibt an der einen oder anderen baufälligen Konstruktion hängen, manchmal folgen mir freundliche, manchmal irritierte Blicke. Plötzlich stehe ich irritiert da und starre auf meine Hand, als hätte mir ein Trickbetrüger unbemerkt meine Armbanduhr entwendet. Nur das mir nichts geklaut wurde, sondern geschenkt.

Fastenbrechen leicht gemacht

In meiner Hand halte ich eine Wasserflasche und eine Tüte Datteln. Zwei Männer verteilen ›echte‹ Fastenmahlzeit an alle und jeden auf der Straße. Kaum erlaubt die untergehende Sonne das Essen, rufen mich ein paar Leute aus einer Gasse zu sich. Es sind Ägypter, die als Gastarbeiter nach Jordanien gekommen sind. Erstaunlicherweise in ein arabisches Land ohne Öl und mit Millionen Flüchtlingen. Sie servieren vor ihrem Geschäft Speisen und laden mich ein, mit ihnen zu essen.

Noch mal will ich mich nicht so überrumpeln lassen. Fest entschlossen, vorbereitet zu sein, bewaffne ich mich am nächsten Abend mit selbst gekochtem deutschem Essen. Wenn ich jetzt zu Tisch geladen werde, kann ich mich kulinarisch revanchieren. Diesmal winkt mich ein älterer Herr zu sich. Er sitzt alleine vor einem kleinen runden Tisch, der auf dem Gehweg steht, ihm gegenüber ein leerer Stuhl. Er reagiert verhalten auf mein Essen, probiert es schließlich aus Höflichkeit und nimmt dann mit erstauntem Gesichtsausdruck einen weiteren großen Löffel des Kartoffellauflaufs.

Viele Begegnungen folgen. Der Ramadan in Amman ist die reinste Kontaktbörse.

Neben den Zufallsbegegnungen bin ich mit einer Couchsurferin verabredet. Sie ist eine alleinerziehende Mutter, berufstätig, geschieden, ungewöhnlich. Bei einem Kaffee gibt es die Zusammenfassung der Politik und Geschichte Jordaniens. Das Land wurde als britisches Protektorat erschaffen, das hauptsächlich das Empire von Ägypten aus mit Indien auf dem Landweg verbinden sollte. Daher die komische Form des Landes. Jordanien hat kaum Rohstoffe, also mussten Industrie und Handel her. Einfache Arbeiten im Land werden auch von Einheimischen verrichtet. Ganz im Gegensatz zu den reichen Emiraten. Zehntausende Jordanier wohnen im Ausland, etwa in Saudi-Arabien.

Aber die Nachbarländer machten es Jordanien nie einfach. In der Auseinandersetzung mit Israel flüchteten etwa eine Million palästinensische Flüchtlinge nach Jordanien. Die Flüchtlingscamps existieren noch heute. Ein Teil der Menschen lebt weiterhin in den Lagern – eine finanzielle und gesellschaftliche Belastung für das arme Land. Nach dem Ersten Weltkrieg wurden Jordanien und Palästina britische Protektorate mit ähnlichen Strukturen. Die damaligen Herrscher von Jordanien und dem Irak waren sogar Brüder. Im Golfkrieg hielt Jordanien zum Irak, als Folge wurden die jordanischen Gastarbeiter von den anderen arabischen Monarchen des Landes verwiesen. Da der verbündete Irak unterlag, fielen auch hier die Einnahmen aus. Die jordanische Wirtschaft stürzte in die Krise. Mehr Glück hatte das Land mit seinem Herrscher Abdullah II. Er leidet nicht unter ausgeprägtem Despotentum, erlaubte verschiedene Parteien, stärkte die Demokratie und beschnitt seine eigene Herrschaft. Ein komplizierter Balanceakt: ein säkular anmutender König in einem religiösen Land, dessen Krone religiös begründet ist. Seine Frau Rania ist Palästinenserin. Sie ist klug, selbstbewusst, engagiert, meist ohne Kopftuch zu sehen – der Schrecken der Fundamentalisten. Aber der König steht vor einem Dilemma: Sollte ein demokratisch, rechtsstaatlich denkender Herrscher ein Land demokratisieren, in dem zu befürchten ist, dass das Volk Antidemokraten wählt? Auch hier vermischt der Herrscher aus Angst vor Islamisten Rechtsstaatlichkeit mit diktatorischerer Überwachungsgesellschaft. Bereiche, die in Zeiten des Antiterrorkriegs und der NSA-Affäre auch bei uns verwischen. Vor allem Islamisten werden bespitzelt und verhaftet. Die Gefahr des IS ist in einem überwiegend sunnitischen Land nicht von der Hand zu weisen. Ich bekomme die Ambivalenz von Demokratie und Königshaus mit einem Beispiel erklärt. Abdullah wollte Ehrenmorde härter bestrafen, hatte laut Umfragen die Bevölkerung hinter sich und scheiterte trotzdem am Parlament, mehrmals.

»Warum sitzen diese Abgeordneten dann dort?«

»Die großen Parteien sind islamisch bis islamistisch, auf dem Land wird nach Stammeszugehörigkeit gewählt. Die anderen Parteien sind marginal oder unfähig. Oder beides.«

Es erfordert viel freiwillige Arbeit von einer großen Anzahl Menschen. Die breite Masse macht nur alle vier Jahre ihr Kreuz. Dahinter braucht es aber unzählige dauerhaft Aktive. Die dazu benötigten Strukturen müssen erst einmal wachsen, genau wie die Bereitschaft, sich einzubringen. Und sie müssen bestehen. Um das zu bemerken, muss man nicht nach Jordanien schauen. Es reicht, sich bewusst zu machen, wie viele Kommunalmandate bei uns unbesetzt bleiben, weil den Parteien Mitstreiter fehlen. Wenn es doch Engagierte gibt, sind es nicht immer die Motiviertesten. Wenn man jeden Tag hobbymäßig um sechzehn Uhr ins Parlament muss, wird Demokratie schnell anstrengend. Es müssen genug Menschen bereit sein, sich täglich für mehrere Stunden zu verpflichten, wo doch einigen alle vier Jahre ein Kreuz auf einem Zettel zu machen schon zu viel ist. Unter einem fähigen König ist das politische System in Jordanien wohl ein fairer Kompromiss. Bleibt zu hoffen, dass die Demokratie in Jordanien erwachsen wird, bevor ein weniger entspannter Herrscher an die Macht kommt.

Familienzusammenführung

Meine Schwester Elisa ist eingetroffen. Sie will mich auf der restlichen Tour begleiten. Wir wenden den Blick nach Süden, wollen der Kings Road folgen. Erster Zwischenhalt: Berg Nebo. Es fahren kaum Autos, deshalb laufen wir die vier Kilometer zu Fuß. In einer Kurve, bevor sich die Straße wieder zurück ins Tal schlängelt, führt eine Straße zum Berg hinauf. Ein riesiger Parkplatz signalisiert die Bedeutung dieses Ortes. Wer den Israel-Palästina-Konflikt auf seinen Anfang herunterbrechen möchte, ist mit Nebo gut beraten. Von hier oben schlägt dem Besucher eine überwältigende und atemberaubende Aussicht entgegen. Der Blick schweift über tausend Meter hinunter ins Jordantal, auf das Tote Meer und nach Israel: das Gelobte Land. Wenn orthodoxe Juden illegale Siedlungen im West-jordanland errichten, berufen sie sich auf diese Aussicht. Gott habe Moses auf diesen Berg steigen lassen, das Gelobte Land von hier oben gezeigt und mit donnernder Stimme verkündet: »Hier, das ist deins!«

Natürlich halten das nicht alle für nachvollziehbar, insbesondere die derzeitigen Einwohner finden eher, dass nach zweitausend Jahren Anwesenheit Gewohnheitsrecht gilt.

Nach dem seichten Warmtrampen geht es am nächsten Tag richtig los. Es dauert nicht lange, bis das erste Auto hält und uns einsammelt. Wir landen in einer größeren Stadt. Die Hauptstraße ist überfüllt mit Autos und Menschenmassen, weshalb wir sie laufend durchqueren wollen. Nach einer Weile sind wir von einer Gruppe Kinder umringt. Sie rufen uns auf Arabisch zu und ziehen an unseren Klamotten. Seit einem Erlebnis in der Türkei vermeide ich es lieber, Gruppen anzufüttern, da man sie sonst nicht mehr loswird und das Trampen inmitten einer begeisterten Fangruppe völlig aussichtslos wird. Wir ziehen unbeeindruckt weiter, die Gruppe wird allerdings sauer. Nicht die Art von ›kleinkindsauer‹, sondern mehr ›intifadasauer‹.

Ein Junge fängt an, uns zu schubsen, während der Rest mit Dingen nach uns wirft. Schließlich fliegen Steine hinter uns her, worauf wir zusehen, dass wir Land gewinnen. Das Ganze endet so abrupt, wie es startete. Ein paar Erwachsene haben den Aufstand gegen die Touristen mitbekommen und weisen die Jungautonomen erbost zurecht. Beängstigend, wie schnell Betteln bei enttäuschten Erwartungen in Gewalt umschlägt. Es gibt zwar keine Rechtfertigung, aber immerhin einen Grund. Der Fastenmonat Ramadan ist ab heute beendet. Da sei es wohl üblich, dass Kinder von Erwachsenen Süßigkeiten bekommen. Wir sind Opfer von der nahöstlichen Variante von ›Süßes oder Saures‹ geworden.

ISRAEL: LAND DER OASEN UND RAKETEN

EINTRITT FREI (FÜR UNVERDÄCHTIGE)

»Schalom.«

Bestimmt, aber freundlich begrüßt uns die schwer bewaffnete Frau. Am Finanziellen sind die Grenzkontrolleure, anders als die in Jordanien, nicht interessiert, die Einreise erfolgt ohne Geldzahlung. Dafür muss man hier etwas anderes hergeben beziehungsweise preisgeben: seine Privatsphäre, Zeit und, je nachdem, ein gutes Stück Würde. Zumindest jene, die nicht in das richtige Schema passen; oder noch schlimmer, in das falsche.

Für meine Schwester kein Problem. Fast leerer Pass, blond, weiß, weiblich, Lehramtsstudentin, Christin und unpolitisch. Die personalisierte Unschuld auf israelischem Parkett. Unverfänglich auf voller Linie. Ich für meinen Teil habe nicht einfach nur neben die Linie getreten, ich liege quer drauf und rollte mich johlend über dem Boden. Neben meiner Reisehistorie und unzähligen iranischen und arabischen Facebook-Freunden kommt noch mein dämlicher Leichtsinn dazu, der meine Schwester schon aufregt, bevor die Grenzbeamtin ihre Chance nutzen kann.

Schalom – und mitkommen!
Der Grund des Anstoßes ist das Foto aus dem Irak mit den beiden schnurrbärtigen und Turban tragenden älteren Herren,

die Granaten und Kalaschnikows im Arm halten. An der Kleidung ist eindeutig erkennbar, dass es sich bei den abgebildeten Herren um Kurden handelt – eine von Israel hofierte Gruppe. Meine Schwester findet hingegen, sie könne hauptsächlich an den Granaten ausmachen, dass die Personen dazu neigen, Granaten zu werfen. Ich finde ihre Analyse des Bildes ein wenig oberflächlich. Sie hingegen bleibt beim Augenrollen und zweifelt an, dass beim Zoll eine Anthropologin arbeitet, die mit mir über traditionelle Gewänder diskutieren möchte.

Ein Italiener flucht lautstark. Er hat gerade seinen Pass zurückbekommen, ist aber offensichtlich wenig zufrieden. Die Grenzbeamtin entschuldigt sich verbal, ihre Körpersprache signalisiert dagegen Gleichgültigkeit mit Ausrufezeichen. Der Italiener will im Anschluss in den Libanon reisen, um seine Frau zu besuchen. Leider hat die Grenzbeamtin seinen Pass gestempelt.

Was an so ziemlich allen Grenzen der Welt ein normaler Vorgang ist, hat hier eine andere Bedeutung. Er ist damit gebrandmarkt. Viele arabische Staaten zeigen das Revierverhalten eines Straßenköters, wenn sie einen Pass sehen, der nach Israel riecht. Wer mit Israelis spielt, darf nicht mehr rein. Israel nimmt das systematisch mit bürokratischem Augenrollen hin. Wer nicht möchte, der bekommt keinen Stempel, sondern nur ein separates Beiblatt. Dadurch kann man an diversen arabischen Grenzen behaupten: ›Israel? Natürlich nein. War ich nicht, kenne ich nicht.‹

Der Italiener kann das jetzt nicht mehr und ist sauer. Die Beamtin tangiert es wie gesagt nur peripher. Irgendwie auch ein Stück weit verständlich. Nicht nur weil es nicht ihr Problem ist. Im Grunde verlangen Reisende mit dem Stempelverzicht nicht weniger als die staatliche Unterstützung dabei, die Existenz Israels gegenüber antiisraelischen Regimen verleugnen zu können.

In Israel ist man bei der Einreise toleranter. Zumindest wenn der Reisende es nicht überreizt. Die Beamtin am Schalter spult ihre Routine ab. Zunächst fragt sie durch ihr Sicherheitsglas nach meinem Namen und meinem Geburtstag. Eine Frage, die ich souverän beantworten kann. Dann spricht sie mich mit Namen an, testet meine Reaktion. Blättern. Große Augen. Vermutlich realisiert sie, dass sie sich den Namenstest auch hätte sparen können. Meinen Pass würde keiner auf dem Schwarzmarkt kaufen, und geschenkt haben wollte ihn auch keiner für die Einreise nach Israel. Sie fährt ungläubig über seitenweise Stempel mit arabischen Schriftzeichen. Seufzt. Ich merke, wie ich in die Kategorie ›kompliziert‹ eingeordnet werde. Jetzt heißt es wieder: Freizeitparkatmosphäre, stundenlang warten vor der Hauptattraktion.

Aus Prinzip mach ich nichts aus Prinzip

Eigentlich wollte ich nie nach Israel fahren, und zwar aus dem gleichen Grund, warum ich nicht in die USA möchte. Ich habe einfach keine Lust, mich ausfragen und erniedrigen zu lassen, mich der Willkür von Behörden auszusetzen. Zuzusehen, wie meine Persönlichkeits- und Datenschutzrechte mit Füßen getreten werden. Dazustehen und keine Wahl zu haben, weil ich als Gast an ihre Grenze trete. Damit mache ich mich zum Bittsteller, werde als potenzieller Gefährder eingestuft und damit entrechtet. Möchte ich nicht so behandelt werden, dann muss ich eben zu Hause bleiben.

Es gibt schließlich genügend andere Länder, die Menschen mit Würde einreisen lassen. Zumindest mich. Für Menschen mit arabisch klingenden Namen bleiben nach diesem Kriterium vermutlich kaum Länder übrig.

Für mich ist die Einschränkung dagegen bisher überschaubar. Ein leicht hochzuhaltendes Prinzip. Aber Prinzipien halte ich prinzipiell für flexibel, denn Prinzipientreue riecht mir zu schnell nach Dogmatismus. ›Aus Prinzip‹ klingt schnell nach ›Ich bin zu faul, mich mit dem Einzelfall auseinanderzusetzen‹. Warum ist Prinzipientreue überhaupt positiv konnotiert? Warum soll Nichtdenkenwollen besser sein, als zu differenzieren? Meine Überzeugung, nicht in Überwachungsstaaten einzureisen, wurde von einem anderen Prinzip mit in den Tod gerissen. Unrechtsstaaten wollte ich vorher auch nicht besuchen. Mit meinem Iran-Trip hat sich das allerdings erledigt. Da sich die Reise gelohnt hat, der Nahe Osten zu spannend und Israel ein zu markanter Teil von ihm ist, beschloss ich, meine Prinzipien hoch genug zu halten, um drunter durchzulaufen. Deshalb stehe ich jetzt hier an dieser Grenze, um den Nahen Osten und seine Konflikte besser zu verstehen. Und um wieder mal ein Bier auf offener Straße trinken zu können.

Zynisch gesehen haben wir ein gutes Timing. Der Gazakrieg ist wieder im vollen Gange. Das macht die Einreise ein wenig leichter. Niemand will im Moment nach Israel, also bin selbst ich herzlich willkommen. Der Tourismussektor leidet extrem unter dem besucherverschreckenden Krieg.

Zumindest in Israel, in Gaza ist das eher ein Sekundär-
problem.

Israel hingegen will im Moment eher jeden Gast, den
es kriegen kann. Eine Entwicklungshelferin, die in Gaza
arbeitet, erzählte, sie hätte E-Mail- und Facebook-Log-in
preisgeben und jeden arabischen Kontakt in ihrem Handy-
telefonbuch erklären müssen. Das sollte bei mir schwer
werden. Wenn man in meinem Profil nur die arabischen
Facebook-Kontakte durchgeht, die auf ihrem Profilbild bewaffnet sind, ergibt sich schnell ein Aufwand in der Größen-
ordnung einer Volkszählung. Das markanteste Problem bin
jedoch ich selbst. Als störrischer Datenschützer sind für mich
Konflikte mit den ›Überwachophilen‹ von der Einreise-
behörde vorprogrammiert. Konträr dazu bin ich mit nicht
zu leugnender Schizophrenie eine unglaubliche Laberbacke.
Das halte ich in dieser Situation jedoch für einen Trumpf,
weil ich Lehren aus dem NSA-Skandal gezogen habe. Zu
viele Daten erwecken bei den Überwachern schnell den Eindruck, diese unzähligen Nadeln seien der Heuhaufen. Folglich lautet mein Plan: Vorwärtsverteidigung.

Meine Schwester bezifferte meine Zeit im ›persönlichen
Gespräch‹ im Nachhinein mit weit über einer Stunde. Ob
in diesem langen Verhör alles formal korrekt gelaufen ist
oder ob es zu keiner Verletzung der Menschenwürde kam,
weiß ich nicht; es ist allerdings zu bezweifeln. Ich habe ge-
redet ohne Ende. Die Beamtin musste es ertragen. Ich für
meinen Teil finde, sie wirkte durchaus interessiert an meinen
Ausführungen. Doch repräsentative Umfragen in meinem
Freundeskreis belegen, dass ich der letzte Mensch bin, der
das einschätzen kann.

Sie beginnt mit der Frage, warum ich Israel besuchen wolle.

»Weil die Flüge von Tel Aviv wesentlich günstiger sind als die von Jordanien.«

Die Antwort scheint sie überraschenderweise nicht nachvollziehen zu können. Also hole ich etwas aus. Lege dar, dass ich gerne den ganzen Nahen Osten besuchen will, und Israel gehört ja schließlich dazu. Existenzrecht betont, check! Ich lasse einen weiteren subtilen Wink mit dem Zaunpfahl folgen. Saudi-Arabien hätte ich selbstredend nicht besuchen können, weil sie mich dort nicht reingelassen haben. Blöde religiöse Fanatiker, die selbst einen weltoffenen, friedlichen Reisenden nicht einreisen lassen. Das ist in Israel ja zum Glück anders. Ich führe weiter aus, dass ich einen Freund besuchen möchte, den ich in Tokio kennengelernt habe. Sofort die Frage, wie er heißt. Levi Liebermann. Eindeutig jüdischer Name. Nächster Bonuspunkt. Ich kann also schon mal per se nicht alle Juden hassen. Es folgt der Teil des Gesprächs, den meine Freunde als wenig glaubwürdig ansehen. Ich erzähle, und die Beamtin hört zu, fast mehr aus wirklichem Interesse als in ihrer Verhörfunktion.

Ich erzähle vor mich hin, im festen Vertrauen, nicht mein eigenes Grab, sondern lediglich ein praktisches Erdloch zu buddeln. Berichte, wie toll ich es im Iran und Irak fand. Wie offen die Menschen mir gegenüber gewesen sind, dass auch dort viele Menschen vorbehaltlos gegenüber Juden sind; zumindest in meiner heilen Couchsurfer-Blase. Wir reden über die normalen Iraner und wie das Leben dort ist.

Schließlich verlaufe ich mich in meiner Selbst-Jüdisierungs-Angewohnheit. Wann immer ich mich wohl und sicher genug fühle, meine Gönner und Gastgeber mich mögen, aber antisemitisch eingestellt sind, behaupte ich wahlweise, dass ich oder meine Freundin jüdisch ist.

Bevorzugt natürlich meine Freundin, weil sie hübscher und sympathischer und daher schwerer zu hassen ist als ich. Bei Abwesenheit springe ich manchmal auch als Aushilfsjude ein. Das ist ein klarer Vorteil am Antisemitismus. Als Jude kann sich zunächst mal jeder ausgeben; außer vielleicht in der Sauna. Als Weißer zu behaupten, schwarz zu sein, fällt da schon wesentlich schwerer. Eigentlich schade, denn meistens bewirkt meine trojanische Identität immerhin ein ›Na ja, okay, anscheinend sind nicht alle Juden schlecht‹. Ein Anfang.

Immer wieder grinst mein Gegenüber und stellt weitere Fragen. Immer mehr habe ich den Eindruck, dass das kein Verhör mehr ist. Sie interessiert sich eher für meine Reise. Wie trampt es sich so, wie sind die Trinkgewohnheiten in den Ländern, wie sieht es mit Frauenrechten aus? Irgendwann komme ich an den Punkt, wo ich mich ärgere, dass ich das Gespräch nicht aufnehmen kann. Eine Aufzeichnung wäre ein vollständiges Hörbuch meiner bisherigen Reise gewesen.

Als Letztes kommt die Frage nach meinen E-Mail-Konten. Ich werde nicht aufgefordert, meine Passwörter herauszugeben. Vielleicht wollen sie nur überprüfen, ob ich in Adressbüchern von Verdächtigen stehe. Oder es ist lediglich die höfliche Variante, sich Zugriff auf alle meine Daten zu verschaffen, ohne es mich wissen zu lassen.

So ersparen sie mir das Gefühl, die Hosen vor ihrem gesamten Kollegium runterlassen zu müssen. In jedem Fall sehr einfühlsam.

Artig höre ich mir an, wie das Prozedere meiner Bespitzelung weitergeht, als säße ich beim Zahnarzt und würde mir die bevorstehende Behandlung erläutern lassen. Die Daten würden jetzt zur ›Zentrale‹ übermittelt. Das könne in meinem Fall ein wenig dauern, ich könne aber draußen warten.

Etwas beleidigt bin ich dann doch. Ich kann mir weiterhin nicht vorstellen, welche Gefahr für den Staat Israel von einem 26-jährigen atheistischen, deutschen Raketeningenieur ausgehen soll. Ich fühlte mich diskriminiert, und besonders als weißer männlicher Mitteleuropäer kann man mit so etwas bekanntlich schlecht umgehen.

Meine Schwester und ich beschließen, gegen diese Ungerechtigkeit etwas zu unternehmen. Anstatt stillschweigend zu warten und uns alles gefallen zu lassen, gehen wir in den gewaltfreien Widerstand nach Gandhi über. Wir lassen uns vor dem Grenzhäuschen auf dem Boden nieder und spielen Rummy. Auch Protest soll ein wenig Spaß machen. Die Grenzbeamten starren immer wieder zu uns herüber. Erst mitleidig, dann belustigt. Etwas später bin ich mir sicher, Neid in ihren Gesichtern erkennen zu können. Wir brauchen zwar Durchhaltevermögen, werden aber nach weniger als zwei Stunden mit Erfolg belohnt. Ich bekomme meinen Pass wieder, inklusive Visum. Wir dürfen einreisen. Berauscht von den Früchten unseres Sitzstreiks und weil wir die Runde noch fertig spielen wollen, setzen wir unsere politische Aktion noch ein wenig fort. Schließlich ziehen wir glorreich, mit dem Gefühl, etwas bewegt zu haben, in Israel ein.

GESCHICHTE AM TOTEN MEER

Unser erster Fahrer begrüßt uns von der politisch linken Seite. Er ist Kibbuz-Bewohner, jenes Gemeinschaftssystem, das ein Relikt aus den Anfangsjahren des Konflikts ist. Auf den aktuellen Krieg habe ich mich nur vorbereitet, indem ich einen Couchsurfer gefragt habe, ob es angebracht ist, während des Gazakonflikts Nummer 893 als Tourist durch Israel zu touren. Der Couchsurfer winkte ab: »Mach dir keine Sorgen. Die Israelis jammern rum, sitzen entspannt vorm Fernseher, während sie mit Flugzeugen Häuser bombardieren.«

Levi hatte mir ebenfalls versichert, das sei kein Problem: »Mein Bruder wurde wegen der Bodenoffensive einberufen und ist im Einsatz. Sein Zimmer ist also frei, und ihr könnt dort schlafen.« So ähnlich wie Levi erwähnt, dass sein Bruder im Krieg ist, hätte ich auf das freie Zimmer meines Mitbewohners hingewiesen, wenn dieser gerade über das Wochenende seine Oma besucht. Der Mensch gewöhnt sich wohl an alles.

Zurück zum Kibbuz. Erbaut wurden die ersten Kibbuze zu Beginn des 20. Jahrhunderts, als die ersten Juden unter anderem aufgrund des neu aufkeimenden Antisemitismus nach Palästina siedelten. Ein Kibbuz ist ursprünglich eine meist über Nacht errichtete Wehrsiedlung. Heute sind Kibbuze eher normale Dörfer ohne militärische Sicherung und mit teilweise genossenschaftlichen Elementen.

Neue Siedlungen waren aber sowohl unter den Osmanen als auch den Briten verboten. Viele Araber wollten ebenfalls keine neuen jüdischen Siedlungen. Die Gründe dafür kann man auf der Pegida-Homepage nachlesen. Überfremdung, Leitkultur, andere Religion, Arbeitsplätze und man kann schließlich nicht alle Juden der Welt in Palästina aufnehmen. Die Geschichte des Nahostkonflikts hätte hier enden können. Die Palästinenser begrüßten die jüdischen Neueinwanderer freudig. Diese wandelten die Wüste in Agrarland um, brachten Industrialisierung, Aufklärung sowie Demokratie und Wohlstand.

So ist es natürlich nicht gelaufen. Ganz im Gegenteil. Es lagen Gerüchte in der Luft, dass das ehemalige Palästina in zwei Staaten geteilt werden soll. In einen jüdischen und einen arabischen. Die Grenzen sollten sich, einigermaßen logisch, an der jeweils lokalen Bevölkerung orientieren. Vorwiegend durch Araber besiedelte Gebiete sollten arabisch, vorwiegend von Juden besiedeltes Gebiet sollte israelisch werden und Jerusalem eine neutrale UNO-Stadt.

Also galt es, schnell Fakten zu schaffen. Jüdische Siedlergruppen errichteten über Nacht Wehrdörfer. Da es schnell gehen musste, wurden zum Teil ganz ikeamäßig vorgefertigte Holzstrukturen benutzt. Dass die Bauarbeiten in einer Nacht fertig wurden, war Voraussetzung, dass die Briten die Häuser nicht wieder abreißen durften. Befestigt mussten sie hingegen sein, um Angriffe abzuwehren. Zu guter Letzt mussten sie noch verstreut im Land errichtet werden, insbesondere in jenen Teilen, welche die Zionisten bei einer Spaltung des Landes behalten wollten und die noch keine jüdischen Bewohner vorwiesen.

Man wollte schnell Fakten schaffen – ein bis heute bewährtes Konzept radikaler jüdischer Siedler im heutigen

Palästina und immer noch Grundstein des Konflikts. Seit der ersten Siedlung hat sich an diesem Konzept nicht viel geändert. Jüdische Siedler nehmen Land in Besitz, Araber wehren sich, die jüdische Seite gewinnt den Konflikt und geht gestärkt und meist mit noch mehr Land aus dem Konflikt hervor. Genauso wie der Konflikt existieren auch die Kibbuze fortwährend. Nur der Gründungsgedanke ist ein wenig verloren gegangen.

Unser Fahrer bekommt von seinem Kibbuz sogar noch das Studium finanziert, muss dafür aber jetzt in den Ferien für die Gemeinschaft arbeiten; so hat sich mancher Kibbuz ein kleines Stück ›Sozialismus‹ bewahrt.

Masada: Symbol für Freiheit oder Fanatismus?
Wir wollen nach Masada, einer alten jüdischen Festung aus der Antike, die zu einem Symbol und Schlüsselort der jüdischen Geschichte geworden ist.

Die Angst vor der Auslöschung ist eine Konstante in der Geschichte des Judentums. So etwas wie der Holocaust soll dem jüdischen Volk nie wieder passieren. Das ist der Gründungsgedanke Israels und bis heute das Fundament, auf dem hier politische Entscheidungen getroffen werden.

Nachvollziehbar wird diese Angst beim Besuch von Auschwitz, Yad Vashem oder Masada: In dieser Festung starben vor zweitausend Jahren rund tausend Juden im Kampf mit den Römern. Kein Vergleich zum Ausmaß der Schoah und weitaus länger her. Aber mit starkem Symbolcharakter:

›Die Tore Masadas dürfen nie wieder fallen‹, lautet das Credo in Israel, das zur Aufrüstung, aber auch zur Rücksichtslosigkeit geführt hat.

Wir stehen mitten in diesem Symbol. Ein gewaltiges Plateau, weit erhaben über der Wüstenebene, in der das Tote Meer liegt. Eine natürliche Festung, gemacht für die Ewigkeit. So habe ich mir die weiße Stadt bei *Herr der Ringe* vorgestellt, bis Peter Jackson meine Fantasie durch seine Kulissen ersetzte. Die Festung wirkt uneinnehmbar, aber von oben sieht man eine seltsame Spur im Tal. Rings um die Festung ist eine Linie zu erkennen. Durch Täler, zerklüftetes Gelände, über Steilhänge, bis hin zum angrenzenden Hochplateau. Die Linie ist eine Mauer, errichtet von den Römern, als sie die Stadt belagerten. Beim Anblick des Plateaus auf der Westseite muss ich stutzen. Die Natur, die sonst ringsum eine perfekte Festung geschaffen hat, zeigt hier einen Makel: eine Rampe. Die Römer hatten sie über Monate errichtet, um ihren Belagerungsturm zur Stadt hochzuschieben. In der Festung saßen die letzten Juden, die gegen die römische Besatzung Widerstand leisteten. Die ›Dolchträger‹ waren dort eingekesselt, saßen in der Falle. Über Monate schauten sie zu, wie ihre Feinde langsam Meter für Meter unaufhaltsam näher kamen. Immer in der Hoffnung, Gott möge ihnen beistehen oder die anderen Juden mögen sich erheben und sie befreien, die Orks vor ihren Toren in die Flucht schlagen. Doch die Hilfe kam nicht. Ganz im Gegenteil. Die eigenen Leute versorgten die Römer und schafften Baumaterial und Lebensmittel zu den Belagerern.

Der römisch-jüdische Geschichtsschreiber Flavius Josephus, der selbst auf der Seite des jüdischen Widerstandes gekämpft und sich nach seiner Gefangennahme in den Dienst der Römer gestellt hatte, berichtet, dass diese Eingeschlossenen die aussichtslosen Situationen als ein Geschenk sahen. Eine Aufforderung, zu Gott kommen zu dürfen, statt in Sklaverei zu leben. Also beschlossen sie kollektiv, Selbstmord zu begehen. Für gläubige Juden ist das allerdings noch komplizierter, als es sich ohnehin schon anhört. Gott scheint etwas in der Richtung geahnt zu haben und hat es deshalb vorsichtshalber im Alten Testament verboten. In der Folge brachten die Belagerten sich also gegenseitig um, bis nur noch ein Krieger übrig war. Auch verboten, aber an irgendeinem Punkt müssen selbst Fanatiker mal Flexibilität beweisen. Was in *Das Leben des Brian* nicht einmal komisch, sondern nur noch albern wirkt, war beim jüdischen Widerstand um die Jahrtausendwende gängige Praxis.

Flavius selbst soll ein Überlebender eines solchen Gruppenselbstmordtrupps gewesen sein. Nach Flavius sollen die römischen Soldaten knietief im Blut gewatet sein.

Das ist der Mythos Masada. Einige sehen die Geschichte als Mahnmal für bescheuerten Fanatismus, an dessen Ende alle durch nichts anderes als die eigene Überzeugung sterben. Andere sehen hier ein Symbol für Widerstand und Freiheitskampf und machen die Geschichte zum Heldenmythos. Einstellungssache. Ganz Israel ist nun Masada, umgeben von Mordor. Manche Israelis sehen sich in der Nachfolge der damaligen Kämpfer, auch wenn die Feinde nun andere sind. Deshalb gab es hier lange Zeit militärische Zeremonien, bis sich schließlich die Überzeugung durchsetzte, dass die ganze Aktion hier oben irgendwie doch nicht ganz so clever gewesen ist. Dass Krieg und Tod doch ein bisschen selbst verschuldet waren. Viele Juden, auch Rabbis, waren damals gegen den Aufstand. Manche starben sogar durch die Hand der fanatischen jüdischen ›Dolchträger‹. Erreicht hatten die Aufwiegler dagegen nichts. Vorher konnten die Juden in Israel ganz passabel leben. Danach wurden sie vertrieben. Der Tempel, das Heiligtum, wurde zerstört. Das Einzige, was blieb, war die Rampe. Ein Symbol dafür, dass auch die dicksten und uneinnehmbar scheinenden Mauern eingerissen werden können, dass Konfrontation schon in der Antike fatal gewesen ist.

Bewaffnete Klassenfahrt

Eine Handvoll israelischer Soldaten läuft ebenfalls durch das Gemäuer. Sie wirken jung, kaum zwanzig Jahre alt. Wie ein paar Jugendliche auf Klassenfahrt rennen und springen sie durch die Festung, erklimmen Türme und Mauerüberreste. Der kleine Unterschied zur normalen Klassenfahrt ist lediglich, dass sie keine roten Kappen, sondern eine grüne Uniform und ein geladenes Sturmgewehr bei sich tragen.

Der eine oder andere wirft einen Blick durch sein Zielfernrohr. Vielleicht, um die Aussicht besser zu genießen, vielleicht auch auf der Suche nach den letzten lauernden Römern.

Die Szenerie ist ein heftiger Kulturschock, vielleicht einer der markantesten Unterschiede zwischen Deutschland und Israel: der Umgang mit den eigenen Soldaten. Manche in Deutschland scheinen eine Uniform in der Öffentlichkeit schon als Provokation zu sehen. Bei uns gilt es bekanntlich nicht als Erfolgskonzept, Menschen in Uniform zu stecken und mit Waffe in der Hand auf Entdeckungstour zu schicken.

In Israel ist das anders. Wehrhaft zu sein ist Bürgerpflicht, die Gegenwart von Soldaten vermittelt Sicherheit.

Auf einer Mauer sitzend beobachte ich das Treiben ein wenig. Es ist, als würde ich bei einer Runde Counter-Strike zusehen. Es kann kommen, wer will. Die Jugendlichen haben genügend Munition dabei, um eine erneute Belagerung der Römer zu durchbrechen. Plötzlich ändert sich meine Rolle.

Mein Beobachterstatus wird mir entzogen, als mich einer der Jungs anspricht: »Hello! Where are you from?«

Es gibt viele Möglichkeiten, diese Frage zu betonen, interessiert, skeptisch oder kontrollierend. Wenn man wie ich als Deutscher eine historisch vorbelastete Heimat hat, hört sich die Frage zwangsläufig nach Letztgenanntem an. Wie bei unserem ersten Halt in Israel stehen wieder ein paar schöne Menschen vor mir. Die im Wind wehenden Haare einiger Soldatinnen scheinen sich gegen die Gleichschaltung zu wehren, zu der sie die Uniformen versuchen zu zwingen. Wir werden interessiert angelächelt.

Nein, die Frage war nett gemeint. Haben wir denn etwas zu verbergen? Meine Schwester und ich sind Urenkel der Generation, die den Holocaust zu verantworten hat. Lange her, oder?

In Masada, in Israel, vor einer Gruppe jüdischer Soldaten, erscheint mir die Antwort eindeutig. Für eine Gruppe, die nach zweitausend Jahren immer noch einer belagerten Festung gedenkt, muss ein halbes Jahrhundert ein Wimpernschlag sein.

»Germany«, antworte ich.

Ob jetzt Fragen kommen? Über unsere Vorfahren? Unsere heutige Einstellung? Ob wir demütig sind? Die bewaffneten

Nachfahren der Opfer stehen vor den unbewaffneten Nachfahren der Täter und grinsen. Sie haben ganz andere Assoziation.

»Cool, nice World Cup!«, sagt er.

»Welcome to Israel«, sagt jemand anders.

Von Opferkult keine Spur.

Kein einziger jüdischer Israeli wird uns während der Reise auf den Holocaust ansprechen. Die Menschen, die wir treffen, sind fast ausschließlich Couchsurfer und Tramper-Mitnehmer. Ein gewisser Schlag weltoffener Menschen, sicher nicht repräsentativ für die Gesellschaft. Also fragte ich meistens nach, wie ein Kind, das beim Keksestibitzen nicht erwischt wurde und vom schlechten Gewissen getrieben dann aber doch noch fragt, ob die Verfehlung verzeihlich ist. »Für unsere Generation spielt das keine Rolle mehr«, scheint die einhellige Antwort zu sein.

Feinde von Freunden

Es wird langsam spät. Uns bleibt keine Wahl, als den Weg zu nehmen, den selbst die Römer zu faul zu erklimmen waren. Angestrengt und vorsichtig schlittern wir den schlängelnden Pfad mit unseren Rucksäcken herunter. Über uns spannen sich zwei Drahtseile. Sie sind Teil einer ganz anderen, neumodischen Belagerungsmaschine, die den Touristeneinfall ermöglicht hat. Eine Seilbahn, die aber für heute den Betrieb schon eingestellt hat. Auf dem Parkplatz treffen wir eine Deutsche mit ihrer Mutter. Sie empfehlen uns, den Bus zum Toten Meer zu nehmen und dann den nächsten Bus nach Jerusalem. Trampen wird mit heftigem Kopfschütteln quittiert. Auf keinen Fall. Die Tochter erzählt, dass sie seit

Längerem in Israel lebt, und betont, dass es zu gefährlich ist, durch Palästina zu trampen.

Die gleiche Warnung wie überall, die wir natürlich ignorieren werden. Sie meint es aber besonders ernst und belegt es mit Vorfällen. Erst neulich seien drei Jugendliche in Palästina beim Trampen entführt und umgebracht worden. In grausam nüchterner, aber vermutlich korrekter Logik fährt ein Satz durch meinen Kopf: Das waren ja auch Juden.

Ich spreche es nicht aus, zucke zusammen bei der Vorstellung an das Schicksal der drei Jungs, als hätte ich es nicht schnell genug geschafft, bei einer blutigen Filmszene wegzusehen. Ich kann den Anblick und die Gedanken an Brutalität nicht ertragen. Meine Spiegelneuronen drehen immer sofort durch, ich leide mit und winde mich. Also schaue ich weg. Im Film wie in der Realität. Blende die Folgen aus.

Tiefe Traurigkeit erfasst mich, denn vermutlich hätte derselbe Mensch, der die drei ermordet hat, uns auch mitgenommen. Zum Essen eingeladen, angeboten, bei ihm zu übernachten, und dann irgendwo abgesetzt. Natürlich hätte er zwischendurch gemeckert. Über Juden, die Besatzung, das Unrecht. Vielleicht hätte er von einem Bekannten erzählt, der von Soldaten erschossen wurde. Wir sind überzeugt, nicht anders zu sein als die ermordeten Jugendlichen. Trotzdem wären wir vielleicht von ein und demselben selektiv hasserfüllten Menschen wie Könige behandelt worden. Weil wir keine Juden sind.

Und das alles wegen eines seltsamen Gefühls: Hass gemischt mit Vorurteilen. Ich konnte immer über die Konfliktgrenzen springen, von Türken zu Kurden, von der türkischen

Polizei zur PKK. Von bewaffneten Irakern zu iranischen Polizisten, von Grenzschützern in Dubai zu Luftwaffenangehörigen in Jordanien, dann wieder zu Israelis. Geschützt hat uns dabei nicht unsere Offenheit, sondern die Angehörigkeit zur ›richtigen‹ Gruppe. Denn frei von rassistischem Hass zu sein, hilft nicht dabei, kein Opfer von selbigem zu werden. Ganz im Gegenteil.

Zu Gast im Paradies

Wir werden von Freunden der Deutschen in einen nahe gelegenen Kibbuz eingeladen. Es sei der schönste Kibbuz Israels, schwärmen unsere Gastgeber. Es ist der erste und einzige, den ich von innen zu Gesicht bekomme, also verbietet sich eigentlich eine Einordnung. Trotzdem habe ich wenig Zweifel an den Ausführungen unserer Gastgeber. Der Ort ist nahezu paradiesisch.

Ich mache mich immer gerne darüber lustig, dass Menschen um diesen Fleck Erde Krieg führen. Wenn es um so etwas wie Hawaii gehen würde, könnte ich den Nahostkonflikt nachvollziehen. Aber Israel? Ein Haufen Steine. Manchmal spektakulär alt oder aufgetürmt, nichtsdestotrotz karg, lebensfeindlich und schwer zu bewirtschaften. Doch in diesem Kibbuz kann ich die Liebe zu diesem Land auch als polemischer Atheist ein wenig nachvollziehen. Hier kann man problemlos mit Schönheit argumentieren. Die Wüste verstärkt das paradiesische Gefühl, lässt das Grün, die Dattelpalmen, Bäume und das angenehme Klima fast magisch erscheinen. Schönes glänzt noch mehr umgeben von Tristesse. Wir sitzen draußen auf Sofas im Eingangsbereich zweier Wohnungen. Die Bauten sind eher langweilige weiße

Betonblöcke. Es sind kleine WGs, in welche die Kibbuz-Bewohner mit 16 Jahren einziehen können, wenn sie nicht mehr bei den Eltern wohnen möchten.

Ich wäre um alles in der Welt gerne länger geblieben. Leider werden wir aber in Jerusalem erwartet.

JERUSALEM: iM OSTEN NiCHTS NEUES

Durch den Krieg in Gaza ist die Stadt noch unruhiger als sonst. Die Messerangriffe häufen sich, Angst greift um sich. Vornehmlich unter Touristen.

Die Stadt ist unheimlich leer. Die größte Gruppe in der Innenstadt stellen Polizisten. Spiegelreflexkameras führen ein Nischendasein im Vergleich zum Sturmgewehr. Die Stille können wir wahlweise entspannend oder bedrückend nennen.

Während wir durch die Stadt wandern, dominiert trotz allem ein anderes Gefühl. 13 Jahre Religionsunterricht haben Spuren hinterlassen. Wir bewegen uns in den Kulissen jahrtausendealter Geschichten. Nur dass die Kulissen echt sind und nach wie vor hier stehen. Die Gründe des Konflikts hören sich nach einem beliebigen Märchen an. Der alte Mann auf dem Berg, der junge am Kreuz und noch einer, der auf einem Pferd in den Himmel geflogen sei. In Mitteleuropa wirken diese Erzählungen wie Fabelgeschichten, aber hier ist der reale Schauplatz, das Ambiente der biblischen Geschichten ist noch da. Langsam schieben wir uns durchs Löwentor, werden von engen Gassen absorbiert. Endlos, eng und verworren.

Heilige Steine und Menschen

Das teilweise jahrtausendealte Pflaster unter unseren Füßen hat so viel Bekloppheit gesehen, wie sie nur ein Stein vertragen kann. Unzählige Male wurde dieser Boden von Israeliten, Römern, europäischen Kreuzfahrern – und wird heute noch von Muslimen und Juden – in Blut getränkt. Ungerührt verharrten die Steine. So, wie sich seit Jahrtausenden die endlosen Reihen kleiner Geschäfte kaum verändert haben. Handys und BHs sind relativ neu im Sortiment. Goldschmuck, Kreuze, Davidssterne und Gebetsteppiche gehen hingegen seit endlosen Zeiten als Dauerrenner über den Tisch, und es gibt keinen Grund, der vermuten lässt, dass sich dies bald ändert. Die römischen Soldaten werden durch verkleidete Touristenbespaßer vertreten. Die echten Soldaten haben keine bronzenen Brustpanzer und roten Umhänge mehr, sondern kugelsichere Westen und schwarze Kluften an. Die Nachfahren jener, die vor zweitausend Jahren die Besatzer verächtlich angeschaut haben, sind jetzt die Aufpasser und werden ihrerseits von jugendlichen Arabern verächtlich angeschaut. Die Unart, dass radikale Fanatiker Soldaten niederstechen, kennen die Steine auch schon lange. Während heute fanatische Muslime israelische Sicherheitskräfte mit Messern attackieren, stachen vor zweitausend Jahren die fanatischen jüdischen ›Dolchträger‹ auf die römischen Besatzer und auf gemäßigte Rabbis ein. Wir flanieren weiter. In manchen Gassen ist keine Menschenseele zu sehen. Umgeben von zeitlosem Gemäuer fällt es uns schwer, Spuren der Moderne zu finden.

Dann reißt die Stadt unerwartet vor uns auf. Der Himmel ist wieder sichtbar sowie unzählige Menschen und eine Sicherheitsschleuse wie am Flughafen – der Tempelberg.

Juden mit ausgeprägtem Religionshintergrund tragen einen breitkrempigen Hut, haben einen Bart samt Schläfenlocken und werden erfrischend als ›ultraorthodox‹ beschrieben. Ein Teil der weniger auffälligen jüdischen Gläubigen kommt auch hierhin – sie begnügen sich mit einer aufgesetzten Kippa. Die Gläubigen lesen in ihrem Buch, wippen ein wenig hin und her, machen Dinge, die Gläubige eben tun, um in spiritueller Form zu bleiben.

Dann gibt es noch die Berufsgläubigen. Mehr als die Hälfte der Ultraorthodoxen in Israel arbeitet nicht, sondern lebt von einer kleinen staatlichen Grundversorgung. Ein säkularer Israeli beschrieb uns ihren Job mit Beten und Kinder zeugen. Nach dem Zweiten Weltkrieg tolerierte der israelische Staat die Lebensweise der Ultraorthodoxen. Viele von ihnen hatten unter den Nazis mehr durchgemacht, als ein Mensch in einem Leben ertragen kann. Folglich verbrachten sie ihren Lebensabend genussvoll, indem sie den ganzen Tag demütig beteten. Was die Regierung vergessen hatte, war, dass die Orthodoxen damit nicht nur viel Zeit für Sex hatten und haben, sondern auch, dass für sie Verhütung verboten ist.

Wie auch sonst überall auf dem Planeten ziehen die Säkularen es hier ebenfalls vor auszusterben, indem sie arbeiten, bis sie umfallen, vor allem aber keine Zeit und Motivation finden, sich fortzupflanzen. So schmilzt auch in Israel die moderate Mitte zwischen Ultraorthodoxen und Ultraislamisten dahin. Mittlerweile sind etwa sechs bis sieben Prozent der israelischen Bevölkerung in Vollzeit damit beschäftigt, für das Volk zu beten und die Familie zu vergrößern. Volkswirtschaftlich betrachtet ist das mit Sicherheit von zweifelhaftem Nutzen. Immense Kosten, die sich erst bei der Ankunft des Messias amortisieren würden. Bis der Messias kommt, muss allerdings noch einiges geleistet werden. Eigentlich zu viel. Alle Juden müssen alle Gebote einhalten. Eine gefährliche Prämisse, die seitens der Ultraorthodoxen nicht gerade zu Toleranz gegenüber den säkularen Juden aufruft. Schließlich können sie so strikt und gottesfürchtig sein, wie sie möchten, wenn die anderen nicht mitziehen, ist alles für die Katz. Vielleicht ist es auch deshalb so schwierig, zum Judentum zu konvertieren. Damit bekommen die Orthodoxen nämlich nur einen potenziellen, den Messias verscheuchenden Risikogläubigen mehr. So geht es für die Ultraorthodoxen eigentlich nur noch um Schadensbegrenzung. Babylon und den Holocaust sehen manche konservative Juden als gerechte Strafe Gottes, weil das jüdische Volk sündig lebte.

Daran hat sich aus ihrer Sicht nicht wahnsinnig viel geändert. Mal von der Tatsache abgesehen, dass Juden jetzt auch noch einen Staat gegründet haben. Das war eigentlich dem Messias vorbehalten – die nächste Sünde. Laut unserer Gastgeberin der Grund, warum es auch Ultraorthodoxe gibt, die den Stadt Israel ablehnen. Die Lasterhaftigkeit der anderen Juden sorgt bei manchem streng Gläubigen für Frustration. So überrascht es dann auch nicht, dass wir immer wieder Geschichten von Übergriffen hören. Besonders wegen des folgenden Gebotes, meinem persönlichen Liebling: ›Den Sabbat heiligen.‹ Der Sabbat beginnt mit der untergehenden Sonne am Freitag und dauert bis zum Eintritt der Dunkelheit am Samstag. Aus dem Gebot zur Ruhe, Entspannung, der ›Zeit zum Atmen‹ wurde ›auf keinen Fall irgendetwas tun, das wir als Arbeit definieren‹.

Natürlich gehen auch die Konservativen mit der Zeit. Da Feuer zu machen verboten ist, ist es ebenfalls verboten, Knöpfe zu drücken. Es könnten schließlich Funken fliegen. Druckluft finden manche dagegen okay. Also stehen die normalen Aufzüge still, doch Paternoster zu fahren ist erlaubt. Telefone, die permanent wählen und bei Entfernung eines Stiftes an einer gewünschten Stelle aufhören, ebenso. Dass die Ultraorthodoxen am Sabbat besonders gereizt reagieren, liegt am Talmud, der wichtigsten Auslegungshilfe der Thora. Die verkündet: »Wenn Israel nur ein einziges Mal den Sabbat wirklich halten würde, würde der Messias kommen, denn das Halten des Sabbats kommt dem Halten aller Gebote gleich.«

Im gleichen Werk steht allerdings auch ein etwas netterer Ansatz, der von einem anderen Prediger, der heute noch als bedeutend gilt, aufgegriffen wurde. Er rezitierte diesen mit: »Der Sabbat sei für den Menschen gemacht, nicht der Mensch für den Sabbat.« Derselbe Herr hat auch noch ein paar andere durchaus kluge Sätze gesagt, was unter anderem dazu führte, dass seine Anhänger eine neue Religion gründeten und nach ihm benannten. Das Christentum. Man braucht allerdings kein Christ zu sein, um den Sabbat entspannt zu sehen. Viele Juden machen das auch. Verrichten sogar Arbeit, wenn sie meinen, diese sei entspannend oder schlicht notwendig. Um diesen Satz zu akzeptieren, müssen sie Gott allerdings unterstellen, dass er dem Menschen etwas Gutes tun wollte.

Die Aufmachung der Ultraorthodoxen neben mir wirkt wie aus einem Fantasyfilm entsprungen. Eines ist sie in jedem Fall nicht: Resultat der Überlegung ›Heute ist es kalt. Ich ziehe mal meine dicke Fellmütze und den langen schwarzen Mantel an‹.

Es ist warm. Extrem warm. Die Mehrheit der Israelis trägt hier ebenfalls nur das Nötigste. T-Shirt, kurze Hose und Schnellfeuergewehr. Die Ultraorthodoxen tragen dagegen ihre praktische schwarze Einheitstracht. Praktisch unter dem Vorbehalt, dass Leiden das definierte Ziel ist. Was sie tragen, entspringt keiner uralten Tradition. Es gibt verschiedene Stile, die aus verschiedenen Regionen der Diaspora stammen. Meist entsprangen sie als ablehnende Reaktion der Ultraorthodoxen auf die zunehmende Säkularisierung der jüdischen Gemeinschaften in den jeweiligen Ländern. Die Kleidung war auch rational gesehen einst praktisch. In Mittel- und Osteuropa ist es kälter als hier in der Wüste. Fellmütze, Stiefel und lange schwarze Mäntel waren damals und andernorts schlicht und ergreifend sinniger und auch wesentlich zeitgemäßer als Shorts und Muskelshirts. Nur scheint es irgendwann in Vergessenheit geraten zu sein, dass die Urheber einen Grund für ihre Vorschriften hatten. So wie es auch für Wüstenbewohner in Arabien sinnig war, kein schnell verderbliches Schweinefleisch zu essen und sich wenigstens vor dem Gebet mal die Füße zu waschen.

Ausdruckslos huschen sie an mir vorbei. Vielleicht sind sie von mir genervt, dem Touristen mit der lächerlichen Einweg-Kippa, der nervige Schaulustige, der sie bei der Arbeit stört. Unermüdlich wippen sie mit eiserner Miene auf und ab. Lesen immer wieder dieselben Texte rauf und runter. Das kleine Buch in der Hand, wie ein Bonusheft an der Tankstelle. Punkte sammeln für Anerkennung und einen

Volleyball oder ein Grillset. Unermüdlich geht es auf und nieder. Immer wieder verbeugen sie sich vor der Klagemauer.

Allerdings schnell und hektisch, also keineswegs so meditativ und in sich gekehrt wie ein Buddhist auf der Suche nach Erleuchtung. Hier scheint man eher ganz viele spirituelle Anträge abzuarbeiten. Der Bart zeigt Haltung, die Zöpfe wippen geschäftig. Die Gläubigen lesen so konzentriert, als würde jemand Protokoll führen und Betonungsfehler mit Bußgeldern bestrafen.

Der Tempelberg ist das seltsamste Heiligtum, das ich in meinem Leben gesehen habe. Das Haus Gottes selbst ist zerstört. Auf den Ruinen trumpft ein Heiligtum des Erbfeindes, zu dem eine Rampe hochführt. Gott habe sein Volk für die Verfehlungen bezahlen lassen. Aus dieser Überzeugung heraus stehen sie hier: hektisch, wie Workaholics, die verzweifelt versuchen, die von Anfang an unrealistische Abgabefrist noch einzuhalten. Und dabei alles andere vergessen. Verzweifelte Versuche, die Verfehlungen der anderen mit Beten zu kompensieren. Aus eigener Überzeugung erledigen die Gläubigen die wichtigste Aufgabe auf dem Planeten. Deswegen kann sie auch nichts stoppen. Außer ein Bandscheibenvorfall.

Seifenoper auf dem Tempelberg

Wir folgen der Rampe auf die Ruine des Tempels, wollen die alternative Zweitverwendung der in bester Lage stehenden Immobilie begutachten. Das geht nicht ohne Weiteres. Als Nichtmuslime dürfen wir nur über den Besuchereingang hoch.

Um uns herum lungern Polizisten im Ruhemodus vor ihrem Smartphone, bis der Befehl des Vorgesetzten kommt.

Vom Internet gelangweilte Gesichter schauen auf, um der noch langweiligeren Realität entgegenzublicken. Ein Karree von hochgerüsteten Kämpfern baut sich um uns auf. Wir, das sind ein paar durch Kippa offensichtlich als Juden Identifizierbare, ein paar ebenso offensichtlich identifizierbare Touristen und zwei Orthodoxe, die sich durch ihren Haarschnitt outen.

Wir kommen uns vor wie ein hoher Staatsgast, umgeben von mehr Bodyguards als der Bundespräsident auf Afghanistanbesuch. Wir sollen zusammenbleiben, nicht provozieren, nicht ausscheren. Das sei unnötig gefährlich. Wie auf einer Safari laufen wir über den Tempelberg und beobachten Muslime in ihrer natürlichen Umgebung. Menschen, die sich irgendwie befremdlich verhalten.

Zwar fauchen sie nicht, dafür überziehen sie uns mit einschüchterndem Gebrüll. In einem gleichbleibenden Takt wird uns der ewige islamische Werbeslogan entgegengeworfen:

»Allahu akbar.« Aus unserer Gruppe ertönen ebenfalls Rufe, die wir zwar nicht verstehen, die aber auch nicht nach »Wir laden euch heute Nachmittag zum Kaffee ein« klingen. Wir kehren der Gemeinschaft den Rücken. Mit einem Mal ist die Situation viel entspannter. Wir gehören nicht mehr zu der Masse, zu der wir uns aus physischer Nähe kurz gezählt hatten. Erschreckend, wie schnell Gruppenzugehörigkeit entsteht. Unbeschützt, aber auch unbehelligt stehen wir da. Wir haben in den neutralen Beobachtermodus gewechselt. Der verbale Krieg zwischen Juden und Muslimen geht indes weiter. Es sind Revierkämpfe. Die Muslime brüllen, fuchteln wild mit ihren Koranen von oben herab, auf einer Treppe stehend. Unten fuchteln die Orthodoxen zurück. Es wirkt fast wie ein Ritual, eine gestellte Szene, so wie als Römer verkleidete Gaukler, die für ein paar Münzen Schaukämpfe veranstalten. Eigentlich kann es nur der Belustigung Außenstehender dienen. Oder der Eskalation.

Vor der Al-Aksa-Moschee sieht der Boden aus wie der Streuselkuchen meiner Oma. Er ist übersät mit kleinen Steinen. Die Leute in der Moschee werfen sie mit stoischem Willen zur Harmonielosigkeit auf die Polizisten, die sich vor der Moschee positioniert haben.

Die Polizisten stehen dort recht unbeeindruckt. Ihre riesigen rechteckigen Plexiglasschilder haben sie zum Schutz vor sich aufgetürmt, so wie die Römer es hier schon vor zweitausend Jahren taten. Ab und an schießen sie eine Gasgranate in die Moschee. Hinter ihnen stehen andere Muslime, die ihren Werbeslogan brüllen und mit ihrer Lebensanleitung wedeln, die für mich in etwa so aktuell und hilfreich ist wie eine japanische Anleitung für einen Kassettenrekorder.

»Braut sich gerade etwas zusammen, sollten wir besser gehen?«, fragen wir etwas eingeschüchtert einen Polizisten.

»Nein, das ist normal um die Uhrzeit«, antwortet uns der Polizist.

Seine Reaktion wirft mehr Fragen auf, als sie beantwortet. Wie kann so etwas normal sein? Warum geht die Polizei nicht von dem Eingang weg? Warum wirft man aus einer heiligen Stätte heraus Steine? Verzweiflung? Notwehr? Um aus dem letzten sicheren, uneinnehmbaren Ort heraus die Chance zu nutzen, dem verhassten Feind Paroli zu bieten? Ein letztes Aufbäumen aus einem Hilflosigkeitsgefühl heraus?

Und die Polizisten? Halten sie die Stellung, weil sie die Unruhestifter in Schach halten wollen, ihnen keine Chance geben, Anarchie über den ganzen Tempelberg zu bringen? Ihnen schnell ihre Grenzen aufzeigen, einen Flächenbrand verhindern wollen?

Wie dem auch sei. Die hier schon fast rituell gedrehte Spirale der Gewalt erscheint für den neutralen Zuschauer unfassbar dämlich. Wie eine schlechte Seifenoper. Ohne Tiefe, ohne intelligente Dialoge und ohne interessante Wendungen, dafür aber mit offensichtlichem Ende: dem gleichen Status wie zu Beginn der Folge.

Die Privilegien meiner Herkunft

Unsere Couchsurferin überhäuft uns mit extrem israelkritischen Kommentaren, stellvertretend für einen Teil der Jugend, der mit der Gesamtsituation unzufrieden ist. Und mit dem Ausbleiben des Friedens, mit der Behandlung der Palästinenser. Ganz zu schweigen von den religiösen Extremisten, von den Islamisten und auch den Berufsbetern, die sie durchfüttern müssen. Unsere Gastgeberin bringt endlos Beispiele von dem eigentümlichen Verhalten und den Forderungen der Ultraorthodoxen. Forderungen, dass Frauen in Bussen nur noch hinten einsteigen dürfen sollen, um getrennt von den Männern zu sitzen. Proteste gegen leicht Bekleidete.

»Wie im Iran«, freue ich mich unüberlegt über ihre Aufzählung. Meine idiotische Freude kommentiert sich lächelnd.

»Die beiden Länder wachsen tatsächlich zusammen, aber auf eine schlechte Art. Eben nur in Sachen Extremismus.«

Sie redet sich ein wenig in Rage. Ich bin nicht ganz überzeugt von allem, was sie so sagt. Klar, sie lebt hier, aber

Einheimischen mehr Glauben zu schenken als Journalisten und Fachliteratur ist auch tückische Reiseromantik. Wenn ein Ausländer durch Deutschland trampt und erst von einem AfDler und dann von einem Antifa-Aktivisten mitgenommen würde, käme er mit der Erkenntnis nach Hause, dass Deutschland islamisiert wurde und die Nazis wieder die Macht ergriffen haben. Geschichten von Einheimischen sind immer interessante Hinweise, welche Themen ein Land gerade bewegen und wie sich die Menschen dort fühlen. Aber sie sind nicht unbedingt faktenbasierter als jedweder andere Small Talk.

Unsere Gastgeberin ist am Ende ihrer Ausführung angelangt. Lange werde sie nicht mehr in Israel bleiben. Sie plant, nach Deutschland zu gehen, wo sie bereits ein halbes Jahr gelebt habe.

»Warum ausgerechnet nach Deutschland?«, frage ich in klassisch deutscher Verwirrtheit, wenn sich jemand als Fan der Bundesrepublik outet.

»Meine Großeltern waren Deutsche und sind während des Holocaust geflohen.«

Ich freue mich über die deutsch-jüdische Versöhnungsgeste. Im Prinzip ist es sogar mehr als eine Geste. Damit sagt sie aus, dass Deutschland sich so weit entwickelt hat, dass es selbst für jüdische Menschen als Alternative zu Israel in Betracht kommt.

Ich überlege kurz. Deutsche Großeltern. Dann fährt es spontan aus mir raus: »Hey, dann kannst du ja sogar wieder Deutsche werden!«

Der Satz hallt lang und dämlich in meinem Kopf nach, wie dieser pochende Schmerz, wenn man zu schnell aufsteht und mit dem Hinterkopf gegen die offene Schranktür knallt. Wieder Deutsche werden? Wie dämlich hört sich das bitte an?

Wer in den USA geboren wurde, ist automatisch Amerikaner. In Deutschland geboren zu sein reicht hingegen bekanntlich nicht, um sich eine Staatsbürgerschaft zu verdienen. Vorfahren zu haben, die das Land irgendwann mal verlassen haben oder vertrieben wurden, hingegen manchmal schon.

Abstammung und Nationalität wecken aber wieder diese seltsame Frage nach der Identität. Ich fühle mich zwar nicht für den Holocaust verantwortlich, aber ich habe die Verantwortung geerbt. Schließlich lebe ich im Wohlstand mit einer guten Gesundheitsvorsorge. Ich habe Bildungschancen genossen, nur weil ich Deutscher bin. Ganz im Gegensatz zu den meisten Kindern im Kongo oder im Jemen. Die Rechtmäßigkeit dieser Privilegien steht auf etwa so wackligen Füßen wie die eines adeligen Feudalherrn im Mittelalter. Ich lebe in der Wohlstandsgesellschaft, die meine Eltern, Großeltern, Urgroßeltern und so weiter aufgebaut haben. Ich kann ihnen unterstellen, dass sie wollten, dass ich dieses Erbe antrete, zumindest haben sie nichts anderes behauptet. Blutrecht ist daher wohl nichts anderes als Erbrecht auf Staatsebene. Aber wenn ich ihr Geld, ihre Infrastruktur, ihren Staat und Wohlstand als Erbe annehme, dann übernehme ich auch die Verantwortung für die Dinge, auf denen dieser Wohlstand fußt.

Das schließt Schuld, Verantwortungen und Verpflichtungen ein. Finanziell gilt die Schuld gegenüber Israel als geregelt. Aber Geld kann niemals alles aufwiegen, vor allem nicht die Dinge, die unumkehrbar sind. Besseres Verhalten,

Demut und ein Gelöbnis, so etwas nie wieder zuzulassen, gehören ebenso zu den Verpflichtungen. Aber was der Schuldige auch leistet, erlösen kann ihn nur der Gebeutelte, indem er die Entschuldigung annimmt. So gesehen war die Frage, ob unsere Gastgeberin wieder Deutsche werden will, nicht so dämlich. Es war nur die Frage, ob ich Teil einer Gesellschaft bin, die Verantwortung übernommen hat und der verziehen wurde. Die Antwort auf meine Einbürgerungsfrage kommt prompt und überschwänglich.

»Ich bin schon längst wieder Deutsche«, bekundet sie und zieht einen Pass aus dem Regal hervor. »Hier, mein ganzer Stolz.«

Stolz, Deutsche zu sein? Sofort durchfährt mich ein schreckhaftes Zucken, der pawlowsche Reflex, wenn jemand diesen Satz sagt.

Das sollte sie sich aber als Deutsche mal schnell abgewöhnen, denke ich mir. Vor allem: Wie kann man so etwas in Israel sagen? Immer diese plumpen Deutschen! Okay, sie ist Jüdin, sie darf das.

Mein innerer Monolog fährt unkontrolliert durch alle widersprüchlichen Kategorien. Warum jüdische Deutsche? Etwa genetisch oder was? Ist sie religiös, definiert sie sich überhaupt als Jüdin? Es hört sich nicht so an. Und wenn sie sich nicht als Jüdin definiert, ist es ihr dann noch erlaubt, dass sie in Israel als Deutsche stolz darauf ist, Deutsche zu sein? Das Land – und auch mein Land – bereitet echt Kopfschmerzen. Zumindest Deutschen, also den Konstanten, ohne entlastende ethische Zugehörigkeit.

Genau wegen dieser Gedankengänge tut uns Einwanderung vermutlich gut. Auch Wiedereinwanderung. Weniger

Selbstverachtung, mehr Entspanntheit im Umgang mit unserer Identität. Vielleicht auch sogar mal Stolz, wenn es denn einen Grund dafür gibt.

Legionäre aus Leidenschaft

Ein französischer Jude nimmt uns mit und toppt alle bisherigen Gesprächspartner in seiner Euphorie über das Gelobte Land. Auf der Straße zwischen Jerusalem und Tel Aviv zeigt er auf die Felder und Häuser.

»Nichts ist hier gewesen, bevor wir kamen, alles war Wüste. Karges Land mit ein paar Arabern«, beginnt er seine Erzählung. »Wir haben aus nichts fruchtbares Land gemacht, Städte und Zivilisation geschaffen«, erzählt er strahlend, um dann zu ergänzen: »Nur Juden können so etwas schaffen!«

Ich zucke zusammen. Wie so oft hatte ich ähnliche Aussagen schon gehört. Geäußert von Arabern, Türken oder Deutschen. Nur Juden, die Juden. Allerdings war der Kontext stets negativ gewesen. Die Sprecher waren nicht selten Antisemiten. Nun drückt sich ein jüdischer Mensch genauso aus, nur mit anderem Vorzeichen.

Seit meinem Kulturschock in Japan bin ich etwas vorsichtiger. Umso mehr, seit ich durch den Nahen Osten trampe.

Natürlich bestimmt die Herkunft nicht die Einstellung und Weltanschauung eines Individuums oder ist mit seiner Herkunft verflochten. Aber bleiben große Gruppen unter sich, spielt der kulturelle Einfluss eine Rolle. Es kam also ein Haufen jüdischer Siedler aus Industrienationen ins Land, um etwas aufzubauen. Sie waren andere Standards gewohnt und wollten diese in ihrer neu-alten Heimat aufrechterhalten. Die Araber, die hier lebten, hatten wenig Grund, etwas zu ändern. Waren zufrieden mit dem, was sie hatten. Sie waren größtenteils von gesellschaftlichen Strukturen geprägt, die kein Verlangen aufkommen ließen, etwas aufzubauen, was unser Fahrer als ›zivilisiert‹ beschreiben würde. So gesehen ist die Behauptung unseres Fahrers nicht grundverkehrt. ›Nur Juden‹ aus Industrienationen hatten als Gruppe das Interesse und den Willen, all das zu erschaffen.

Unser Fahrer ist noch nicht ganz fertig damit, uns seine gesamten nationalen, religiösen oder ethnischen Zugehörigkeitsgefühle zu unterbreiten, als er von einem Telefonanruf unterbrochen wird. Nach dem Auflegen entschuldigt er sich kurz. Es sei seine Tochter gewesen, da hätte er rangehen müssen.

»Sie ist an der Front und riskiert ihr Leben zur Verteidigung Israels.«

Er ist merklich stolz, erzählt von ihrer Einberufung. Er und seine Familie leben in Frankreich, kommen aber für den Militärdienst nach Israel. Das sei ihre Pflicht als Juden. Alle seine Töchter würden diesem Ruf folgen. In den Nahen Osten zur Verteidigung der Heimat, die sie vorher nie betreten haben. Eine gängige Gewohnheit vieler Angehöriger verschiedener Religionen im Laufe der Jahrhunderte.

SEE GENEZARETH: BEGRENZTE NORMALITÄT

Am Fuß der besetzten Golanhöhen versuchen wir, am See Genezareth zu entspannen. Die alltägliche Konfrontation mit den regionalen Konflikten bereitet uns noch immer Unbehagen. Diesmal in Form von mehreren Blauhelmsoldaten, die im selben Hostel die Nacht verbringen. Auf dem Balkon herrschen Temperaturen, die keinerlei Bekleidungsansprüche stellen. Wir schlürfen entspannt unser kühles Bier, während sich unsere Probleme darin erschöpfen, wie wir unsere letzten Rummy-Steine vor dem anderen auf den Tisch legen können.

Soldaten und Backpacker

Währenddessen flitzen die grünen Männchen mit gepackten Rucksäcken an uns vorbei. Vermutlich auf dem Weg zur Arbeit. Es ist ein wenig surreal. Ein paar Kilometer weiter tobt ein blutiger Krieg, der jedoch an der Grenze haltmacht und strikt Paradies und Hölle unterteilt – sieht man mal von ein paar verirrten Mörsergranaten ab. Das alles aufgrund eines völkerrechtswidrigen Zustandes, den die Betroffenen im Moment als Segen empfinden dürften.

In den Golanhöhen wohnen überwiegend Drusen. Sie sind ein Seitenarm des islamischen Glaubens, eine Abspaltung aus dem elften Jahrhundert. Die Drusen haben eine sehr friedfertige Religion, zu der man nicht konvertieren kann. Nur wer drusische Eltern hat, darf sich als Druse ansehen.

Weil die Drusen die Idee der Reinkarnation in ihren Glauben integriert haben, ist ihre Zugehörigkeit zum Islam strittig. Wären alle Palästinenser Drusen – die Welt würde so viel besser sein! Mein unrealistisch scheinendes Szenario, dass die arabischen Muslime die steigende Zahl jüdischer Siedler einfach freudig willkommen geheißen haben könnten, ist nicht ganz so abwegig, denn die Drusen haben es einfach getan! Zwar sehen sich die Drusen nicht als Muslime, jedoch als Araber. Also Araber, die regulär in der israelischen Armee dienen und dem Staat Israel gegenüber loyal sind.

Immer wieder holt mich ein anderer Nahostkonflikt ein. Mossul ist vor zwei Monaten gefallen, kurz nachdem ich dort war. Zwei Peschmerga, mit denen ich gemütlich Bier getrunken habe und bei denen ich mehrere Nächte geschlafen hatte, waren dort stationiert. Jetzt kämpfen sie an verschiedenen Fronten gegen den IS und fluten permanent meine Facebook-Timeline mit Einträgen von der Front. Unter Fotos vom Strand und Bildern vom Mittagessen meiner Freunde von zu Hause stehen jetzt Selfies mit Panzerfäusten und Maschinengewehren im Schützengraben.

Ebenso surreal wie der Krieg, der bis zur Grenze ein paar Kilometer nördlich tobt, ist es, über die beiden nachzudenken. Wie sich unsere Wege gekreuzt haben, wie wir mehrere Tage auf dem gleichen Pfad liefen und uns jetzt wieder in völlig verschiedenen Welten befinden. Hier Bier und Rummy, dort der Überlebenskampf gegen gnadenlose Islamisten.

Der See Genezareth ist voller christlicher Pilgerstätten, da hier Jesus Wunder am Fließband vollbracht haben soll. In Gedenken an den letzten Vollblutchristen unseres Stammbaums begehen wir die Tante-Lotte-Gedächtnistour durch den religiösen Abenteuerpark Genezareth.

Wie gerne sie diese Orte wohl besucht hätte! Irgendwie unfair, dass wir es also nicht so sehr zu schätzen wissen. Aber es liegen nun mal zwei Generationen zwischen uns. In ihrer Zeit war die Welt noch anders. Sie war nie weiter als ein paar Hundert Kilometer von zu Hause weg. Natürlich sind auch in Tante Lottes Zeit unzählige Menschen gereist. Ihr Bruder war bis Norwegen und Kreta gekommen. Beruflich, als Pilot, um dort Fallschirmjäger in den Krieg abzuwerfen. Mein Urgroßvater hatte immer von der Türkei erzählt. Wie schön es dort ist und wie herzlich die Einheimischen waren. Allerdings diente sein Besuch auch nur dem Zweck, von den Küsten Gallipolis herunter auf Briten und Australier zu schießen. Wie schön, dass heute interkulturelle und interkontinentale Erfahrungen in Bataillonsstärke möglich sind, ohne dass die Reisenden die ›vaterländische Pflicht‹ als Vorwand brauchen.

Wer heute in Deutschland Abenteuerlust und Fernweh verspürt, kann sich das meist so leisten und braucht sich nicht für das Kolonialheer oder die Handelsmarine zu verpflichten. Er braucht nur einen Bus und keinen Panzer, um Grenzen überschreiten zu können. Vielleicht hat auch deshalb das Militär an Anziehungskraft verloren. Nicht unbedingt, weil wir heute weniger gewaltaffin oder pazifistischer sind, sondern schlicht, weil es für uns andere Wege gibt, aus dem Alltag auszubrechen und Abenteuer in unbekannten Ländern zu erleben.

TEL AVIV: ABSCHIED VOM NAHEN OSTEN

Levi kenne ich also nur als Reisenden. Ich bin deshalb gespannt, wie er hier in seiner Heimat lebt.

Nach knapp zwei Stunden Autofahrt sind wir quer durch das kleine Land gefahren: vom Norden bis nach Tel Aviv. Israel hat die Größe eines deutschen Bundeslandes: vierhundert Kilometer lang und hundert Kilometer breit. Von der Grenze zu den Palästinensergebieten zum Meer sind es etwa dreißig Kilometer. Das sind die bescheidenen Maße dieses jahrhundertealten Streitobjekts.

Levis Idylle

Wir biegen ins Wohngebiet ab, und sofort schlägt uns Vorstadtidylle entgegen. Alles ist neu, die Bürgersteige sind großzügig, die Häuser individuell gestaltet. Ganz im Kontrast zu den immer gleichen Einfamilienwohnungen andernorts oder noch grausameren, endlosidentischen Hochhaussiedlungen. Am Ende der Straße, die links und rechts von American-Dream-mäßigen Seitenstraßen gesäumt ist, liegt ein Park. Die Klettergerüste sind so fantasievoll und abwechslungsreich, dass sie selbst Peter Pan dazu bewegen könnten, auf Nimmerland zu pfeifen und stattdessen Zionist zu werden. Eingerahmt wird der Spielplatz von einem begrünten Erdwall, hinter welchem die Wüste beginnt. Karge Sanddünen schlagen hier wie wogende Wellen auf das kleine Wohngebiet, das inmitten der gelben Trockenheit wie eine kleine Insel wirkt.

Der Garten von Levis Eltern fügt sich ins Bild ein. Geschützt vor Blicken stehen ein paar Gartenmöbel auf einer Holzterrasse. Sitz- und Liegehängematten rahmen sie ein wie mächtige Wächter gegen unwillkommenen Stress. Exotische Fruchtbäume werfen ihren Schatten. Ich blicke sie bewundernd an. Meine bleistiftdicke, schlaffe Avocadopflanze zu Hause, die jeden Tag ums Überleben kämpft, würde auch nur von einer der Dutzenden Früchte an den Bäumen durch einen Genickbruch sterben.

Im Vertrauen auf die israelischen Sicherheitskräfte bleibt selbst der Hund bei unserer Ankunft tiefenentspannt. Levis Eltern begrüßen uns herzlich, heißen uns willkommen in ihrem Haus. Auch sie rotieren sofort, bieten fürstliche Mengen an Snacks, Früchten und Getränken an. Auch in puncto Gastfreundschaft stellen sie sich dem Wettrüsten mit der arabischen Welt.

Nach der Erstversorgung wird uns unser Zimmer gezeigt. Es ist mehr eine kleine Wohnung mit Bad und Küchenzeile, ordentlich hinterlassen vom in den Krieg gezogenen Sohn. In einen seltsamen Krieg zwischen ungleichen Gegnern, in dem der Bruder trotz allem sterben könnte.

Bevor wir uns einnisten und über das Gefühl sinnieren können, werden wir aufgefordert, noch kurz mitzukommen. Ein Zimmer weiter wird eine schwere Stahltür geöffnet. Als würden sie uns in die Benutzung der hauseigenen Sauna einweisen, erklärt uns Levis Mutter das für sie Selbstverständliche: »Hier ist unser Luftschutzbunker. Falls es einen Alarm gibt, müsst ihr hier hinein.«

Über dem künstlich erschaffenen Paradies regnet es ab und an Raketen. Wir werden zwei Detonationen hören, die allerdings keinen Alarm auslösen, da sie ins Nirgendwo fliegen. Bei abseits runterkommenden Raketen hält es die Regierung nicht mehr für nötig, die Bevölkerung mit dem Alarm zu belästigen. Schockierende Routine. Wenn dann doch mal wieder eines der Selfmade-Geschosse oder eine als Entwicklungshilfe vom Iran an die Hamas gestiftete Rakete einem Wohngebiet gefährlich nahe kommt, wird zusätzlich noch der Iron Dome aktiv: ein Abwehrschirm, der eine Feindrakete mit zwei Raketen abschießt. Feuer wird mit Feuer bekämpft. So sehen die meisten Lösungen in diesem Konflikt aus. Nur dass die israelische Variante größer, effektiver und teurer ist. Kosten pro Rakete: etwa fünfzigtausend Dollar. Konflikte werden nicht zuletzt auch ökonomisch entschieden, deshalb lässt das Militär verirrte Raketen auch meist unbehelligt einschlagen.

Zivilcourage

Am Abend sitzen wir draußen auf einer Bank vor einer Bar. Aberdutzende Biersorten, lockere Gespräche, bis sich schließlich zwei Araber zu uns setzen. Zunächst geht der Small Talk weiter, bis sie herausfinden, dass wir Deutsche sind.

»Ach ja, ihr seid die, die immerhin versucht haben, das Problem zu lösen«, lässt uns einer der beiden wissen.

Mal wieder werde ich für Dinge gelobt, die ich nicht getan oder zu verantworten habe. Wie für den Sieg der Fußball-WM, für deutsche Ingenieurleistungen oder für die mir angeborene Gründlichkeit.

Solchen Lob nehme ich geschmeichelt hin. Jetzt bekomme ich wieder vorgesetzt, dass das eine nicht ohne das andere geht. Dass ich aus denselben Gründen auch für Dinge gelobt werden kann, für die ich nicht gelobt werden möchte, für die ich mich schäme, die ich gerne ungeschehen machen möchte.

Ich hänge für einen kurzen Moment in einer Schockstarre, da fangen die anderen schon an, uns zu verteidigen, fragen, was der Scheiß soll. Wir sitzen da, als beschämte Opfer der Geschichte, während neben uns die Nachfahren der wirklichen Opfer sich nicht mehr als solche sehen. Sie sind bestimmt, aber nicht aggressiv.

Schließlich melden wir uns aus der Schockstarre zurück, sagen etwas, doch die beiden Araber wechseln das Thema, so beiläufig, als hätten sie gemerkt, dass wir nicht denselben Musikgeschmack haben. Wieder auf das Thema angesprochen, verlassen sie die Runde.

Zwei Deutsche, zwei Araber und fünf Juden sitzen in einer Bar. Es hört sich nach dem Auftakt eines stereotypen

Witzes an. Das Erlebnis ist ermutigend aufgrund der Reaktion der jüdischen Israelis, aber auch entmutigend, weil klar wird, wie viel von Ethnien, Nationalität und Religion abhängt. Drei Dinge, die mir egal sind, die eigentlich keine Rolle spielen sollten. Aber ohne sie hätte es die Situation nicht gegeben.

Letztes Trampen: Mit Taxi

Nach drei Stunden Schlaf machen wir uns auf den Weg zum Flughafen. Ein letztes Mal aufraffen, übermüdet und ohne Sprachkenntnisse durch eine fremde Stadt finden. Unser letztes Geld ist in nahöstlicher Braukunst versandet. Wir hielten es für eine gute Investition, aber geblieben sind nur der Kater und exakt so viel Geld, wie wir nach Levis Aussage maximal für die Fahrt zum Flughafen bräuchten. Die Taxifahrer fordern allerdings einen anderen Preis. Wir versuchen es immer wieder.

»Wir müssen zum Bahnhof, haben aber nur noch diese Schekel, weil uns gesagt wurde, dass es auf keinen Fall mehr kosten dürfte!«

Kopfschütteln. »Viel zu wenig«, antwortet der Fahrer.

Ich antwortete mit einem traurigen Blick: »Bitte.«

Der Fahrer ringt mit sich, erweicht von unserer mitleiderregenden Blödheit, dem Geschwisterpärchen, das den Flug verpasst, wenn er es nicht rettet. Schließlich verkündet er, dass er uns fährt. Freudig steigen wir ein. Ich trällere meine Reisehistorie herunter, um meine Bezahlung ein wenig aufzubessern, bin aber erstaunt, als ich höre: »Ja, das stimmt, der Iran ist wirklich ein sehr schönes Land. Die Wüste, die Berge, so viele schöne Städte, so viel Kultur, aber dann der Hass.«

»Warst du schon mal im Iran?«, frage ich irritiert.

»Ich bin Iraner, allerdings auch Jude, weshalb ich damals flüchten musste, als der Hass anschwoll.«

So ein Zufall! Wir reden ein wenig über Politik und Ajatollahs und die iranische Gesellschaft. Er kennt sich definitiv besser aus, nur die Zeit gibt mir einen Vorteil. Seine Eindrücke sind jahrzehntealt, die neueren stammen aus dem Fernsehen. Er weist auf die Subjektivität meiner Eindrücke hin, dass ich schließlich kein Jude sei, dass sich so viel nicht geändert haben könne. Tatsächlich hat der Iran die zweitgrößte Bevölkerungsrate von Juden in Nahost: mehrere Tausend. Gut, unter den Einäugigen ist der Blinde König, aber immerhin gibt es ein gutes Dutzend Synagogen und sogar einen jüdischen Abgeordneten. Die meisten iranischen Juden wollen erst nach Israel kommen, wenn der Messias da ist. Eingeschränkt werden sie hauptsächlich durch ein leichtes Unbehagen. Die gefühlte Sicherheit ist, seitdem Rohani an die Macht gekommen ist, allerdings besser geworden.

Einen letzten freudigen Kommentar kann ich mir nicht verkneifen. Ich verabschiede mich und bedanke mich noch mal ausdrücklich, betone, wie besonders es ist, dass mich ausgerechnet ein iranischer Jude als letzter Fahrer mitgenommen hat. Jemand aus den beiden Ländern, in die ich mich auf meiner Reise am meisten verliebt habe.

Am Flughafen trennen sich dann Elisas und mein Weg. Sie hat einen anderen Flug als ich gebucht, weil ich zu einem späteren Zeitpunkt nach Flügen geschaut habe. Zu diesem Zeitpunkt war ein Sitz in ihrer Maschine für mich bereits unbezahlbar. Eine Story, die ich am Flughafen noch dreimal erzählen muss. Selbstredend werde ich an der Passkontrolle rausgezogen und zu einer Sicherheitsbefragung geschickt.

Das allerdings nicht gerade professionell. Hastig geht die Beamtin im Stehen die üblichen Probleme meiner Vita durch. Mein Pass wird abgenickt, schließlich bin ich ja auch schon ins Land reingekommen und habe nichts kaputtgemacht. So schlimm kann ich also gar nicht sein. Nur ein kleines Rest-unbehagen seitens der Beamtin bleibt.

»Das alles wirkt auf mich dann doch wieder verdächtig, weil du nicht denselben Flug nimmst wie deine Schwester.«

»Guter Punkt«, erwidere ich, »aber der Flug war schlicht zu teuer, weil wir zu verschiedenen Zeitpunkten gebucht haben. Ich habe also nur einen anderen genommen, weil ich geizig war.«

Die Antwort scheint sie überraschenderweise nicht nach-vollziehen zu können. Ich soll ihr ein paar mehr Details geben. Deswegen hole ich etwas weiter aus: »Vor einem Jahr dachte ich mir: Vom Sauerland bis nach Tel Aviv werde ich 16.000 Kilometer trampen. Ich werde es durchziehen ...«

KEIN ENDE:
DER WEG IST WICHTIGER ALS DAS ZIEL

»Hau mal 'n paar Erkenntnisse raus!«, sagt mein Lektor. Angestrengt denke ich darüber nach. Komm schon, Patrick, du bist ein halbes Jahr durch die Weltgeschichte getrampt. Sag was Kluges! Leider ist mein Konzept zur Lösung des Nahostkonflikts noch nicht fertig, und meine gesammelten Binsenweisheiten reichen nicht einmal für einen einwöchigen Abreißkalender.

Ich weiß nicht, ob Reisen klüger macht. Einem christlichen Missionar zur Kolonialzeit in Afrika würde ich jedenfalls sofort einen geringen Erkenntnisgewinn über sich selbst und die Welt unterstellen. Aber Reisen entspannt. Es offenbart vieles von dem, was sonst wichtig erscheint, als unnötig.

Das Trampen ist für mich zu einer kleinen Analogie des Lebens geworden. Ich kann morgens zur Straße sprinten, ohne zu wissen, ob ich dadurch schneller ankomme. Es ist immer unklar, was ich verpasse, wenn ich mich mitnehmen lasse. Glück ist selten, aber stupide Hartnäckigkeit erhöht die Chance, dass das Unwahrscheinliche wahrscheinlich wird. Da sich manches meiner Ziele als völlig sinnlos herausstellte, war es umso wichtiger, dass der Weg dorthin lohnenswert war und ich mich von Menschen habe überreden lassen, woanders hinzugehen. Es lohnt sich, entspannt am Straßenrand zu stehen und auf Chancen zu warten. Hält der eine nicht an, dann vielleicht der nächste. Wer weiß: Vielleicht ist der nächste – oder der 42. – sogar viel besser.

DANK

Die Liste von Menschen, denen ich für die Reise danken sollte, ist lang. Daher muss ich es an dieser Stelle bei einem allgemeinen »Danke« belassen. Danke an all die Gastgeber, die mich als völlig Fremden auf der Straße aufgelesen und mich teilweise nächtelang bei sich zu Hause »verstaut« haben. Entschuldigung an die unzähligen Vorbeigefahrenen, denen ich nach einer Stunde Warten in Gedanken die Pest an den Hals gewünscht habe. War nicht so gemeint, und im nächsten Auto habe ich meist wieder meinen Frieden gefunden.

Danke an meine vier Reisebegleitungen für die schöne Zeit und an die vielen Freunde, die mich durch gespieltes oder echtes Interesse motiviert haben weiterzuschreiben.

Danke an meine zwei Privatlektorinnen Christine und Mama, die sich mehrfach durch das Manuskript gelesen haben. Entschuldigung an meine Eltern für die Lebensjahre, die sie beim Verfolgen meiner Log-in-Daten verloren haben. Danke an Niels, der ohne Rücksicht auf unsere Freundschaft und seine christliche Nächstenliebe meine ersten Texte völlig verriss und damit wesentlich half, meinen Schreibstil in eine etwas zivilisiertere Form zu bringen. Danke auch an meinen Lektor Peter, der aus meinem Text unermüdlich die immer wieder falsch nachwachsenden Kommata wie Unkraut aus einem Gemüsebeet gerissen hat. Danke an das liebe Team von Eden Books, das mein Abschlussarbeitsdesign in etwas Schönes verwandelt hat. Und ganz besonderen Dank an Mareike, die mich erst zum Schreiben und dauerhaft zu mehr als nur einer Reise motiviert hat.

272